NEXUS
INSIGHT 2025

넥서스 인사이트 2025
중국 굴기, 그리고 R&D의 가치

중국편

융복합과 중국굴기,
R&D로 열어가능 새로운 세계의
통찰과 경각심

우리는 중국의 굴기에 경각심을 가져야 합니다.
그들은 어느 때보다 강력하고 영향력 있는 나라가 되어가고 있으며,
이에 대처하기 위해서는 지혜와 전략이 필요합니다.

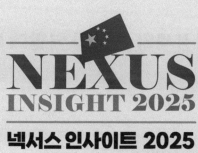

NEXUS
INSIGHT 2025
넥서스 인사이트 2025
중국 굴기, 그리고 R&D의 가치

중국편

하두진 지음

융복합과 중국굴기,
R&D로 열어가능 새로운 세계의
통찰과 경각심

도서출판 더 로드
The Road Books

국제정세와 중국의 역할에 대해

안녕하세요. 하두진 교수입니다. 올해는 한국 편에 이어 제가 10년 넘게 몸담았었던 중국의 이야기를 풀어보고자 합니다. 과거 학생 신분으로 중국에서 생활하던 시절에는 저 역시 집과 학교 왕래를 반복했을 뿐, 중국에 대해 그리 잘 알지 못했습니다. 몸만 그곳에 위치했고 내면을 바라보지 못했죠. 오늘날 하나하나 자료를 찾아보며 골똘히 고민해보는 과정을 거치면서 이제야 빙산의 일각이 겨우 보이는 듯합니다.

저는 이 책에서 여러분께 최근 중국을 중심으로 일어난 중요한 사건들과 그것이 우리의 삶에 미치는 영향에 대해 알려드리고자 합니다. 이 책은 자신의 전공을 고민하는 학생, 그리고 인생 제2막을 준비하는 분들을 위해 작성되었습니다.

국제정세는 빠르게 변화하고 있습니다. 중국은 전 세계에서 주목받는 국가로 자리매김하며 세계 정치, 경제, 문화의 중심으로 부상하고 있습니다. 이러한 변화는 우리나라에게도 큰 영향을 미칩니다. 우리는 급박한 국제정세 속에서 자리를 잡아가야 하며, 그 과정에서 중국과의 협력과 경쟁을 고려해야 합니다.

우리는 중국의 굴기에 경각심을 가져야 합니다. 그들은 어느 때보다 강력하고 영향력 있는 나라가 되어가고 있으며, 이에 대처하기 위해서는 지혜와 전략이 필요합니다. 그러나 이러한 경각심은 불신과 대립을 의미하는 것이 아닙니다. 우리는 상호 이해와 협력을 통해 더 나은 미래를 만들어 나가야 합니다. 지피지기 백전불태(知彼知己, 百戰不殆)라는 표현과 같이, 상대를 알고 나를 알면 위태롭지 않습니다.

우리나라의 인재 양성 역시 중요한 주제입니다. 저는 여러분이 이 책을 통해 중국과의 경쟁에서 뒤처지지 않고, 글로벌 시대에 발맞춘 능력을 키우는 데 도움이 되길 바랍니다. 우리의 미래는 지식과 역량 있는 인재에게 기반을 두고 있습니다. 따라서 여러분의 꿈과 비전을 실현하기 위해 현실을 직시하고, 그에 맞춰 노력하는 것이 중요합니다.

마지막으로 이 책은 자신의 전공을 고민하는 학생, 그리고 인생 제2막을 준비하는 분들을 위해 작성되었습니다. 특히, 2025년 전면 시행되는 무전공 입학제도에 발맞추어, 급박하게 변화하는 국제정세에 각각의 전공이 어떻게 반영되는지 알리는 목적으로 집필하였습니다. K-MOOC 강의로 구현된 〈알아야 보인다〉와 경기대학교 공개강의(OCW)로 제작 중인 〈세상을 보는 지식〉처럼, 본 저서 역시 대학 강의 교재로 활용될 계획입니다.

다시 한번 이 책을 읽어주셔서 감사합니다. 함께 더 나은 미래를 만들어 나가는 여정에 함께할 수 있어 기쁘게 생각합니다.

감사합니다.

2024년 10월

저자 **하두진**

Contents
차례

CHAPTER

01

제1장

국제사회 대격변

01

전쟁 타임라인

● ● ● · · ● ● ●

　　2022년 2월 24일, 러시아가 국경선을 넘으며 전쟁은 시작되었습니다. 어떤 형태로든 금방 마무리될 것이라는 모두의 예상을 깨고 거의 1년 반을 넘어 2년을 넘겼습니다. 지금까지 어떤 상황이 벌어졌는지 천천히 살펴보겠습니다.

　　2022년 2월, 러시아는 국경을 넘자마자 빠르게 남부 요충지 헤르손을 장악하고, 돈바스 등 동부 공격을 시작합니다. 그리고 4월 마리우폴을 사실상 점령하면서 완전한 우위를 점하는 듯 보였습니다. 하지만 서방이 우크라이나를 지원하고자 뭉치기 시작하면서 전황은 뒤집어졌습니다. 5월 미국 의회는 약 400억 달러 규모의 우크라이나 지원 예산안을 통과시켰고, EU 27개 회원국은 러시아산 원유 등을 수입 금지하면서 돈줄을 막기 시작합니다.

　　서방의 원조를 등에 업은 우크

라이나는 조금씩 반격을 시도하였고, 9월 제2의 도시 하르키우 탈환에 성공합니다. 분위기가 심상치 않게 흘러가자, 푸틴은 부분 동원령을 선포함과 동시에 우크라이나의 도네츠크·루한스크·자포리자·헤르손 4개 지역 병합을 선언했고, 이 지역에 쳐들어온다면 영토 보존을 위해 핵무기를 사용할 수 있다는 무책임한 경고를 날리기도 하였습니다.

11월, 우크라이나는 마침내 헤르손을 탈환하는 데 성공합니다. 이때만 해도 우크라이나가 승기를 잡았다는 분석이 많았지만, 군사작전이 어려워지는 겨울철이라는 계절적 요인이 우크라이나의 발목을 잡았죠. 러시아는 호기를 놓치지 않았고 2023년 1월, 우크라이나 중부 도시 드니프로에 대규모 미사일 공습을 강행하여 겨울의 무기화 전략을 사용했습니다. 우크라이나의 겨울은 오전 8시 30분이 돼서야 날이 밝고, 오후 4시 30분이면 서서히 땅거미가 드리웁니다. 태생적으로 낮이 짧은 우크라이나에 가해진 공습은 주변 건물을 초토화시켜 가뜩이나 짧은 낮을 더욱 줄이고 춥게 만들었습니다.

양국 군 사상자가 수십만 명에 달했고, 전쟁은 장기화 전망을 보이면서 더욱 극심해지고 있습니다. 팽팽한 대치 속에 평화협상론도 힘을 얻지 못하면서 전쟁의 끝이 어디일지 예상하기 힘든 상황으로 내몰리고 있습니다.

어떤 전쟁이든 결국 희생자는 일반 국민임을 누구도 부정할 수 없을 겁니다. 전쟁 초 러시아군이 점령했던 키이우 북쪽 외곽 부차에서는 민간인 시신 수백 구가 발견돼 전 세계가 경악했습니

다. 이어 동북부 이지움, 러시아의 남부 점령지 마리우폴 등에서도 각각 수백 구가 넘는 규모의 매장지가 발견됐죠. 2023년 7월, 안톤 게라시첸코 우크라이나 내무장관은 자신의 트위터에 "천 마디의 말보다"라며 전쟁에서 심한 부상을 입은 남성과 그를 꼭 끌어안고 있는 여성의 사진 한 장을 올렸습니다. 우크라이나의 참상과 고통을 느끼기에 충분한 사진입니다.

2024년 3월, 유엔 인권최고대표사무소(OHCHR)의 우크라이나 인권 감시단은 2319명의 목격자와 피해자 인터뷰를 바탕으로 러시아가 점령한 우크라이나 지역 상황에 대한 첫 종합 보고서를 발표합니다. 러시아는 우크라이나 점령 지역 사람들에게 폭력, 구금, 처벌 등의 수단과 함께 타 지역과의 통신을 차단하고 주민들에게 서로를 감시하도록 부추겼으며, 러시아어 사용과 러시아식 교육 과정을 도입하고, 주민들에게 강제로 러시아 여권 취득을 강요, 러시아 여권이 없는 사람들은 보건·사회보장·주택임대 등의 복지 서비스를 받지 못하게 하여, '점령지의 러시아화'를 진행 중이라고 말합니다.

그뿐일까요. 이번 전쟁을 보고 유엔난민기구(UNHCR)는 '한 나라 인구 3분의 1 이상이 실향민이 된 사건', '세계 2차 대전 이후 가장 큰 규모의 피란민이 급격히 발생한 전쟁'이라는 표현을 사용했습니다. 대부분의 주변국은 이들을 따뜻하게 받아들였지만, 전쟁이 장기화되면서 난민 수용국들의 부담이 가중됐습니다. 유입 규모가 늘어날수록 공원, 공공주택, 박람회장, 옛 공항부지 등에 마련한 수용시설 부족 현상이 심화됐고, 개전 초 난민 수용 업무가 지방정부나 시민단체, 일반 시민의 손에 맡겨지다 보니 이들에 대한 교육과 보육, 돌봄 서비스, 사회 통합 등의 정책이 일관성 있게 적용되지 못하는 경우도 발생했습니다. 무엇보다 난민에 투자되는 예산이 점점 늘어가면서 점점 이들에 대한 시선은 급격히 차가워졌습니다. 수용을 반대하는 정책을 펴는 정당들의 입지가 커져감과 동시에 그들의 입지는 점점 줄어만 갔고, 급기야 적지 않은 차별을 당하는 사건도 나타났습니다.

전쟁 충격에 에너지와 식량 가격이 폭등하여 세계 경제는 큰 타격을 입었습니다. 러시아가 세계 3~5위권 밀 수출국 우크라이나를 침공하자 식량 가격은 천정부지로 치솟았습니다. 유엔식량농업기구(FAO)에 따르면, 2022년 식량가격지수는 역대 최고치를 경신했습니다. 가뜩이나 코로나로 인해 세계 물류가 봉쇄됐던 상황에서 각국 중앙은행은 복지정책 남발 후유증을 진정시키기 위해 금리를 인상하였고, 여기에 전쟁이라는 악재가 겹치면서 서민들은 극심한 민생고를 겪었습니다. 우리나라도 매우 힘든 시기를 거쳤고, 심지어 선진국인 영국에서마저 성인 6명 중 1명이 물가 부담에 정기적으로 끼니를 건너뛰었다는 놀라운 소식도 들려왔습니다. 선진국도 고통받았지만, 중동·아프리카·아시아 등의 개발도상국 국민은 한계 이상으로 몰렸습니다. 밀 수입의 80%를 우크라이나에 의존하던 레바논에서는 빵값이 2배 이상으로 폭등하면서 사람들이 상점마다 몰려들어 닥치는 대로 빵을 사재기하는 '빵 대란'이 벌어지기도 했습니다.

러시아는 자원과 에너지도 인질로 삼았습니다. 전쟁 이전 2021년에는 배럴당 60달러대였던 국제 유가는 전쟁 이후 2주 만에 130달러를 돌파하여 13년 만에 최고치를 기록합니다. 천연가스도 기존 60~70유로에서 전쟁 이후에는 역대 최고가인 350유로까지 약 5배 오르는 모습을 보였습니다. 러시아는 EU로 판매하는 천연가스를 차단함으로써 겨울을 무기로 민심을 흔들어 전쟁 공조에서 이탈시키려는 계책을 세웠습니다. 공급량이 평소의 5분의 1수준에 불과하자, 유럽은 공장가동은 커녕 겨울 난방까지 멈춰야 한다는 우려가 제기됐습니다. 하지만 아이러니하게 기후 재앙이 도래해 유례없는 따뜻한 겨울이 찾아와 푸틴의 계책은 무산됐죠.

출구 없는 치킨게임 형 양국 대치에 우크라이나와 러시아 누구도 확실한 우위를 확보하지 못하면서 전쟁이 앞으로도 상당 기간 더 진행될 가능성이 크다고 미국 싱크탱크의 러시아 전문가들이 전망했습니다. 옌스 스톨텐베르그 나토 사무총장은 2023년 2월, AFP와의 인터뷰에서 "푸틴 대통령은 자신이 인접국을 좌우할 수 있는

'다른 유럽'을 원한다."며 전쟁이 수년간 계속될 수 있다고 전망합니다.

앞으로의 전황은 사실 우크라이나보다 러시아의 의도가 중요합니다. 이번 전쟁에서 러시아는 주도적인 역할이고, 우크라이나는 대외의 힘을 통해 수비하는 수동적인 역할입니다.

러시아는 아직 싸울 역량이 충분합니다. 전방위 압박에도 불구하고 러시아 경제의 성장률 감소는 모두의 예상보다 작았다는 평가입니다. 전쟁 때문에 원자재 가격이 급등했고, 유럽이 여전히 러시아에서 많은 원자재를 구매했기 때문이죠. 게다가 2023년 12월, 로이터 등 외신은 석유는 중국과 인도로 90%가량 수출하여 서방의 제재를 큰 무리 없이 회피하였다고 분석했고, IMF는 러시아 경제가 2023년에는 3%, 2024년에는 2.6% 성장할 것으로 바라봤습니다. 이는 미국을 포함한 G7의 성장률을 앞서는 수치입니다.

이처럼 러시아는 자국 경제를 질식시킬 수 있었던 서방의 제재를 넘어서는 데 성공했습니다. 적어도 앞으로 1~2년은 자금 부족을 원인으로 전쟁이 끝나지는 않을 것으로 보입니다. 반면 우크라이나는 스스로 전쟁을 할 여력이 없습니다. 지금까지 버티고 있는 것은 서방이 우크라이나를 자신의 방파제로 생각하고 지원해주기 때문입니다. 이는 경계선을 유지하기 위한 지원이며, 러시아 본토로의 반격을 위한 지원이 아닙니다. 따라서 지원 정도는 러시아의 공세에 따라 많아지기도 하고, 줄어들기도 합니다.

러시아가 더 많은 우크라이나 영토를 점령하려고 할지, 아니면 수비를 강화하고 상대의 공세를 막는 데 집중할지가 핵심입니다. 아직까지는 명확한 방향성이 보이지 않으며, 특별한 계기가 없다면 지금의 강대강 구조가 2024년에도 계속 이어진다는 분석이 많습니다. 한편 2023년 푸틴의 행보에 의문을 표하고, 러시아의 내부가 분열하는 변수도 여럿 등장합니다.

02

러시아 분열의 조짐

• • • · · • • •

    2023년 2월 21일, 침공 1주년을 하루 남기고 푸틴은 국정연설을 진행합니다. 골자는 미국과의 핵무기 통제조약 참여를 중단한다는 것과 우크라이나 전쟁을 시작한 것은 서방이며 러시아는 전쟁을 막으려 했다고 주장합니다. 이처럼 푸틴은 자신이 일으킨 전쟁에 정당한 명분을 세워 자국민과 동맹국의 호응을 끌어내는 데 힘을 쏟고 있습니다.

    러시아는 현재 2차 세계대전 이후 처음으로 예비군 동원령을 내린 상태입니다. 이는 자국 군인만으로는 힘에 부침을 인정한 것이고, 일반인뿐만 아니라 사면을 조건으로 교도소에 수감된 죄수들까지 전쟁터로 내몰아 다시 우크라이나를 강하게 압박하려는 움직임을 취했습니다.

    바그너 그룹도 대동합니다. 바그너 그룹이란 예브게니 프리고진이 창립한 민간 용병 기업으로 우크라이나 전쟁을 이끌던 푸틴의 핵심 인물 중 하나입니다. 2023년 5월, 러시아는 우크라이나 바흐무트 지역을 완전 점령에 성공하는데, 여기서의 주역이 바로 바그너 그룹입니다. 예브게니 프리고진은 바흐무트 지역 점령과정에서 엄청난 희생을 치렀습니다. 그는 점령이 끝나고 큰 희생이 있었던 배경에는 러시아 윗선으로부터 정당한 보급과 지원이 없었고, 부패한 이들 때문에 훨씬 큰 희생이 발생했다고 주장합니다. 프리고진은 중앙정부에 당장 계엄령을 선포하고, 더 많은 병력을 모집하고 파병하며, 전쟁 중에는 현지에 국가의 모든 역량을 집중하라고 일갈합니다. 일개 용병단장이 국가 지도부에 쓴소리를, 그것도 전시 중이라는 특수한 상황에서 했다는 점에 모두가 심상치 않은 분위기를 느낍니다.

러시아 지도부는 이와 같은 반응에, 모든 용병그룹은 즉시 러시아 정규군으로 합류할 것을 명령합니다. 이는, 즉 용병단을 직접 중앙에서 통제하겠다는 이야기이며, 강한 어조로 비판했던 용병단의 리더 프리고진에게는 신변의 위협이 될 수도 있는 협박에 가까운 제안입니다. 프리고진 입장에서는 굽히고 들어가던지, 아니면 자신의 의견을 관철하던지, 둘 중 하나를 선택해야 했고, 결국 그가 선택한 것은 후자였죠.

프리고진은 2023년 6월 23일, 자신의 병력을 이끌고 도네츠크 후방 러시아 최대 보급기지인 로스토프 지역을 기습합니다. 이때까지만 해도 현장에서의 대우에 불만족을 가진 프리고진과 중앙 지도부 간의 다툼 정도라는 해석이 많았습니다. 하지만 로스토프 지역 점령 직후 푸틴이 대국민 연설을 통해 프리고진을 '배신자'로 공식 규정합니다. 이로써 프리고진의 행위는 사실상 쿠

러시아 바그너 용병그룹 시간대별 동선과 무장반란 상황

① 6월 23일 오후 9시
예브고니 프리고진 바그너 수장 무장 반란 작전 개시

② 6월 24일 오전 7시 30분
로스토프나노두 군 사령부 장악 후 북진
● 모스코바로부터 1,000km 지점

③ 6월 24일 이른 오후
보르네시 군 시설 점령 후 러시아군과 교전
● 모스코바로부터 500km 지점

④ 6월 24일 오후 5시 전후 리페츠크 진격 멈춤
● 모스코바로부터 200km 지점

데타가 되었고, 더 이상 물러설 곳이 없게 된 그는 푸틴이 있는 모스크바로 진격하기 시작합니다.

이 소식은 전 세계를 충격에 빠뜨렸습니다. 전시 중의 나라, 그것도 세계 최강대국 러시아 내부에서 정규군도 아닌 일개 용병단이 러시아 대통령을 향해 이빨을 드러내고 진격한 것입니다. 만약 이들이 모스크바 근처에 도달하여 공격을 감행하고, 만약 승리에 다가선다면 궁지에 몰린 푸틴이 핵 버튼에 손을 올릴 가능성도 있었습니다. 반대로 중앙정부가 용병단과의 싸움에 승리한다고 해도, 자신의 사병에게 뒤통수를 맞았다는 불명예를 피할 수 없습니다.

모두가 주목했던 사태는 러시아가 프리고진이 벨라루스로 떠나는 조건으로 그와 병사들을 처벌하지 않는다는 합의로 이어집니다. 서로 큰 피를 보기 직전 물러난 것이죠. 타결 이후 프리고진은 모스크바의 공항에서 상트페테르부르크에 위치한 바그너 그룹 본사로 이동하는 비행기에 탑승했는데, 그 비행기가 무언가의 원인으로 추락했고, 사망합니다. 이렇게 프리고진의 쿠데타는 일단락됩니다. 그의 사망원인은 비행기 추락 조사 결과를 러시아에서 공개하지 않기 때문에 정확히 알 수는 없지만, 푸틴에게 숙청당했다는 설이 가장 유력합니다.

푸틴에게 대립각을 세웠던 인물들의 의문사한 사례가 그건 여러 차례 발생했습니다. 2006년 6월에는 영국으로 망명한 전직 러시아 연방보안국 요원 알렉산드르 리트비넨코가 한 호텔에서 전 동료가 전해준 홍차를 마시고 숨졌고, 같은 해 10월에는 러시아군의 체첸 주민 학살을 고발했던 전 언론인이자 야권 지도자였던 안나 폴릿콥스카야가 자택으로 가는 아파트 계단에서 총에 맞아 숨진 채 발견됐습니다. 2013년, 푸틴과 대립각을 세웠던 러시아 신흥재벌 보리스 베레조프스키도 자택 욕실에서 의문사하였고, 2015년에는 보리스 넴초프 전 총리가 모스크바 한복판에서 괴한들의 총에 맞아 숨졌으며, 2022년 9월에는 러시아 최대 민영 석유업체인 루크오일의 라빌 마가노프 회장이 모스크바의 병원에서 추락사했습니다. 그리고 2024

프리고진의 용병단이 점령했던 로스토프주 현지 무장 반란을 일으킨 군대가 주둔하고 있는 지역에서 국민 대수는 겁내거나 저항하기는커녕 이들과 친근한 관계를 보였습니다.

년 2월에는 러시아의 민주주의 투사 나발니가 시베리아 교도소에서 사망했습니다.

프리고진 사태는 많은 점을 시사하고 있습니다. 우선 전쟁 최전선에서 뛰는 부대가 정식 군대가 아닌 개인 용병단이라는 점, 비록 며칠 만에 정리된 쿠데타지만, 러시아 입장에서는 이례적인 속도로 진군한 프리고진을 제대로 통제하지 못한데다가, 우크라이나 최전선에서 활약하던 자국 베테랑 부대를 직접 숙청했다는 점에서 러시아 군대가 정상인 상태가 아님을 짐작할 수 있습니다. 과거 2차 세계대전 당시 독일 히틀러도 뚫지 못했던 모스크바가 유혈사태 발생 직전까지 몰렸다는 점에서 23년 철권통치를 진행했던 '스트롱맨' 푸틴 입장에서는 리더십에 큰 타격을 입었습니다.

가장 큰 충격이었던 부분은 프리고진의 용병단이 점령했던 로스토프주 현지 사진입니다. 무장 반란을 일으킨 군대가 주둔하고 있는 지역에서 국민 대수는 겁내거나 저항하기는커녕 이들과 친근한 관계를 보였습니다. 한 병사가 카메라를 향해 손하트를 그리는 사진도 확인됐고, 러시아 주민 다수는 전운을 감지하지 못한 채 일상을 이어가는 분위기도 포착됩니다. 환경미화원들은 탱크 바로 옆에서 심드렁하게 거리를 청소하기도 했습니다.

미국 정치전문매체 폴리티코는 2023년 6월 25일, "48시간 동안의 반란은 강력한 서치라이트처럼 군부의 분열과 현 정권에 대한 국민 지지의 공허함, 흔들리는 정권 정당성을 비롯한 푸틴 정권의 어두운 속살을 비춰 보였다."고 평가하였고, 영국 가디언은 스스로의 욕망 때문에 파멸에 이르는 맥베스 왕을 다룬 셰익스피어의 동명 희곡을 거론하며 푸틴이 '맥베스 순간'을 맞이했다고 진단합니다. 위 사진들은 사람들에게 정보가 완전히 차단되어 로스토프 주민들이 어떤 상황에 처한 것인지 스스로 몰랐던가, 혹은 군대가 벌이는 일에 무관심하던가, 둘 중 하나일 것입니다. 어느 쪽이든 정상적인 국가에서 벌어진 현상으로 바라보기는 어렵고, 러시아 내 푸틴의 영향력을 짐작할 수 있는 부분입니다.

푸틴은 발 빠르게 입지 회복에 나섰습니다. 이번 사건 해결에 힘쓴 러시아군을 치하하고, 바그너 그룹 및 각지 용병을 흡수하는 행보를 보입니다. 이는 2024년 3월에 치러질 러시아 대선을 고려했기 때문입니다. 러시아 대통령의 임기는 4년인데, 연임에 성공해 2000년부터 2008년까지 대통령직을 수행합니다. 러시아 헌법에 2연임 금지조항이 있어서 2008년부터 2012년까지는 총리로 자리를 옮겼다가, 4년 후 다시 출마해 당선되었습니다. 이때부터는 임기가 6년으로 바뀌어 2018년까지 하고, 재차 연임에 성공해서 2024년까지 임기가 보장된 상태입니다. 2024년 이후에는 이전처럼 다시 총리를 맡거나 물러나야 하는데, 재미있는 사건이 벌어집니다. 푸틴은 2020년 개헌을 시도했고, 국민투표 결과 78%의 찬성으로 통과됩니다. 개정 헌법에는 국제법에 대한 국내법 헌법 우위의 원칙, 최저임금 보장 등이 담겼는데, 마지막으로 헌법 개정 이전의 대통령직 수행 횟수는 0회로 간주한다는 조항을 넣었습니다. 이번 개헌으로 푸틴은 대통령직 수행 경력이 '0회'가 되어, 2024년부터 다시 대통령직을 맡을 수 있게 됩니다.

2023년 8월, 러시아 정부 입장을 전하는 드미트리 페스코프 크렘린궁 대변인이 "푸틴 대통령이 일단 출마하기로 마음먹으면 그와 경쟁할 수 있는 사람은 아무도 없을 것"이라고 발언하여 큰 논란이 일었습니다. 같은 해 12월, 푸틴은 무소속 후보로 공식 추대됐는데, 이는 '초당적 지지'라는 정치적 상징성을 얻기 위해 보이는 퍼포먼스입니다. 러시아 선거관리위원회 기준으로 대선후보로 등록하기 위해서는 40개 지역에서 30만 명 이상의 서명을 받아야 합니다. 푸틴은 1월 22일, 유권자 31만 5,000명의 지지 서명을 제출했고, 이 중 31만 4,909명의 서명이 유효 유권자로 인정받아 정식 후보로 등록되었죠. 이번 대선에는 총 16명이 출마표를 던졌지만, 사실상 푸틴에게 맞설 경쟁자가 딱히 없는 상황에서 특별한 이변이 없는 한 2036년까지 사실상 종신 집권의 길이 열리게 됩니다. 그리고 실제로 그렇게 되었죠.

또 하나의 악재는 전쟁의 장기화로 2023년 10월, 러시아 루블화가 심리적 저항선인 달러당 100루블이 무너졌습니다. 전쟁을 시작한 이후 지금까지 가치가 거의 25% 폭락했고, 미국과 유럽 등 서방이 제재에 나서 러시아 석유·천연가스 수출 길이 막혔고, 재정적자도 눈덩이처럼 불어났습니다. 루블화 가치 급락은 수입물가를 끌어올려 인플레이션을 부추긴다는 점을 고려할 때 내년 대선을 앞둔 푸틴에게는 적지 않은 부담입니다.

전쟁의 방향이 러시아의 행보에 주로 연관된 만큼, 추락한 푸틴의 리더십이 앞으로 어떤 결과를 가져올지 눈여겨볼 필요가 있습니다.

03

새로운 동맹의 출현

· · · · · · · · ·

　　그간 중국과 튀르키예, 브라질, 아프리카 7개국, 교황청 등이 화평중재를 자처했지만, 러시아는 크림반도와 2022년 점령한 네 지역을 확실하게 러시아 영토로 귀속하기를 원하고, 우크라이나는 점령지 반환, 러시아의 전쟁 배상금 지급, 전쟁범죄 처벌 등 러시아가 받아들이기 어려운 내용을 조건으로 내걸며 협상 거부 입장을 이어오고 있습니다. 젤렌스키 우크라이나 대통령은 제78차 유엔총회 기조연설과 안전보장이사회 고위급 공개회의 연설에서 영토를 양보할 뜻이 없음을 분명히 강조합니다.

현대 역사상 처음으로 피침략국 입장에서 영토 포기와 정치 · 군사적 압력이 아닌 영토 · 주권 회복으로 전쟁을 끝낼 기회입니다. 제 평화 공식(Peace Formula)에 지지해 주십시오!!

비록 싸우고 있는 당사자는 그들이지만, 이 전쟁은 사실 '우크라이나-러시아' 전

쟁이 아닌, '서방 진영-반서방 진영' 전쟁입니다. 그 격전지가 국경선을 마주한 우크라이나와 러시아였을 뿐이죠.

러시아는 조속히 전쟁을 마무리하려는 계획이 틀어지자, 무너진 리더십과 약해진 국력을 회복하기 위해 동맹의 힘을 끌어들이고 있고, 반대 측은 러시아의 위협에 맞서고자 NATO가 결집하고 있습니다.

a. 러·중·북

서방에 비해 상대적으로 '동상이몽'이라고 평가절하되던 러시아·중국·북한이 관계 재정립에 나서며 밀착하고 있습니다. 러시아와 중국은 2000년도 이전까지만 해도 비교적 '느슨한 관계'로 비춰졌습니다. 특히 러시아와 중국은 수년 전부터 연합

군사훈련을 확대하는 등 협력을 강화해오다가, 러시아가 우크라이나를 침공했던 2022년 2월, 서로 무제한 협력(No-Limits Partnership)관계를 대내외에 천명하기에 이릅니다.

중국은 서방의 대중국 제재를 유발하지 않도록 러시아에 무기 지원 등 직접 개입은 자제하고 있지만, 동시에 서방의 제재 동참을 거부하며 러시아와의 관계를 유지하고 있습니다. 대표적인 예로, 2022년 러시아의 우크라이나 점령지 합병을 규탄하기 위한 유엔 안전보장이사회 결의안 당시에도 기권하는 등 서방의 흐름에 제동을 걸고 있죠.

전쟁 이후 북한과 러시아의 관계도 눈에 띄게 강화되었습니다. 김정은 북한 국무위원장은 2023년 7월 27일, 한국전쟁 정전협정 체결일인 전승절에 오른쪽에는 세

르게이 쇼이구 러시아 국방장관, 왼쪽에는 리훙종 중국 전인대 상무위원회 부위원장을 착석시키고 70주년 공연을 관람하는 퍼포먼스를 보여줍니다.

김정은 국방위원장은 2023년 9월 10일부터 18일까지 러시아를 방문합니다. 10일 오후 전용 열차로 평양을 출발해 12일 러시아에 도착한 다음, 13일 극동 아무르주 보스토치니 우주기지에서 푸틴 대통령과 정상회담을 갖고 만찬도 함께했죠. 이후 16, 17일 이틀 일정으로 블라디보스톡을 방문해 러시아 측의 안내로 공군 및 해군 기지를 둘러봅니다. 러시아군은 김 위원장 일행에게 극초음속 미사일, 장거리 폭격기와 스텔스 전투기 등 전략무기를 대거 선보이며 두 나라 관계가 마치 군사동맹에 해당하는 양 호의를 베풉니다. 김 위원장은 러시아 태평양함대 소속 순양함에 직접 승선해 대(對)잠수함 어뢰 발사관을 시찰하기도 합니다.

김정은의 행보를 보며 세계는 북한과 러시아가 어떠한 모습을 보일지 관심 있게 지켜봤습니다. 2023년 10월, 미국 백악관 국가안보회의(NSC)는 "최근 북한이 러시아에 대해 군사 장비와 군수품을 컨테이너 1,000개 이상 제공했다."라고 말하며, 9월 7일과 10월 1일 사이 북한 나진에서 컨테이너들이 러시아 선박에 실려 운송되는 사진을 공개합니다. 즉, 9월 방러 이전 이미 무기 제공을 결정했고, 방러는 서로의 관계를 돈독히 하는 퍼포먼스였다는 것이죠. 러시아도 이에 대한 대가로 북한에 물자를 지원한다는 이야기입니다.

영국 왕립합동군사연구소(RUSI)의 닐 멜빈 국제안보 부문 국장은 2023년 2월, 러시아의 우크라이나 침공 1주년을 앞두고 러시아는 전쟁으로 인하여 중국에 더 의존하고, 국제사회에서 북한을 지지하게 될 것이라고 전망했습니다. 유엔 안보리 결의에 따라 북한은 무기를 수출할 수 없습니다. 미국과 EU를 비롯한 서방 국가들은 우크라이나 침공 이후 러시아에 무기 수출을 엄격히 금하고 있죠. 그럼에도 북한과 러시아의 무기 거래를 막을 실질적 방안은 없습니다. 설리번 보좌관은 북한의 행위에 대해 '대가'를 경고했지만, 북한과 러시아 모두 이미 더 이상의 제재를 부과할 수 없는 수준으로 국제사회의 제재를 받고 있습니다. 그들 입장에서는 해야 할 이유는 많고, 하지 말아야 할 이유는 없는 셈입니다.

2023년 12월 18일, 북한이 대륙간탄도미사일(ICBM)로 추정되는 탄도 미사일을 발사하여 한·미·일이 강력하게 반발하는 가운데, 같은 날 중국 왕이 외교부장은 박명호 북한 외무성 부상을 만나 양국 간 협력 확대를 약속합니다. 다음 날 19일, 중국은 러시아와 베이징에서 제28차 중·러 총리 회담을 통해 수교 75주년을 맞아 협력관계를 더욱 강화하기로 했죠. 차두현 아산정책연구원 수석연구위원은 2024년에 북·중·러 연대와 한·미·일 협력 간 대립 구도가 더 뚜렷해질 것이며, 세 국가가 합동 군사훈련을 실시할 가능성이 크다고 분석했습니다.

2023년 3월, 유엔 안전보장이사회(안보리)가 열렸습니다. 이곳에서는 대북 제재 이행을 감시하는 패널 임기 연장안이 올라왔죠. 참고로 유엔 안보리는 대북 제재를 감시하는 전문가 패널을 정기적으로 갱신하는데, 이번에는 상임이사국인 러시아가 거부권을 행사함으로써 결의안은 부결됐고, 전문가 패널은 결국 창설 15년 만인 2024년 4월 30일 종료되었습니다.

미국 국무부는 "러시아는 불법적인 전쟁을 위한 북한 무기를 수입하고 사용하는 등 이 제재를 위반해 왔다. 북한이 이번 사태를 계기로 제재 위반에 더욱 대담해질 것이며, 한반도의 영구적인 평화를 가져오는 일은 더욱 어려워졌다."는 성명을 내놓았습니다. 이번 안보리 보고서에는 북한이 유엔 제재에도 러시아가 우크라이나를 상대로 사용할 무기를 러시아에 계속 수출하고 있다는 정황이 담겼는데, 러시아가 이와 같은 정황을 덮고자 임기 연장에 반대했다는 게 밀러 대변인의 설명입니다.

북한은 혼돈의 국제정세를 틈타 2022년 대륙간탄도미사일(ICBM) 등으로 전례 없는 무력시위를 잇달아 벌이고 있지만, 상임이사국인 러시아의 거듭된 반대와 기권표를 계속 던지고 있는 중국에 의해 안보리 규탄 성명은 번번이 무산되고 있습니다. 북한과 러시아 모두 미국과 서방의 포괄적 고강도 제재에 직면하고 있는 만큼, 향후에도 이를 회피하기 위한 전략적 제휴와 밀착이 가속화될 것으로 보입니다.

2024년 3월 대선에서 5선을 성공한 푸틴은 올해 첫 해외 순방지로 중국을 꼽았습니다. 푸틴 대통령은 방중 기간 우크라이나 전쟁과 중러 관계 심화 등 의제를 둘러싼 대화를 주고받으며, 러시아와 중국 간의 돈독한 관계를 과시하면서 러시아가 고립되지 않았다는 점을 전 세계에 알릴 의도인 것이죠.

이처럼 세 국가는 서방 연합세력에 맞서 관계를 돈독히 하고 있습니다. 지난 역사를 되짚어 봐도 러·중·북이 사실상 3국 동맹을 공식적으로 결성한 적이 한 번도 없었다는 점은 시사하는 바가 큽니다. 하지만 자국의 이익에 따라 철저히 서로를 이용해 왔다고 평가되는 이들의 관계가 복잡한 현 정세와 맞물려 진정한 3국 공조로 이어질 가능성이 점차 커지고 있습니다.

b. 미국과 EU

전쟁이 장기화하면서 서방 대 반서방 진영 간 대리전 양상도 더욱 선명해지고 있습니다. 미국은 EU와 함께 러시아 제재와 우크라이나 군사 지원을 주도하면서 그

어느 때보다 연대를 과시하고 있습니다. 특히 과거 미국과 소련 간의 냉전 시대 종식 이후 역할론에 회의감마저 제기된 NATO(북대서양조약기구)는 전선을 확장하며 모처럼 존재

감을 과시했습니다. 2023년 1월, EU와 NATO는 5년 만에 공동선언문을 발표합니다. 선언문을 살펴보면, NATO는 동맹을 위한 집단방위의 토대이자 유럽-대서양 안보에 필수이며, NATO와 EU는 국제 평화 및 안보를 지원하는 데 있어 상호 보완적이며 일관적이고 강화된 역할을 한다고 명시되어 있습니다. 냉전 종전 이후 서로 교류하며 발전하던 관계에서 러시아의 침략은 NATO와 EU로 하여금 러시아를 분명한 '적'으로 인식시키는 사건이라고 볼 수 있습니다.

러시아의 우크라이나 침공은 유럽의 정치·안보지형의 일대 격변도 초래했습니다. 군사적 비동맹주의 정책에 따라 70년 넘게 지킨 중립 노선을 포기한 스웨덴과 핀란드는 이번 전쟁을 계기로 나토 가입을 신청했죠. 핀란드는 일찌감치 회원국 비준을 마치고 가입에 성공하였으나, 스웨덴은 만장일치가 이뤄지지 않고 있었죠. 그러다 2024년 2월, 헝가리 의회는 회원국 중 마지막으로 스웨덴의 가입 비준안을 가결하였고, 이로써 2년 전 러시아의 우크라이나 침공을 계기로 200년 넘게 이어 온 중립국 지위를 벗어던지고 나토의 문을 두드린 스웨덴이 1년 9개월 만에 가입에 성공합니다. 출범 당시 12개 나라였던 나토는 오늘날 32개 나라로 팽창했습니다.

푸틴이 우크라이나를 침공한 결정적인 이유는 나토의 동진을 저지하기 위함이

북대서양조약기구(NATO·나토) 어떻게 확장해 왔나

1949년 창설~1998년
1999~2004년 가입
2009~2023년 가입
우크라이나, 조지아 가입 희망

7월 가입 성사

캐나다
미국

아이슬란드

스웨덴
핀란드
노르웨이
에스토니아
라트비아
리투아니아
벨라루스
러시아
덴마크
네덜란드
폴란드
영국
벨기에
룩셈부르크
독일
체코
슬로바키아
우크라이나
카자흐스탄
프랑스
슬로베니아
헝가리
루마니아
이탈리아
불가리아
흑해
조지아
크로아티아
몬테네그로
그리스
튀르키에
투르크메니스탄
포르투갈
스페인
알바니아
북마케도니아
이란

었습니다. 적대국과 절대로 국경을 마주할 수 없다는 결정이었죠. 하지만 전쟁은 오히려 반대의 결과를 가져옵니다. 한때 '소련의 바다'라고 불렸던 발트해는 오늘날 '나토의 호수'로 변했습니다. 러시아로서는 대서양으로 뻗어 나갈 수 있는 제해권 상실은 물론, 제2의 도시이자 과거 러시아 제국의 수도 상트페테르부르크까지 나토의 최단 사정권에 놓이게 되었죠.

2024년 1월, 푸틴은 발트해에 남은 유일한 러시아 영토 칼리닌그라드를 방문합니다. 이곳은 본래 독일 영토였으나 2차 세계대전 이후 러시아 땅이 된 장소로, 러시아 발트함대 본거지이자 핵탄두 탑재 미사일 기지로 알려진 핵심 군사 요충지입니다. 바닷길 외 러시아 본토 육상 연결로는 맹방 벨라루스에서 출발해 리투아니아와 폴란드 국경을 가로지르는 65㎞ 길이의 '수바우키 회랑' 뿐인데, 이곳마저 나토가 손쉽게 차단할 수 있는 상황이 되었습니다. 칼리닌그라드가 나토의 품 안에 위치한 형국은 푸틴에게 있어 영토를 잃을 수도 있다는 경각심을 일깨웠죠. 이에 푸틴은 국내 상황과 대내외 정책에 대한 주요 과제를 의회에 소개하는 연례 국정연

설에서 나토가 만약 우크라이나에 파병으로 개입한다면 핵무기 사용으로 인한 대규모 갈등을 촉발시킬 것이라는 메시지를 내놓습니다. 그리고 과거 폐지했던 군사조직을 부활·확장하였고, 우방국인 벨라루스도 방문해 연합국가 속도에 박차를 가했으며, 칼리닌그라드와 벨라루스를 잇는 수바우키 회랑을 점령할 계획을 세우고 있습니다. 2024년 5월, 러시아 정부는 현재의 국경선이 20세기 측량 연구에 기반해 부정확하게 결정됐다며, 1985년 소련에서 정한 국경선과 일치하지 않는다고 주장합니다. 그리고 역외 영토인 칼리닌그라드주 발티스크와 젤레노그라드스크 인근 내륙 해역을 자국 영토로 자의적으로 편입하여 발트해 국경을 변경하는 내용을 골자로 한 행정명령을 정부 누리집에 내놓았죠.

만약 수바우키 회랑이 러시아 손에 넘어간다면, 발트 3국(에스토니아·라트비아·리투아니아)은 러시아 품 안에 쌓인 형태가 되고 맙니다. 푸틴이 발트 3국을 손에 넣으면 새로운 영토확장과 동시에 발트해 역시 영역권으로 삼을 수 있습니다. 이것이 우크라이나 전쟁이 북유럽으로 확전되는 시나리오입니다.

심각한 위기를 느낀 발트 3국은 유럽 국가들의 국방력 강화를 위한 징병제, 특별 방위세 등을 도입하자고 요구하고 나섭니다. 라트비아는 2023년부터 징병제를 개제했고, 뒤이어 리투아니아와 스웨덴 등이 징병제를 되살렸습니다. 덴마크는 2024년 2월, 남성뿐 아니라 여성도 징집 대상에 포함시킬 것이라는 성명도 발표했죠.

EU는 소위 '확장 정책(Enlargement Policy)'을 통해 동유럽 개발도상국 등 인접국들을 반(反)러 전선에 합류시키는 데 적극적인 행보를 보입니다. 2022년 우크라이나와 몰도바에 EU 가입 후보국 지위를 부여했고, 알바니아와 북마케도니아에도 가입 협상을 개시하며 동쪽으로 외연 확대에 나섭니다. 심지어 중립국인 대명사였던 스위스까지 대러시아 제재에 일부 동참하면서 옥죄기에 힘을 보탭니다. 그리고 2024년 2월 24일, 우크라이나 키이우에서 열린 G7 화상 정상회의에서는 서방 사회의 결속을 다지고 우크라이나에 대한 흔들림 없는 지원 의지를 재확인하였습니다.

그러나 전쟁이 장기화됨에 따라서 지원에 반대하는 목소리가 각국에서 하나둘 터져나오고 있는 것도 사실입니다. 미국 유력 공화당 차기 대선 후보 론 드산티스는 "미국의 우크라이나 원조는 무제한 백지수표에 불과하다."라며 지원정책에 강한 반대를 표명했습니다. 다른 나라들도 코로나에서 엔데믹으로의 전환, 그리고 러시아와 중국의 자원통제로 인해 어려운 경제상황을 겪으며 불만이 꾸준히 제기됩니다. '계륵'이 되어버린 우크라이나가 방파제 역할을 하기에 지원을

미국이 힘든데 남의 나라 지원을??

멈추지는 않지만, 쏟아져나오는 이민자에는 배타적인 모습이 도처에서 나타납니다.

2022년, '100년 만의 극우 성향의 총리'라는 타이틀과 함께 집권한 조르자 멜로니 이탈리아 총리가 대표적으로, 그는 EU 정상회의에서 불법이민 유입 방지 대책에 거침없는 목소리를 내고 있으며, 2023년 상반기 EU 순환의장국인 스웨덴 역시 작년 9월 총선에서 극우 정당인 스웨덴민주당이 득표율도 20.5%를 기록하며 원내 2당이 됐습니다.

올라프 숄츠 독일 총리의 "치열한 갈등이 피비린내 나는 교착상태로 발전할 것을 두려워하고 있다."라는 발언처럼 세계는 최근 "결정타가 없는 전쟁"을 마무리 지을 돌파구를 찾고 있습니다. 과거 냉전 시절에는 군비 치킨게임에서 먼저 백기를 들은 것은 소련이었습니다. 냉전을 마무리 지은 계기는 돈이었죠. 하지만 이번 경우의 계기는 돈은 아닐 것이라는 전망이 많습니다. 미국과 소련의 1:1 구도가 아닌, 진영 대 진영의 대결이기 때문입니다. 한쪽이 무너질 것 같으면 다른 동맹이 그것을 채울 것이고, 동맹의 돈이 몽땅 고갈되기 전에 무언가 변화의 순간이 찾아올 것이라는 해석입니다.

현재 사람들이 많이 거론하는 계기는 바로 대선입니다. 2024년에는 우크라이나 대선, 러시아 대선, 그리고 미국 대선이 있습니다. 중요 나라 지도부가 유지되느냐, 교체되느냐에 따라 앞으로의 세계정세는 다시 한번 급변할 것 같습니다. 미국 파이낸셜타임스는 "지상에서의 어떤 군사작전보다 미국 대선이 더 결정적일 수 있다,"

라는 논평을 내보낸 바 있습니다. 우크라이나 입장에서 자국의 명운을 결정짓는 것이 남의 나라 대선이라니 참으로 씁쓸한 이야기가 아닐 수 없습니다.

만약 지금의 사태가 계속 이어진다면 가장 피해를 보는 나라는 바로 우크라이나입니다. 주변국이 지원해준다고는 하지만 전부 빚이나 다름없습니다. 나라는 쑥대밭이 되었고, 4차 산업혁명이 활성화되고 있는 지금, 1차 산업인 농업도 다시 재기하기 쉽지 않습니다. 마치 과거 우리나라 상황과 오버랩되지 않나요? 여러분은 현재의 우크라이나 상황을 어떻게 생각하시나요?

군비경쟁의 시대

• • • · · • • •

세계가 진영으로 쪼개지고 서로를 견제하는 양상이 극화되자, 너도나도 군비를 증강하는 모습이 나타나고 있습니다.

오랜 전쟁으로 피폐해진 러시아는 최대한 외부에 강한 모습을 비추려고 노력하고 있습니다. 그들은 2023년 10월 19일, 중국 베이징에서 열린 일대일로 10주년 기념행사에서 보란 듯이 수행원으로 하여금 '체게트(Cheget)'로 불리는 핵 가방을

들게 하고 참가함으로써 서방 연합에 대해 무언의 메시지를 보냈습니다. 같은 날 러시아 하원도 포괄적핵실험금지조약(CTBT) 비준을 철회하는 법안을 만장일치로 통과시키면서 러시아의 핵 사용 가능성에 대한 존재감을 어필했습니다. 2024년 4월에는 우주에서의 위험한 핵무기 사용 경쟁을 금지하기 위해 미국과 일본이 주도해 만든 유엔 안전보장이사회 결의안이 발의되었습니다. 본 안건은 과거 냉전 시기 미국과 러시아가 서로 우주 공간에 핵무기를 배치해 우발적인 행위를 하지 못하도록 미연에 방지하자는 의견이었지만 안보리 15개 이사국 가운데 13국이 '찬성', 러시아 '반대', 중국 '기권'으로 결국 부결되었습니다.

중국도 서로를 향해 날을 세우는 흐름에 가세하고 있습니다. 영국 가디언지는 중국의 군사작전 급증은 시진핑 시대의 뉴노멀이라고 표현하고 있습니다. 그들의 군비 증강은 주변국에 큰 위협으로 여겨진 지 오래입니다. 최근에는 '하나의 중국'이라는 표어와 함께 대만을 흡수하려는 의도를 감추지 않고 있고, 남중국해 영해를 무단으로 넓혀 필리핀 해군과 잦은 마찰이 이어지고 있습니다. 특히 2024년 대만 총통선거를 염두에 두고 중국은 압력을 늦추지 않을 목적으로 군비를 작년보다 7.2% 늘린 1조 6,700억 위안(약 309조 원)으로 책정해 4년 만에 최고치를 기록합니다.

북한은 한국전쟁 이후 지금까지 꾸준히 무력도발을 지속해오고 있습니다.

북한의 연도별 핵/미사일 활동 추이

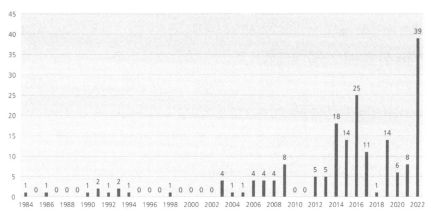

■ 핵/미사일 활동건수

2022년 12월, 통일연구원에서 제공한 그래프를 살펴보면, 북한의 미사일 활동 추이가 꾸준히 증가하는 모습을 보이고 있는데, 특히 2022년은 북한 미사일 도발 횟수가 총 39회로 역대 최대로 꼽힌 해였고, 같은 해 12월 16일 무인기가 대한민국 상공을 침범했다 돌아간 사건도 있었습니다. 문성묵 한국 국가전략연구원 통일전략센터장은 북한이 ICBM과 이스탄데르 두 가지를 발사하고 있는데, 전자는 미국 본토를 겨냥하는 것이고, 후자는 한국과 일본을 겨냥해 핵 선제타격 능력을 과시하려는 의도라고 분석했습니다. 과거 김일성 시대에는 총 8회로 4%, 김정일 시대에는 28회로 15%, 현재 진행형인 김정은 시대에는 147회로 80%에 육박합니다.

도대체 왜 최근에 와서 이렇게 무력도발 횟수가 증가한 것일까요? 전문가는 외부와의 문을 걸어 잠그고 폐쇄적인 모습을 지향하는 북한의 체제가 막바지에 달했다고 분석합니다. 내수시장만으로 버틸 수 있는 것은 초강대국인 미국, 러시아, 중국 정도입니다. 정말 작은 나라인 북한이 거의 70년 가까이 최소한의 지원으로 버틴 것이 오히려 대단하다는 평가가 많습니다.

북한은 김일성 시대부터 지금까지 큰 변화 없이 단일 체제를 유지해 왔는데, 그 한계점을 향해 나아가고 있고, 스스로 붕괴하기 전에 무언가 변화를 취할 수밖에 없다는 것이죠. 특히 최근 코로나 사태는 폐쇄적인 북한에게 더욱 가혹한 시기였다는 점도 한몫하였습니다. 외부에서 백신 등의 의료물자를 공수하지 않고 자체적으로 해결해야 했으니까요. 그 와중에 러시아와 중국과 손을 잡는 것은 필연적 선택에 가까웠으며, 두 강대국에게 자신 있게 선보일 수 있는 장점은 군사 능력입니다. 현재 북한은 약 30~60개의 핵탄두를 보유하고 있을 것으로 추정됩니다.

러·중·북이 군비를 꾸준히 늘리자, 유럽도 반응합니다. 2022년 초 독일은 GDP 2% 이상을 국방비로 돌릴 것을 선언합니다. 독일은 과거 제2차 세계대전을 일으킨 장본인으로 군비와 관련해 국제사회의 차가운 시선을 줄곧 받아 왔습니다. 그럼에도 불구하고 바로 인근 우크라이나 영토에서 열전이 발생하자, 군비 증강에 대한 명분이 나타난 셈입니다. 영국은 더 나아가 2030년까지 GDP 2.5%로 국방비 증액을 발표했고, 프랑스도 2024년에서 2030년까지 7년간 36% 증액하겠다는 방침을 밝혔으며, 러시아와 인접한 폴란드도 최근 우리나라 방산 산업과 빅딜을 추진하여 군비 증강에 힘쓰고 있습니다. 안보에 대한 불안감이 팽배해지자, 영국 국제문제전략연구소(IISS)는 2023년 세계 군사비가 2022년 대비 약 9% 증가한 2조 2,000억 달러(약 2,930조 원)에 달하였고, 2024년에는 이보다 더욱 늘어날 것으로 분석했습니다.

세계가 너도나도 'Strong Country'를 외치고 있습니다. 푸틴이 그랬고, 시진핑도 그랬고, 젤렌스키도 그랬고, 트럼프도 그랬고, 올라프 숄츠도 그랬고, 차이잉원도 그랬고, 기시다도 그랬습니다. 이제는 시작점이 어디인지도 알기 힘들고 너도나도 흐름에 무작정 참여하는 형태입니다. 우리나라 방산 산업이 지금을 기회로 삼아 크게 외화를 벌어들이고는 있지만, 걱정이 앞서지 않을 수 없습니다.

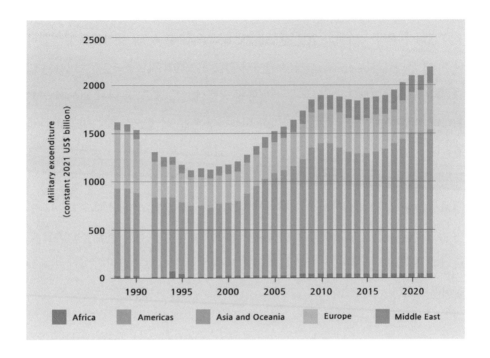

스톡홀름 국제평화연구소(SIPRI)가 2023년 4월 발표한 'Trends in World Military Expenditure 2022'에 따르면, 세계 군비는 명백하게 우상향 중입니다. 인플레이션이 나타나 경제가 어렵고, 지구가 기후 재앙으로 신음을 내고 있고, AI는 물과 전기를 죄다 빨아들이고 있는 지금, 군비에 대폭 투자가 일어나고 있는 겁니다. 힘을 내세워 자국 안보 효과를 기대할 수 있는 것은 분명하지만, 본래 각국 군비는 미국과 중국을 제외하면 GDP의 1~1.5% 정도였습니다. 하지만 지금은 2% 이상을 부르는 국가가 한둘이 아닙니다. 약 두 배 가까이 증가한 겁니다.

국가별 연평균 증가율(CAGR: Compound Annual Growth Rate)은 러시아가 8.8%로 압도적 1위로 나타납니다. 2019년도 국방비는 약 60조 1,000억 원이었던 것이,

2023년에는 약 84조 2,000억 원에 달합니다. 북한의 도발에 민감하게 반응하는 것은 비단 우리나라만이 아닙니다. 2022년 12월 일본 기시다 총리는 국방비를 대폭 증가하고, 선제타격 능력과 순항미사일 보유를 선언합니다. 일본은 2019년 약 49조 7,000억 원의 국방비가 2023년에는 약 65조 원으로 6.9% 증가율을 보였습니다. 반면 우리나라는 46조 6,971억 원에서 57조 1,268억 원으로 5.2% 늘어나는 데 그칩니다. 특히 2021년에 일본을 추월했던 국방예산은 2023년 다시 일본에 역전됩니다. 이는 국내 물가 상승으로 인한 민생안정에 좀 더 힘쓰는 모습이라고 분석됩니다.

세계가 합심해도 모자랄 판에 서로를 향한 창은 더욱 날카로워지고 있습니다. 전쟁이 오발된 총알 하나에서 시작한다는 말이 있는데, 총알이 아닌 대포와 미사일이 우크라이나 전역에서 오가고 있습니다. 3차 세계대전이 점점 현실성을 띠고 있습니다. 모두가 각성하여 무기를 내려놓고 서로의 손을 잡을 순간이 도대체 언제쯤 찾아올까요?

05

계속되는 세계 위험 요인

• • • • · · • • •

      2023년 1월 1일, 미국 외교·안보 싱크탱크 애틀랜틱 카운슬과 영국 파이낸셜타임스는 전문가 의견을 토대로 올해 세계 위기 요인을 다음과 같이 간추려 정리했습니다.

  ① 멈추지 않는 전쟁
  ② 개발도상국 디폴트
  ③ 이란의 핵무기 보유
  ④ 중국의 대만 압박
  ⑤ 기후변화 대응 노력 퇴보

  각각이 별개 사인으로 보이지만, 사실 저 다섯 개가 모두 유기적으로 연결되어 있습니다. 코로나19에 이어 '우크라이나-러시아' 전쟁이 터지면서 세계화가 붕괴했습니다. 게다가 2023년 10월, 이스라엘과 팔레스타인이라는 새로운 전쟁도 나타났습니다.

2023년 국제통화기금(IMF)은 세계 경제가 스태그플레이션에 돌입하면 주요 은행 자산의 1/3이 위험에 처하게 될 것이라고 경고합니다. 개발도상국 중에서는 이미 디폴트를 외친 국가가 여럿이고, 글로벌 은행 자산의 36%가 보통주자본비율(CET1)이 규제 기준인 7% 아래로 떨어지게 되는 것입니다. 즉, 다소 버틸 여력이 있다고 여겨진 선진국의 주요 은행조차 위기에 봉착하는 것이죠.

각국은 아군을 찾아 동맹을 결성했고, 서로에게 대립각을 세웁니다. 옆에서 전쟁을 벌이자, 주변국은 불똥이 튀는 것을 우려하여 군비를 확대하였고, 이는 또다시 인근 나라와의 힘의 불균형을 가져와 도미노처럼 연쇄적인 군비 상승 현상을 불러일으킵니다. 이런 와중에 핵무기 보유를 결정한 나라도 있습니다. 애틀랜틱 카운슬은 이란 핵 보유 가능성을 올해의 또 다른 주요 위험 요인으로 분류하고 있습니다. 이란은 우라늄 농축 기술을 이전부터 빠르게 확대해 왔고, 2022년 핵무기 제조 바로 전 단계인 60% 농축 우라늄 생산에 성공합니다. 미국 중앙정보국(CIA)은 이란이 핵 보유국이 될 가능성이 매우 높다고 분석했죠.

오늘날 아시아의 대만에서도 지금 전운이 감돌고 있습니다. 제2의 우크라이나 전쟁이 이곳에서 벌어진다고 바라보는 이들도 적지 않습니다. 대만에서 전쟁이 벌어지면 한반도 역시 격전지로 확대될 가능성이 크고, 그렇다면 꾸준히 군사력을 확장하고 무력시위를 했던 북한도 행동할지도 모릅니다. 각지에서 나타나는 소규모 전쟁이 세계 전체로 확대되는 것, 이것이 제3차 세계대전 시나리오입니다. 팽팽한 활시위처럼 긴장 상태가 계속되고 있는데, 이는 결국 모두의 자멸을 가속화할 뿐입니다. 봄과 가을이 사라지고, 해수면이 상승해 나라가 통째로 수몰을 앞둔 섬나라들도 있는데, 서로의 이득에 눈이 멀어 행동하는 모습이 안타까울 뿐입니다. 어쩌면 3차 세계대전 이전에 기후 재앙으로 모두가 공멸하는 것이 더 빠를지도 모르겠습니다.

　우크라이나가 위기에 처한 것이 지정학적 이유가 크다면, 우리나라도 마찬가지입니다. 이탈리아 국제문제연구소 페르디난도 넬리 페로치 소장은 정세를 '완승'에서 '유리한 종전협상'으로 수정하고, 러시아 침공으로 촉발된 우크라이나의 전쟁이 한국식 분단으로 마무리될 가능성이 가장 크다고 전망했습니다. 한국식 분단이란 우크라이나와 러시아 그 누구도 완전한 승리를 거둘 수 없는 상황에서 군사분계선을 그어 서로가 분할 통치하는 방식입니다.

　전쟁이 장기화함에 따라 우크라이나에 대한 서방의 지원이 언제까지 이어질지 불확실한 지금, 젤렌스키는 NATO 가입을 원하고 있고, 가입 심사 시기에 우크라이나 영토를 어디까지 인정할지는 미지수입니다. 2023년 12월 젤렌스키는 세 번째 미국을 방문합니다. 점차 인색해지는 미국 정치권 인사들을 설득하고 지원비를 얻어내기 위해서죠. 젤렌스키는 2022년 12월 첫 방미 당시 미 의회 연설에서 대대적인 환영을 받았습니다. 하지만 1년이 흐르고 공화당의 거센 반대에 부딪힙니다. 국방대 연설에 동석한 로이드 오스틴 미국 국방장관은 "미국의 약속은 지켜져야 한다."며 의회의 예산 처리를 촉구했지만, 전체적인 반응은 매우 싸늘했죠. 만약 미국이 우크라이나에 대한 원조를 중단한다면, 유럽 각국도 잇따라 원조를 미루거나 중단할 가능성이 크고, 결국 우크라이나는 고립되어 내년 여름쯤 모래성처럼 무너질 가능성이 큽니다. '유리한 종전협상'이 '불리한 협상' 또는 '패배'로 이어질 가능성이 증가하고 있습니다.

2023년 여름의 대반격의 기세는 어느새 사라지고, 부족한 물자에 우크라이나는 신음을 흘리고 있습니다. 우크라이나의 크리스마스는 본래 러시아 정교회의 영향으로 율리우스력 기준 1월 7일이었습니다. 하지만 이제는 국가 차원에서 러시아의 영향력을 지우기 위해 12월 25일로 정식 변경합니다. 오른쪽

사진은 크리스마스 당일 우크라이나 키이우 시내에 등장한 탄피로 만들어진 트리입니다. 마치 그들의 심정을 반영하는 것처럼 보입니다.

러시아는 지금의 우크라이나 점령지를 절대 포기하지 않을 겁니다. 푸틴은 2024년 1월 1일, "어려움에도 절대 후퇴하지 않을 것"이라는 새해 첫 메시지를 러시아 전역에 보내 자신의 강경한 의지를 재차 표출했죠.

러시아는 자신의 무기로 전쟁하기에 우크라이나 영토를 공격할 수 있지만, 반대로 우크라이나는 남의 무기로 전쟁을 하고 있습니다. 서방이 무기를 지원하는 이유는 '방어용'이지 '공격용'이 아닙니다. 따라서 일방적으로 얻어맞기만 하는 비대칭적인 상황이 벌어지고 있는 것이죠. 2024년 4월, 영국 국제전략문제연구

소(IISS)는 우크라이나에게 있어 최상의 시나리오는 교착상태이고, 최악은 방어선이 뚫리는 것이라는 분석을 내놓았습니다. 전쟁의 결말은 '푸틴이 언제 지칠지'에 달렸습니다. 서방의 원조로 우크라이나가 반드시 승리한다는 보장은 없지만, 반대로 지원이 끊긴다면 필패입니다. 결국 NATO 가입 시기에 지금까지의 서방 지원이 '빚'이 되어 젤렌스키에게 분단을 강요하게 될 가능성이 큽니다. 이것은 푸틴에게 있어 적절한 탈출구 명목이 되겠죠.

2024년 1월, 푸틴은 미국정부에 비공식 채널을 통해 우크라이나 전쟁 종전을 위한 대화에 나설 의향이 있는지 물었고, 2월에는 "서방이 우크라이나에 대한 무기 공급을 중단하면 전쟁은 몇 주 안에 끝날 것"이라며, 지원을 멈추고 종전 테이블에 앉아야 한다고 주장합니다. 이에 백악관은 "푸틴은 전쟁을 끝낼 생각이 없다."라며 정말로 그런 의향이 있다면 당장 군대를 물리고 침공을 중단해야 한다고 답했죠. 한편으로는 푸틴은 곧 다가올 2024년 미국 대선에서 도널드 트럼프가 당선되기 전까지는 협상 테이블에 앉지 않을 것이라는 분석도 있습니다. 트럼프 전 대통령은 푸틴에게 호의적인 스텐스를 보였기에, 그가 재선에 성공한다면 러시아에 유리한 협상을 할 수 있다는 계산이죠. 일련의 사태를 보며 드는 생각은 종전 대화 참여의사를 당사자인 우크라이나가 아니라 미국에 묻고 있는 사실이 참 안타깝습니다.

그래도 희망을 품고 벌어진 상처를 하나하나 봉합해야 합니다. 우크라이나도 이 사실을 알고 있습니다. 그렇기에 러시아의 침공을 딛고 국가 재건 계획에 우리나라를 벤치마킹하고 있습니다. 2023년 5월, 한국의 발전상을 담은 세계지리 10학년(한국의 고교 2학년) 교과서 4종이 우크라이나 현대화연구소의 교과서 적격 심사와 현직 교사들의 온라인 투표 등 절차를 마무리하고 정식 교과서로 채택 및 발간됐습니다.

한국을 6~9쪽 분량의 별도 장으로 다룬 이 교과서는 대한민국이 국가의 보완

§ 28. РЕСПУБЛІКА КОРЕЯ

Республіка Корея

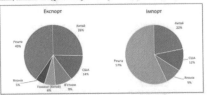

적 개입을 통한 자본축적 혼합경제 모델로 전후 전례 없는 경제성장을 이룩했다고 기술하고 있으며, 한국의 경제 발전 모델의 다른 중요한 요소로 정부의 교육정책을 꼽고, 한국이 교육에 많은 투자를 하고 있다는 점을 강조하고 있습니다. 아울러 한류와 한국의 최첨단 기술 산업을 소개하고 한국을 국제 경제 관계의 선도국가로 명시하고 있죠.

우크라이나와 대한민국의 모습은 대단히 흡사합니다. 그들의 상황은 우리가 겪었던 과거이자, 어쩌면 다시 한번 마주할 미래일지도 모릅니다. 이것이 우리가 우크라이나 전쟁을 주시해야 할 이유입니다.

CHAPTER

02

제2장

미중대결

미중대결의 역사

• • • · · • • •

인류역사상 인류역사상 미국과 중국처럼 적대적이면서도 동시에 상호의존적 관계를 가진 예는 찾기 어렵습니다. 그들은 끊임없이 세력 재편을 반복하고 있는데, 이러한 역학관계가 가장 잘 드러나는 곳이 우리나라입니다. 따라서 미중관계를 한반도 운명을 좌지우지하는 큰 변수 중 하나로 생각하는 것은 당연한 논리라고 볼 수 있겠죠.

과거 냉전에서 승리한 미국은 세계 유일무이한 초강대국으로 떠오릅니다. 하지만 한 나라가 제왕처럼 군림하는 구조로는 순탄하게 흘러가지 않았습니다. 대부분의 민주주의 정부가 그렇듯이 엇비슷한 두 세력의 견제 사이에서 갈등과 화합이 반복되면서 질서가 유지됩니다. 균형이 무너지는 순간 시야가 좁아지고 독재로의 길로 빠지기 쉽습니다.

소련의 공백을 어떻게 마주해야 하는가는 미국의 오랜 고민이었습니다. 그 와중에 중국이 1990년대부터 급속한 경제발전을 이룩했고 국제사회에 두각을 나타냅니다. 이때부터 미국의 고민은 '중국을 어떻게 다뤄야 하는가'라는 구체적인 형태로 변화하기 시작합니다.

미국이 항상 중국을 적대시한 것은 아닙니다. 과거 중국의 내수 시장은 매우 컸고, 자원이 풍부했으며, 인건비가 저렴했습니다. 각국 기업은 너도나도 중국 현지에 공장을 세우고 물건을 생산하여 판매합니다. 'Made in China'의 시작이었죠. 이 과정에서 중국은 선진국의 기술을 흡수하며 전례 없는 속도의 성장을 이룩합니다.

클린턴과 부시의 대중전략은 미비했습니다. 중국에 끝없이 이어지는 투자와 그들의 저력을 염려하고는 있었지만, 아프간과 이라크 전쟁이라는 변수가 나타나 미국의 시선은 중국으로 온전히 향하지 못합니다. 이후 등장한 오바마 정부는 초기에 중국을 G2로써 인정하고 협력 관계를 모색하였고, 이때 등장한 구어가 '전략적 재확인(Strategic Reassurance)'입니다. 하지만 해당 정책이 큰 성과를 거두지는 못했고, 지지부진 시간이 지나가는 가운데 오히려 갈등이 심화되는 역효과가 나타납니다. 이후 불거진 세계 금융위기를 해결하는 과정에서 그들은 서로의 시선이 다른 방향을 보고 있다는 것을 깨달았고, 중국은 통제가능한 적수를 원했던 미국의 기분을 맞춰주지 않았습니다. 그 결과 중국을 미국 주도의 세계에 편입시키는 것도 실패하고, 적극적인 규제를 행하지도 못하는 이도 저도 아닌 상황이 펼쳐지게 됩니다.

중국은 고삐를 늦추지 않고 계속 성장을 이어나갔고, 어느새 상당수 분야에서는 미국을 추월했습니다. 이제 '적당히 강한 라이벌'이 아닌, '자신을 무너뜨릴 수 있는 존재'가 된 것입니다. 트럼프 전 대통령은 경각심을 가지고 적극적인 견제에 나서기로 결정합니다. 다음으로 나타난 바이든은 트럼프와 많은 부분이 달랐지만, 대중

정책의 방향은 상당 일치했습니다. 그리고 지금까지 중국에 대한 각종 견제를 이어나가고 있습니다.

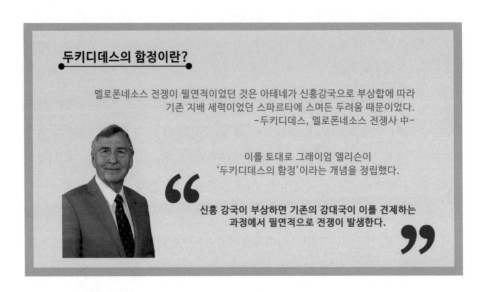

'투키디데스의 함정'은 기존의 패권국과 여기에 도전하는 부상하는 패권국이 함께 존재한다면 구조적인 이유로 전쟁은 반드시 일어나게 되어 있다는 이론을 말합니다. 그레이엄 엘리슨 교수는 '투키디데스 프로젝트'를 통해 지난 500년간 기존의 패권국과 부상하는 패권국과의 관계를 살펴본 결과, 총 16차례 중 12번이 전쟁, 4번은 전쟁 회피라는 결과가 나왔다고 말합니다. 어쩌면 지금의 미중 갈등이 13번째 전쟁 예시가 될지도 모릅니다.

우리나라의 상황은 참 특이합니다. 나라는 강대국에 의해 분단된 후 어떻게든 활로를 찾아냅니다. 미국과 중국, 두 강대국이 화합과 반목을 반복하는 사이에서 우리는 '전략적 모호성'이라는 이름으로 양쪽 모두에게 손을 뻗었습니다. 미국에는 안보를 의지하고, 중국에는 경제를 의지했죠. 어쩌면 이것이 우리가 급격히 성장하여 오늘날 선진국의 반열에 오른 원동력일지도 모르겠습니다.

하지만 오늘날 두 강대국은 서로에 대한 대립각을 크게 세웠고, '전략적 모호성'은 서서히 부메랑이 되어 우리를 옥죄고 있습니다. 세계가 진영 대 진영으로 양분화하는 과정에서 양쪽 우두머리 둘 모두와 친한 스탠스가 자리를 잃어가고 있습니다. 우리나라는 앞으로 격변하는 상황에서 어떻게 행동해야 할까요?

절대 권력자 등장

· · · · · · · ·

국민당과의 내전에서 승리한 공산당은 대륙을 차지하고 새로운 나라를 세우는데, 그것이 지금의 중화인민공화국입니다.

국민당과의 내전에서 승리한 공산당은 대륙을 차지하고 새로운 나라를 세우는데, 그것이 지금의 중화인민공화국입니다.

건국 일등 공신인 마오쩌둥이 초대 국가주석이 되고, 2대 류샤오치, 3대 리셴녠, 4대 양산쿤, 5대 장쩌민, 6대 후진타오를 거쳐

역대 중국 주석은 누가 있을까?

마오쩌둥
1949-1959

류샤오치
1959-1966

리셴녠
1983-1988

양상쿤
1988-1993

장쩌민
1993-2003

후진타오
2003-2013

시진핑
2013-

2013년 3월 14일 시진핑이 제7대 주석으로 공식 선출됩니다.

중국에는 공산당 전국대표대회라고 불리는 최고 의사결정기관이 있습니다. 통상 5년에 1번 개최되며, 여기서 중국 주석이 탄생합니다. 중국은 미국과 우리나라와 같은 일반 대중이 참여하는 선거가 아닌, 우수성과 대표성을 기준으로 조직에서 발탁하는 방식입니다. 공산당이라는 조직 안에서 후보들이 치열하게 경쟁하고 거기서 승리한 자가 주석이 되는 것이죠. 발탁하는 행동은 단지 승리자가 누구라고 공표하는 형식적인 절차일 뿐입니다.

중국의 주석은 본래 일인독재를 막기 위해 연임은 2회(5년+5년)로 제한되어 있습니다. 그러나 2018년 2월 26일, 〈중국공산당 중앙위원회의 헌법 개정안 건의〉가 발표되었는데, 이 문서에는 주석의 연임을 제한하는 규정을 삭제하는 내용이 포함됩니다. 즉, 불가능했던 2회 이상 연임이 해당 시점 이후 가능해 진 것이죠. 마치 옆 나라 누구의 방법을 벤치마킹한 것처럼 보이기도 합니다.

'우두머리'라는 뜻의 영수(領袖)는 중국에서 건국의 아버지로 불리는 마오쩌둥 시기에 지도자를 부를 때 쓰던 표현입니다. 시진핑 주석 재임 기간에는 2017년 처음 등장했다가 2021년 11월 제19기 중앙위원회 6차 전체회의(6중전회)에서 시 주석의 3연임 명분을 담은 역사결의가 채택된 뒤 '인민영수'라는 표현이 당내에 확산됩니다. 그리고 2022년 10월 16일부터 시작된 제20차 전국대표회의에서 시진핑은 3연임이 확정됩니다.

중국 주석이 선출 형식임을 감안했을 때 시진핑이 두 번째 임기를 시작하는 2018년에 연임 규정 삭제, 그리고 임기를 마무리하는 시점인 2021년 역사상 단 한 명만 사용할 수 있었던 '인민영수' 호칭이 사용되었다는 점으로 보아, 오랜 시간에

절대권력 시대 도래하자 사라진 반대표

	국가주석 선거		국가부주석 선거	
	반대	기권	반대	기권
2013년	1	3	80	37
2018년	0	0	1	0
2023년	0	0	0	0

걸쳐 당 전체를 철저히 자신의 지배하에 두려는 계획을 세웠다는 것을 알 수 있습니다. 제20차 전국대표회의에서는 참여한 2,952명 당원 전원이 찬성표를 던졌고, 반대표나 기권표는 없었습니다. 게다가 7인의 상무위원 중 7명 모두를 자신의 파벌 인물로 채워 넣는 기염을 토합니다. 중국이 공산당 단일 체제라고는 하지만 그래도 내부에는 태자당, 공청단, 상하이방 등 각 계파들이 견제와 균형을 이뤘었는데, 핵심 인물 7명이 모두 시진핑 파벌로만 이뤄지게 됩니다. 게다가 회의 도중 무언가의

이유로 당 대회 중 자리를 뜨게 된 후진타오 전 주석을 보며 외신들은 일제히 시진핑의 절대 천하가 적나라하게 시각화된 장면이라고 바라봤으며, 중국이 '새로운 시대로 들어섰다'라고 평가합니다.

2023년 10월 27일, 올해 3월 퇴임한 리커창 전 중국 총리가 갑작스럽게 사망하는 사건이 벌어집니다. 한때 시진핑 주석의 최대 라이벌이었던 리 전 총리는 재임기간 절대

리커창 전 중국 총리

권력을 향해 쓴소리도 마다하지 않던 인물로 평가됩니다. 그는 지방 관료 시절 중국 GDP 등 지표는 조작할 수 있어 믿지 않는다고 털어놓았다는 일화로 유명하며, 시진핑 주석이 '모든 국민이 편안하고 풍족한 생활을 누리고 있다'는 의미의 샤오 캉 사회 건설을 강조할 때 빈곤과 불평등 문제가 여전히 심각하다고 꼬집었고, 중국 당국이 '제로 코로나'를 고수하며 경제수도 상하이 등을 전면 봉쇄했을 때는 "양 쯔강과 황허는 거꾸로 흐를 수 없다(長江黃河不會倒流)."라고 발언했는데, 이는 개혁과 개방으로 중국을 크게 발전시킨 덩샤오핑 정책과는 다른 결을 취한 시진핑 정부의 정책을 우회적으로 비판한 것이 아니냐는 해석이 나왔었습니다. 게다가 리커창은 퇴직할 때 "사람이 하는 일은 하늘이 보고 있다(人在幹天在看)."라는 뼈 있는 문구를 남겨 화제가 되었습니다. 해당 문구는 "일은 사람이 하지만, 판단은 하늘이 한다."

라는 뜻으로, 주로 부도덕하거나 비양심적 인 행동을 하지 말란 경고로 사용됩니다. 당 시 많은 이들이 해당 문구가 누구를 겨냥하 고 발언한 것인지 갑론을박이 이어지기도 했습니다. 그는 중국 내 최고 경제전문가로 꼽히며 경제가 어려움을 겪을 때마다 주목 받았고, 비록 2인자였지만, 많은 이들의 사 랑을 받았던 존재입니다.

　중국 당국은 갑작스런 심장병이 사인이 라고 보도했습니다. 그리고 여론은 대단히 말을 아끼는 모습입니다. 하루가 지난 28일 오전, 중국 대표 소셜미디어 웨이보에서 '리 커창 동지 부고'가 검색어 순위 1~2위를 다 퉜으나, 당일 밤에는(10월 28일 11:25분 기준)

微博热搜　　　　　　 ↻ 点击刷新

⤒ 中华民族共同体意识　　　　 热

1 教师全员竞聘上岗　 151.1万　 热

2 13岁女孩戴鲨鱼夹滑…　 125.3万　 新

3 杭州亚残运会闭幕　 69.8万　 新

4 电脑聊天记录被公司看见　 60.5万　 沸

5 圆明园十二兽首已有七尊…　 37万

6 9块9咖啡让独立咖啡店…　 33.7万

7 扁平脸把这个妆半永久…　 30.9万

8 李克强同志逝世　 29万　 热

9 9岁女孩捡到4岁萌娃手拉…　 29万　 图

10 太二酸菜鱼大众点评情…　 28.9万

고작 29만 클릭 수로 8위를 기록합니다. 1위는 '교사 전원 경쟁 초빙(敎師全員競聘上崗)'이라는 교원 일자리 채용 관련이 151.1만, 그리고 돌연 급상승 검색어로 시진핑 주석의 '중화민국 공동체 의식(中華民族共同体意識)'이라는 경제 정책이 등장합니다.

사우스차이나모닝포스트(SCMP)에 따르면, 중국 대학생들은 10월 28일, 정부로부터 리 전 총리에 대한 추모 행사를 자제하라는 방침을 받았습니다. 중국 정부는 베이징 등 주요 도시에 소재한 대학교에 '모임 금지령'을 내리고 11월 3일까지 모든 학회 활동을 금지한다는 내용의 공문을 보냈죠. 이는 장기 집권과 경제 침체로 시진핑 국가주석에 대한 반발 여론이 높아진 상황에 '제2 톈안먼 사태'로 발전하는 것에 대한 사전방지로 풀이됩니다.

전 총리의 돌연 사망이라는 특급 사건에도 불구하고 중국이 조용한 이유는 리 전 총리가 시진핑 계파 인물이 아닌, 공청단 인물이기 때문이라는 평가가 많습니다. 그는 시 주석에 충성하는 그룹에 속하지 않은 유일한 현직 고위 관료였습니다. 진실로 심장병이든, 혹은 다른 이유이든 1인 독주 체제가 더욱 공고해질 것은 자명해졌습니다. 로이터는 이번 사건을 두고 "한 시대의 종언을 알리는 신호"라고 평가합니다.

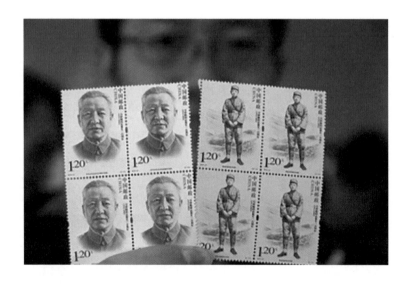

한편 같은 시기인 2023년 10월, 중국 언론들이 일제히 시진핑 국가주석의 부친 시중쉰 전 국무원 부총리의 탄생 110주년을 맞아 그의 업적을 조명하는 보도를 쏟아내고 있습니다. 마오쩌둥 정권 시기에 중국을 이끌었던 주요 정치 지도자 반열에 부친을 등재하기 위한 움직임으로, 시 주석과 부친 모두를 우상화하고 있습니다. 최고 지도자의 부친까지 우상화 대상으로 삼는 건 중국에서도 매우 드문 사례로, 이 역시 시진핑의 국내 권력이 얼마나 대단한지 짐작할 수 있는 부분입니다.

그리고 2023년 12월 26일, 시진핑 주석은 초대 주석인 마오쩌둥 탄생 130주년을 맞아 인민대회당 참배 후 가진 좌담회에서 '마오쩌둥 정신'을 기립니다. 그리고 "중국식 현대화를 통한 강국 건설과 민족 부흥의 위대한 업적을 추진하는 것은 마오쩌둥 같은 앞세대 혁명가가 달성하지 못한 사업이자 현재 중국 공산당원의 엄숙한 역사적 책임"이라는 발언을 통해 자신은 초대 주석의 정신을 이어받아 중국 현대화를 이루는 후계자임을 강조합니다. 그리고 중국에서 크리스마스는 평일이지만 기독교를 금지하는 것이 아닌 만큼 당국이 직접 나서 막지는 않습니다. 하지만 2023년에는 애국주의를 불사르기 위해 크리스마스를 지우기에 열심입니다. 12월 24일은 크리스마스 이브가 아닌, 미국에 맞서 북한을 도왔던 '장진호 전투 승리의 날', 12월 26일은 마오쩌둥 탄생 기념일로 선전하고 있습니다.

더구나 12월 29일, 공산당 사정기관인 중앙기율검사위원회는 개정된 징계 처분 조례를 공개합니다. 신규 조례안은 민감한 저작물과 자료를 구매하거나 유포하는 행위만 처벌했던 이전 규정에서 더 나아가, 금지 자료를 읽다가 적발되는 공무원에게 엄중한 경고와 징계, 제명 처분에 처할 수 있도록 하는 내용을 담고 있습니다. 간단히 말씀드리면 시진핑 중국 국가주석을 비방하는 글, 공산당·중국·인민해방군의 역사를 왜곡하는 글 등을 읽는 것만으로도 최대 당원 제명 처분을 내릴 수 있게된 겁니다. 비방 글을 적는 것이 아닌, 읽는 행위만으로 처벌하는 것도 놀라운데, 이러한 개인 행위를 전부 잡아낼 수 있다는 점이 더 놀랍습니다.

문화대혁명을 계기로 권력 집중의 폐해를 경험한 중국은 1978년 개혁·개방 개시 이후 구축한 집단지도체제를 통해 당은 정부 주요 직위 인사와 감독 권한을 가지고, 경제를 중심으로 한 정책 수립 및 실행은 국무원(정부)이 하는 당정 분리 기조를 유지해 왔습니다. 하지만 시진핑 시대 들어 공산당 권한이 더 커지고 정부 기능은 축소되는 '당강정약(黨强政弱)' 모습으로 회귀합니다.

2024년 3월, 중국의 국정 운영방침을 확정하는 연례 최대 정치행사인 양회(전국인민대표대회와 전국인민정치협상회의)가 열렸습니다. 일본 언론 닛케이 아시아는 이번 양회의 '5가지 부재'라는 기사를 올렸습니다.

(1) 서프라이즈 경제 정책
(2) 외교적 변화 및 외교부장 인사
(3) 보안 이변
(4) 총리 기자회견
(5) 시진핑 노선 변화

이번 양회에서 경기 부양책 및 정책 방향이 어떻게 발표될지 많은 관심을 받았지만, 리창 총리의 개막식 업무보고에서의 "올해 중국 경제성장 목표는 5% 내외이다."라는 발언은 사실상 2023년과 같았고, 재정적자율·물가 상승률·실업률 목표치 등도 예측치에 부합하는 수준으로 특별한 것은 없었습니다. 양회를 앞두고 중국이 새 외교부장을 임명할 수 있다는 관측이 제기됐지만, 외교 분야에서는 특별한 변화가 감지되지 않았고, 새로운 외교부장 임명 등 인사 변동도 일어나지 않았습니다. 보안 이슈가 눈에 띄었는데, 폐막을 앞두고 시진핑 주석의 관저인 중난하이(中南海)를 향해 차량이 돌진하는 해프닝이 벌어졌습니다. 차량은 문턱에 걸려 내부로 진입하지는 못했고, 운전자는 곧바로 경비 인력들에 의해 차량 밖으로 끌려 나온 뒤 어딘가로 빠르게 연행됐습니다. 시 주석을 비롯한 중국 전 현직 지도부가 거주하는 곳인 중난하이에 차량이 돌진한 것은 처음 일어난 사건으로, 양회의 화려한 폐막이 빛바래게 되었죠.

가장 주목을 끌었던 부분은 양회의 핵심 행사인 전인대 폐막 이후 통상 진행돼왔던 국무원 총리의 내·외신 대상 기자회견이 폐지된 것입니다. 중국의 서열 2위이자 중앙정부 수장인 국무원 총리는 통상 연례 전인대 회의 개막일에 정부업무 보고를, 폐막일에는 대미를 장식하는 내·외신 기자회견을 해왔습니다. 생방송으로 송출되는 총리의 폐막 기자회견은 중국 권력 2인자이자 경제 분야 수장인 총리의 고유 권한으로 여겨져 왔으며, 최고위급 책임자가 직접 외신기자들의 질문을 받는 대단히 드문 기회이기도 하죠. 총리 기자회견 폐지는 1993년 주룽지 총리 시절 정례화된 이후 30여 년 만에 벌어진 사건으로, 해외 언론과의 소통 단절과 중국 서열 2위 경제 사령탑의 존재감 축소로 해석할 수 있습니다.

총리의 역할이 약화되었다는 지표는 또 있습니다. 전인대 제14기 2차 회의 개막식에서 발표된 리창(李强) 총리의 업무보고서에는 시진핑을 총 16차례 언급하여 작년 대비 2회 증가하였고, '당 중앙'이라는 표현도 지난해의 9회에서 13회로 증가했습니다. 여러 차례 사용된 '당 중앙의 결정과 안배를 잘 이행한다.'라는 글귀는 당 중심의 정책으로 나아가겠다는 의지의 표출입니다. 이러한 모습은 주석과 함께 나아가는 동시에 견제 역할을 맡았던 리커창 전 총리와는 매우 대비되는 모습입니다.

마오쩌둥의 절대권력 폐해를 절감했던 덩샤오핑은 7인 또는 9인의 공산당 중앙위원회 상무위원에 분야별로 권력을 나눠 통치하는 집단지도체제를 마련하였고, 총리는 국가주석 다음으로 '큰 권력'을 가진 자로 서로를 견제하는 구조를 마련했습니다. 하지만 시진핑 주석은 2017년 19차 당 대회로 연임 임기를 시작한 후 리커창 전 총리의 경제 권력을 조금씩 축소하였고, 2022년 10월 제20차 당 대회로 3연임을 관철한 뒤에는 측근으로 상무위원 6명을 채우고서 사실상 1인 체제를 구축합니다. 그리고 이번 양회에서 시 주석은 이번에 총리의 전인대 폐막 기자회견을 없 앴고, 국무원조직법 중 '국무원은 총리 책임제를 실시한다.'라는 글귀를 '국무원은 중국공산당 지도를 견지한다.'라고 변경함으로써 덩샤오핑의 당정분리 개혁은 마 오쩌둥 시대의 당정통합 시스템으로 원상 복귀하였습니다.

시진핑 주석은 당뿐만 아니라 일반 주민들도 철저히 통제하기를 원했습니다. 여 기에는 AI 기술을 십분 활용하고 있는데, 안면 인식 소프트웨어를 개발하고 있는 중국 기업 메그비(Megvii)는 자사 상품을 "아무 잘못을 하지 않은 것처럼 보이는 일 반인을 파헤쳐 불법을 저지르기 전에 억제한다."고 홍보하고 있습니다. 사람들을 잠재적 범죄자로 바라보고 감시하는 그야말로 현대판 〈마이너리티 리포트〉입니다.

한술 더 떠 중국은 '스카이넷 프로젝트'도 진행 중입니다. 영화 〈터미네이터〉에 서 인류를 감시하고 추적하는 인공지능 컴퓨터 '스카이넷'과 이름도 같은데, 활동 이력, 복장, 차량, SNS 이용 내역 같은 민감한 개인정보들을 수집하여 각각을 분류 하고 관리합니다.

인공지능 구축에는 데이터가 가장 중요합니다. 중국은 자국 내 많은 인구의 데

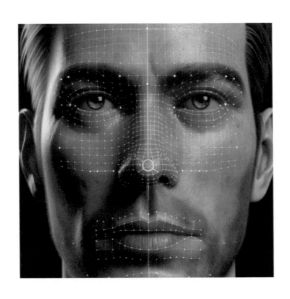

이터를 무차별적으로 수집하 고 관련 서비스를 내놓고 있 습니다. Smile to Pay라는 안 면인식 결제 시스템과 무인 시스템은 이미 아마존의 기 술을 한참 능가했다고 알려 져 있습니다. 일반 매장 결제 뿐만 아니라 정부나 공공기관 행정 서비스에서 안면인식 기 술은 널리 이용되고 있습니

다. 지하철에 안면인식 개찰구를 설치하여 표를 구매할 필요도 없으며, 카드나 핸드폰 앱을 사용하지 않아도 됩니다. 파출소나 도로 음주운전 검문 등도 주민들이 신분증을 가져오지 않아도 안면으로 본인 인증을 할 수 있습니다.

뉴욕 타임즈는 일부 감시 프로그램은 특정 유형의 시민이 범죄를 저지를 가능성이 크다는 편견을 그대로 적용해 차별을 고착화하고 체계화한다고 지적합니다. 정신질환자, 전과자, 마약 경험자, 상습 민원인, 정치 선동가, 외국인 등을 일종의 블랙리스트에 올려 특별 감시하기 때문입니다. 우리나라도 CCTV 등을 활용해 범죄수사에 활용하기는 하지만, 세계 어떤 나라도 중국만큼 광범위하게 주민을 '감시'하고, 아무런 견제 없이 개인정보를 수집하지는 않습니다.

법률도 개정됐습니다. 중국은 2023년 3월 전국인민대표대회를 통해 기존의 '반간첩법' 개정안을 통과시켰습니다. 2023년 7월 1일부터 시행되는 개정된 반간첩법은 기존 5개 장 40개 조항에서 6개 장 71개 조항으로 늘어나 간첩 행위의 정의가 넓어지면서 방첩 수사 범위가 확대되고 처벌도 강화됩니다. 몇 가지 내용을 살펴보면, '기밀정보 및 국가안보와 이익에 관한 자료에 대한 정탐·취득·매수·불법제공'과 '국가기관·기밀 관련 부처·핵심 정보 기반시설 등에 대한 촬영, 사이버 공격, 간첩조직이나 대리인에 협력하는 행위' 등으로 대폭 확대됐습니다.

정의가 워낙 넓고 모호하다 보니 중국이 멋대로 법을 적용할 수 있다는 지적이 속출합니다. 예를 들면, 국가안보나 이익에 관련된 자료가 무엇인지 명확하게 명시되지 않았기에, 중국에 어느 기업이 현지 시장조사를 하거나, 또는 학술관계자가 연구를 위해 자료조사를 할 경우도 법적 위험에 노출될 가능성이 있습니다. 지방 농산물 생산 현황이라든가, 정부 부채 파악 등의 조사가 식량 안보와 국가안보 위협으로 확대 해석될 수 있다는 소리입니다. 자의적 해석에 따라 누구든 간첩으로 몰리고, 어떤 행동이든 안보에 대한 위협으로 간주될 수도 있습니다.

주중 한국대사관도 개정된 법 시행 직전인 2023년 6월 27일 홈페이지에 '중국

중국 신(新) 방첩법에서
스파이 행위로 간주될 수 있는 행위

- 중국기업과 협업하면서 데이터 공유
- 중국의 우수 인재 영입 위한 공격적인 채용활동
- 중국 전직 간부급 인사 채용, 뇌물 제공 등
- 사업 관련 데이터 수집
- 대학간 학술 교류 활동
- 중국 내 데이터센터와 클라우딩 서비스 이용(데이터가 안보와 관련 있다고 판단시 데이터 저장·가공·전달 모두 스파이행위 간주)

※위반시 처벌=불법수익의 5배 벌금(개인 최대 5만 위안, 단체 50만 위안), 개인은 15일이상 구류 가능

본토 반간첩법 시행 대비 안전 공지'를 올려 유의를 당부했습니다. 중국 국가안보 및 이익과 관련된 자료(지도, 사진, 통계자료)를 인터넷으로 검색하거나 스마트폰, 노트북 등에 저장하는 행위는 자신도 모르게 법 위반에 해당할 수 있다는 점을 알렸습니다.

2024년 2월에 열린 전인대 상무위원회 제8차 회의에서는 '국가기밀보호법'이 통과됩니다. 중국이 국가 기밀을 새로 정의하고 이에 대한 규정 준수를 엄격하게 하는 내용을 담은 것으로, 중국이 안보를 명분으로 현지에 진출한 외국기업과 언론인, 학자들의 활동을 제약한다는 우려가 나오는 이유입니다.

사회주의 중국 건설　　　　　경제 발전　　　　　글로벌 강대국 건설

2020~2035: 사회주의 현대화 달성
2035~2050: 선도적인 강대국 도달

　이러한 행동의 이유는 한 가지로 귀결됩니다. 바로 중국몽(中國夢)의 실현이죠. 중국몽이란 강력한 국가와 하나의 인민이 결합하여 과거 세계를 호령했던 영광의 역사를 회복하는 것을 의미합니다. 중국공산당에는 지금까지의 중요 사건을 돌아보고 새로운 목표를 제시하는 '역사결의'라는 것이 있습니다. 역사결의는 지금까지 총 3번 등장했는데, 1945년 4월 중화인민공화국 초대 주석인 마오쩌둥은 사회주의 중국의 건설을 목표로 했으며, 1981년 6월 덩샤오핑은 경제발전을 목표로 하였고, 2021년 11월 시진핑 현 주석은 중국몽을 실현하려는 의지를 내보이고 있습니다.

　3차 역사결의에서는 중국 과거의 100년과 미래의 100년으로 구분하는데, 과거의 100년은 굴욕과 투쟁의 역사라고 정의합니다. 과거의 100년은 외세 세력에 침탈을 당한 중국을 공산당이 현재까지 복구한 역사이고, 앞으로의 100년은 중화민족의 위대한 부흥입니다. 2020년에서 2035년까지 중국의 특색을 살려 국가적 능력과 인민의 삶의 질을 끌어올리는 사회주의 현대화를 달성하고, 2035년부터 2050년까지 미국을 능가하는 세계 최강대국으로 우뚝 설 계획을 세우고 있습니다. 시진핑이 바로 이 계획을 추진하고 중국몽을 실현할 지도자라고 공표한 것이 바로

3차 역사결의입니다.

　중국은 미래의 100년 단계를 하나하나 밟아나가고 있습니다. 2023년 4월에는 중국판 ChatGPT 등 생성형 AI가 만들어내는 콘텐츠도 핵심 사회주의 가치를 반영해야 하며, 국가 권력 전복, 사회주의 체제 전복, 민족 단결 훼손, 테러리즘 및 극단주의 옹호, 민족 증오, 민족 차별, 경제 및 사회 질서를 교란할 수 있는 콘텐츠를 생성해서는 안 된다는 방침을 발표합니다. 즉, 내부 단결과 국가 통합을 저해하는 그 어떠한 것도 용인하지 않을 것이며, 철저한 관리하에 시진핑 3연임 체제에 확실한 힘을 싣겠다는 의지입니다.

　모든 역량을 공산당으로 집결하기 위해 2023년 3월 각종 방대한 데이터 저장과 관리를 집중화한 '국가데이터국(國家數据局)' 신설을 발표했고, 10월 출범했습니다. 이는 국가발전개혁위원회, 국가사이버정보사무실, 공업정보화부 등에 흩어져 있던 데이터의 관리·통제 업무를 일원화한 것입니다. 여기서는 중국 국내에서 생성되는 대부분의 데이터를 국가가 소유하고 관리할 것이라고 공표해 현대판 빅브라더가 될 것으로 외신들은 바라보고 있습니다.

　타국 입장에서는 두렵지 않을 수 없습니다. 한 나라의 역량이 절대 권력자 아래로 모이고, 그것도 강제성이 농후한 체제가 유지된다는 점에서 러시아와 매우 비교됩니다. 러시아는 여전히 세계 최강대국 중 하나로 불리고 있지만, 오랜 전쟁으로 국력이 쇠퇴해졌고, 푸틴의 리더십에 물음표가 붙고 있습니다. 하지만 중국은 다릅니다. 그들은 꾸준히 힘을 비축하면서 미국을 꺾겠다는 의지를 감추지 않고 있으며, 중국 사람들은 공산당에 응원을 이어가고 있습니다. 어느덧 서방은 '우크라이나-러시아' 대리전 전쟁보다는 수면 위로 떠오르고 있는 '미국-중국' 관계가 냉전에서 열전으로 발전하지는 않을까 염려하고 있습니다.

　미국은 전 세계의 인재를 흡수하면서 다양성을 갖게 되었고, 그것이 창의적인 발생으로 이어져 큰 경쟁력을 갖게 되었습니다. 반면 중국은 사뭇 다른 모습을 보여줍니다. 그들은 덩샤오핑의 개혁개방 이후 자본주의를 받아들이는데, 자본주의 뒤에는 필연적으로 민주주의가 따라오게 됩니다. 만약 민주화 시위 등이 나타나면 나라가 분열될 수도 있음을 우려한 공산당은 서구적 가치의 침투라는 위기로부터 내부 결속을 다지고 정권을 유지하기 위해 중화민족주의라는 소속감과 애국심을 강조하게 됩니다. 그 결과가 자국 내 56개 소수민족이 있지만, 그들 각자의 개성을 지우고 한족으로 흡수하는 정책이죠. 티베트와 신장 위구르 지역은 독립을 외쳤다가 큰 탄압을 받았고, 영국으로부터 반환된 홍콩은 이제 중국의 작은 행정지구 정도의 의미밖에 없습니다. 공산당의 통제에 균열을 일으킬 수 있는 다양성은 결코 용납하지 않습니다. 그리고 세계의 이민자를 흡수하는 미국과는 반대로 전 세계에 화교를 이주시키는 방식으로 영향력을 확장하고 있습니다.

이념도 다릅니다. 미국은 자유민주주의를 표방하고 있고, 중국은 생산의 공유화를 지향하고, 중앙이 통제해야 한다는 사회주의입니다. 서로가 상극이라는 표현이 어울리는 관계입니다. 현 패자인 미국과 강력한 지도자가 출현한 중국의 갈등은 시간이 지날수록 심화하고 있습니다.

정치적 견제

• • • • · • • •

　　중국과 미국이 최근 극심하게 대립하는 지역이 있습니다. 시진핑 주석은 20차 전국대표대회에서 "대만과의 평화로운 통일을 노력할 것이지만 우리는 무력 사용을 포기할 수 없다. 조국의 완전한 통일은 반드시 실현되어야 하고 실현될 것이다."라는 무시무시한 발언을 뱉어냅니다.

　　우크라이나 전쟁이 일어난 직접적인 이유는 우크라이나의 NATO 가입입니다. 우크라이나가 만약 NATO에 가입하게 되면, 러시아 입장에서는 적대세력과 국경을 마주하게 된다는 것을 의미하고 이는 자국 안보에 큰 위협이 된다는 것이죠.

청나라 몰락 이후 대륙을 차지한 국민당은 중화민국을 건국하였지만, 공산당과의 내전에서 패한 후 타이완 섬으로 이주하여 새로운 국가를 세우는데, 이것이 대만입니다. 과거를 거슬러 올라가 보면 지금의 중국과 어느 정도 같은 뿌리라고 볼 수 있죠.

현재 두 나라의 관계는 매우 좋지 않습니다. 대만은 과거의 악연으로 인해 중국을 적대시하고 있으며, 미국에 친화적입니다. 중국은 대만을 흡수하려 하고 있고, 미국은 이를 필사적으로 막고 있죠. 중국은 자신들의 바로 아래에 적대세력이 있다는 이유로 자국 안보를 위해 군사 개입을 할 수 있다고 발표합니다. 실제로 2022년 대만 인근 해안에서 스텔스기와 미사일을 동원한 포위훈련을 여러 차례 감행하여 공포 분위기를 조성하고 있고, 미국은 대만을 보호하기 위해 2022년 8월 펠로시 의장이 직접 대만을 방문하기도 하였으며, 2023년 6월에는 하원 의원 9명이 대만을 방문하여 군사 관련 협력을 강화하였습니다.

어째서 중국은 적대적인 대만을 흡수하려 하고 있고, 미국은 이를 저지하고 있는 것일까요? 앞서 언급한 3차 역사굴기에서 굴욕의 100년에는 큰 두 가지 사건이 있습니다. 1840년과 1857년 벌어진 아편전쟁에서 서구에 홍콩을 빼앗겼고, 1984년 청일 전쟁에서는 일본에게 대만을 빼앗깁니다. 이 둘을 모두 되찾고 위대한 중화민족의 부흥을 꾀하겠다는 것이 미래의 100년입니다.

1997년 영국으로부터 반환받은 홍콩에 중국은 '일국양제(一國兩制)' 제도를 시행합니다. '일국양제'란 하나의 나

라에서 두 가지 제도(사회주의와 자본주의)를 용인하는 것을 말합니다. 처음에는 홍콩인이 홍콩을 통치하는 것을 인정했습니다. 하지만 중국은 한 체제 안에서 다른 목소리를 내는 것을 용인하지 않습니다. 이러한 경향은 시진핑 정부 들어서 더욱 심해졌죠. 시간이 흐르자 공산당은 홍콩 흡수를 시작합니다. 대표적인 것이 홍콩 행정장관 선출에 대한 직선제 요구 묵살입니다. 공산당이 홍콩 지도부를 반중국계 인사를 제외하고 친중국계로 도배하기 시작하자, 이에 불만을 가진 대학생들과 학생단체를 시작으로 시위가 일어났고, 후에 시민단체와 일반인이 가세하면서 홍콩 전 지역으로 확산됩니다. 이것이 2014년 9월 발생한 우산혁명입니다. 당시 허울뿐인 '일국양제'의 민낯을 보여줬다는 성과는 있지만, 홍콩시민들에게 있어 변한 것은 결국 아무것도 없었습니다. 2020년 공산당은 '중화인민공화국 홍콩특별행정구 국가안전보호법'을 만듭니다. 이 법으로 인해 이제 정식으로 홍콩을 지도하는 대표자의 자격은 '홍콩인'에서 '애국자'로 변경됩니다.

2022년 7월 1일, 홍콩 반환 25주년에 시진핑 주석은 5년 만에 홍콩을 방문한 후 홍콩에 대한 중국 정부의 전면 통치권을 강조합니다. 기념식에서 홍콩특별행정구 제6기 정부 출범행사가 열렸죠. 이때 신임 행정장관으로 취임한 인물이

존 리 홍콩 행정장관
당선인 약력

1957년	홍콩 출생
1977년	경찰 입문
2017년	보안국장
2021년 6월	정무사장
2022년 7월	제6대 홍콩 행정장관 취임

친중파로 불리는 '존 리'입니다. 홍콩은 이제 법적으로도 '애국자'가 대표자로 선출되는 지역이며, 시진핑 주석이 친히 방문해 전면 통치권을 공표했습니다. 물론 반대하는 인물은 없었죠. '홍콩의 중국화'는 급격히 가속되었고, 오늘날 홍콩은 중국의 일개 성(省)으로 전락했습니다.

2024년 3월에는 홍콩판 국가보안법인 '국가안보수호조례'가 입법회를 통과했습니다. 기존 홍콩보안법을 강화한 이 법안은 국가 안보를 위험에 빠뜨릴 의도로 공항 및 기타 대중교통 수단을 포함한 공공 인프라를 손상하는 경우 최대 20년의 징역형에 처하지만, 외부 세력(해외기업·정당·국제기구 등)과 공모했다면 종신형을 선고할 수 있게 합니다. 게다가 주민들이 반역·외부 세력과의 공모 행위를 알게 될 경우 "합리적으로 실행 가능한 한 빨리" 경찰에 신고해야 하며, 이를 어길 시에는 최대 14년의 징역형을 받을 수 있습니다. 존 리 홍콩행정장관은 이 법안이 만장일치로 통과하는 현장을 바라보며 영광스러운 역사의 순간이라고 자축했죠. 외신은 이 법안이 우산 시위와 같은 홍콩에서의 대규모 시위 재발 가능성을 원천 차단하려는 의도이며, 국가 기밀·선동·외세 간섭 기준 등 포괄범위의 폭이 넓고 모호해 홍콩 및 중국 정부를 반대하는 목소리는 물론이고 외국기업과 외교 활동까지 억눌릴 것이며, 홍콩의 중국화를 완성하는 마지막 퍼즐이라고 바라봤습니다.

　　1997년, 홍콩의 경제 수준은 상대적으로 중국보다 높았습니다. 홍콩 현지에 일자리를 구하기 위해 중국인들이 광동어를 배웠던 일도 많았죠. 하지만 지금은 경제 상황이 완전히 역전되었고, 홍콩 사람이 오히려 좁은 고향이 아닌 대륙에 자리를 잡기 위해 보통화를 배우고 있습니다. '일국양제'라는 표현도 인민의 화합을 반대하는 표어라는 이유로 머지않아 삭제할지도 모르겠습니다.

　　홍콩을 흡수한 중국은 미래의 100년 시나리오의 다음 타깃인 대만으로 시선을 돌렸습니다. 비슷한 사례가 우크라이나와 러시아 사이에도 있었습니다. 한때 소련의 일부였던 우크라이나는 냉전이 끝나고 독립합니다. 당시 크림반도도 함께 우크라이나 영토가 되었는데, 러시아는 옛 소련의 영광을 되찾을 궁리를 항상 해왔고, 결국 2014년 무력을 앞세워 크림반도를 합병합니다. 눈뜨고 옆 강대국에게 국토를 빼앗긴 우크라이나는 '다음'이 분명히 존재할 것이라고 생각했고, NATO 가입을 결심합니다. 이 결정은 결과적으로 열전으로 이어지는 불씨가 되었습니다.

지금의 대만 역시 중국이 홍콩 문제를 해결한 방식 그대로 자신들에게 적용할 것이라고 생각하고 있습니다. 스스로의 힘만으로는 중국으로부터 자신들을 보호할 수 없기에 동맹의 힘을 빌리기로 결정합니다. 우크라이나와 마찬가지로 말이죠.

사실 중국이 대만을 욕심낸 것은 최근의 일이 아닙니다. 1954년 1차 위기가 있었고, 1958년 2차 위기, 1995년 3차 위기가 찾아오고, 오늘날이 바로 4차 위기입니다. 중국은 예부터 해협을 마주한 저장성, 푸젠성 등에서 대만을 향해 미사일 포격을 이어 왔습니다. 마치 북한과 우리나라와의 상황 같지 않나요?

대만해협 위기의역사

1차 위기(1954~1955년)

중국, 본토와 가장가까운
대만령 진먼다오 폭격

대만, 사태재발 막고자
미국과 상호방위조약 체결

2차 위기(1958년)

중국, 진먼다오 다시 포격

미국, 대만방어 위해 대규모 병력 집결

3차 위기(1995~1996년)

리덩후이 대만 총통 미국 방문에
중국 미사일 발사 시위

미국, 대만해협에 항공모함 배치해 대응

중국과 러시아는 스스로 상대 영토에 쳐들어갔다는 주장을 하지 않습니다. 우크라이나 돈바스 지역에 러시아 사람들이 살고 있고, 대만 현지에 많은 화교들이 있는데 무능한 집권세력(젤렌스키, 차이잉원) 때문에 NATO가 동진하고, 미국이 동아시아에 다시 세력을 넓히고 있기에 오직 자국민을 보호하기 위해 군대를 출동시킨다는 논리죠. 우크라이나는 러시아와, 대만은 중국과 과거 깊은 관계가 있었기에 이런 논리를 펴는 것입니다. 그러나 과거를 다 훑으면 서로 연관되지 않은 나라와 민족이 과연 지구상에 존재할까요? 언젠가 우리나라의 고구려 역사를 언급하며 중국이 한국을 흡수해야 한다는 논리를 펼칠지도 모릅니다. 이는 과거 1차 세계대전과 2차 세계대전의 침공 명분과 같습니다. 순전히 강대국만의 전쟁 논리죠.

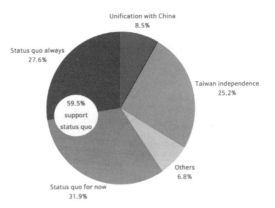

Support levels for different approaches to cross-Strait relations

Source: Global Views
https://www.gvm.com.tw/article/106795

그러면 대만은 통일에 대해 어떻게 생각할까요? 글로벌 뷰스가 2023년 10월 대만 거주 20세 이상 성인을 대상으로 양안관계에 대한 상이한 접근법에 대한 지지 여부를 물은 결과는 위와 같이 나타납니다. '현 상태 유지(Support status quo)'가 59.5%로 가장 높게 나왔고, 다음으로 '대만 독립(Taiwan Independence)'이 25.2%, '중국과의 통일(Unification with China)'은 고작 8.5%로 나타납니다.

중국이 대만을 흡수하는 행동에는 실리적인 목표도 존재합니다. 미국은 아시아 3개국(한국·대만·일본)에 Chip4 동맹을 제안한 바 있습니다. Chip4 동맹은 미국이 추진하는 프렌드쇼어링 전략의 산물로, 설계·장비·생산 등 반도체 산업의 전 영역을 직접 진행하기는 현실적으로 불가능한 만큼 우방, 동맹국과 연합해 반도체 공급망을 구축하는 계획입니다. 미국은 반도체 설계에 강점을 지녔고, 우리나라와 대만은 제조와 생산, 일본은 소재와 장비에 강점을 지니고 있습니다. 네 나라가 연합하면 전 세계 반도체 유통량의 약 70%를 통제할 수 있습니다. 4차 산업혁명의 쌀이라고 불리는 반도체를 장악하고 중국에 기술과 물량이 유입되는 것을 막자는 의도로, 사실상 반도체판 NATO입니다.

　　대만의 TSMC는 우리나라 삼성전자를 추월해 세계 최고의 고부가 가치를 지니고 있습니다. 중국 입장에서는 자기들 바로 아래에 위치한 옛 동포가 세계 최고의 기술을 보유하고 있는 셈입니다. 중국이 만약 대만을 흡수한다면 반도체 분야에서 세계 최고의 기술을 보유한 채, 자체적으로 보유한 막대한 자원으로 맘껏 생산하여 글로벌 유통량을 좌지우지할 수 있습니다. 대만은 그야말로 황금알을 낳는 거위입니다. 중국의 야욕을 방지하고자 네덜란드 ASML회사는 만약 중국이 대만을 침공하면, TSMC가 사용 중인 자사 반도체 장비들을 원격 차단하겠다고 발표합니다. 하지만 이는 운전기능이 정지될 뿐이지 장비는 현지에 그대로 남아 있어, 이를 분석하면 중국이 언젠가는 해당 수준이 도달하게 될 것입니다. 결국 임시변통일 뿐이죠.

　　같은 논리로, 미국 입장에서도 절대로 중국에게 대만을 넘겨줘서는 안 됩니다. 대만은 미국에게 적극적으로 의지하고 있고, 미국도 그에 호응하여 중국에게 여러 차례 경고를 날립니다. 반면 중국은 '하나의 중국'이라는 원칙을 내세움과 함께 '내정'에 참견하지 말라고 응수합니다. 사실상 이미 통일을 전제로 한 발언입니다.

중국은 대만 관련 국제여론에 대단히 민감하게 반응하고 있습니다. 2024년 1월, 중국 랴오닝성 선양 타오셴 공항에서 한국분이 지도 때문에 억류당하는 사건이 벌어집니다. 소지품 중 다이어리가 원인이었는데, 다이어리에 부착된 세계지도에 대만이 '타이완'이라는 별도의 국가처럼 표기되어 '하나의 중국' 원칙을 위배했다는 것이죠. 한국분은 다이어리에 지도가 있는지도 몰랐고, 그곳에 대만 표기가 있었는지 관심도 없다고 항변했지만, 1시간을 사무실에서 억류되고 말았습니다. 같은 해 1월, 중국이 한국의 리그오브레전드(LoL) 프로리그 중계를 6년 만에 공식 중단하는 사건이 벌어집니다. 이 역시 리그에 참가하는 한 팀이 대만을 국가라고 표현하는 바람에 벌어진 일입니다.

2024년 3월에는 우리나라에서 '제3차 민주주의 정상회의 장관급 회의'가 열렸습니다. 참고로 바이든 미국 대통령이 2021년 처음 개최한 민주주의 정상회의가 미국 이외 지역에서 개최되는 것은 한국이 처음입니다. 여기에는 대만도 초청되었는데, 중국은 이에 강한 반대입장을 밝히며 '미국식 민주'가 분열과 대결을 불러일으키고 있고, 세계는 '하나의 중국' 원칙을 준수해야 한다고 요구했습니다.

대립이 격화하는 가운데 2023년 2월, 미국 의회조사국(CRS)에서 중국 정부가 2027년까지 대만침공 준비를 마칠 것이라는 보고서가 등장합니다.

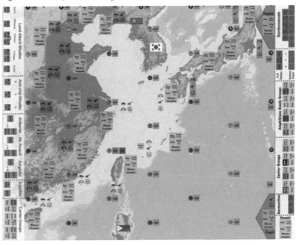

OPERATIONAL MAP
Figure 2: Taiwan Operational Wargame—Operational Map

Source: CSIS.

또한, 미국 국제전략문제연구소(CSIS)는 '다음 전쟁의 첫 전투'라는 제목의 보고서를 통해 중국군이 2026년 대만 점령을 위한 상륙작전을 감행하는 상황을 가정한 'War Game' 결과를 공개했습니다. 분석 결과는 미국이 최종적으로 승리하겠지만, 미군 전력 역시 패배한 중국군만큼이나 파괴돼 상당 기간 두 나라의 글로벌 위치가 영향을 받을 것이고, 전쟁터가 된 대만은 전기나 기본적인 서비스가 파괴된 경제를 맞게 될 것으로 나타납니다.

전쟁이 벌어지면 중국은 전함과 잠수함 등에서의 미사일 공격으로 대만을 둘러싸 고립무원(孤立無援)에 빠뜨리는 것을 기본 전략으로 삼습니다. 이는 한 번 전쟁이 벌어지면, 육지를 통해 꾸준히 지원을 받고 있는 우크라이나와는 완전히 별개의 양상이 벌어진다는 뜻입니다. 실제로 2024년 5월, 친미 인사인 라이칭더가 새롭게 총통에 취임하자, 중국군은 고작 임기 사흘 만에 대만 주변을 완전히 포위하는 예고에 없던 군사훈련을 시작합니다. 미국과 EU가 무력시위에 대한 우려를 표하자 중국은 "내정에 간섭하지 말라"라며 반발했죠. 이에 대만은 "국제질서에 노골적 도발"이라는 성명을 내놓았습니다. 아울러 2023년 4월, 미국 의회는 대만에 우크라이나의 경우와 마찬가지로 일론 머스크의 스페이스X 스타링크 배치를 논의하고 있는 것으로 전해졌습니다.

의회조사국 보고서는 "미국이 이기더라도 패배한 중국보다 장기적으로 더 고통받는 값비싼 승리를 하게 될 가능성이 높다."며 "승리가 중요한 것이 아니다."라는 서늘한 경고를 남깁니다. 상처뿐인 승리이며, 미국과 중국 두 나라 모두 궤멸적인 피해를 입어 지금의 글로벌 지위가 무너질 것이라는 전망입니다. 미국 국방부는 중국은 2024년 기준 2020년 대비 핵무기가 100% 증강되었고, 2030년까지 핵탄두 보유량이 1,000개를 넘어설 것이라고 바라봤습니다. 미국이 이와 같은 보고서 내용을 대외적으로 공개한 것은 매우 이례적입니다. 전문가들은 보고서 공개의 목적이 중국의 오판을 막는 '강력한 억제'라고 보고 있습니다.

중국 스스로도 침략을 강행했을 때 서방이 지금의 러시아에게 하듯이 자신들에게도 강도 높은 제재를 가할 것을 알고 있습니다. 더구나 미국과 중국 모두가 공멸에 가까운 결과가 거의 확실한 만큼, 이를 감안하고 무력을 앞세워 대만으로 진격할지, 아니면 외교적인 수단으로 진행할지는 미지수입니다. 2023년 9월 나타난 또하나의 변수는 바로 인도입니다. 블룸버그 통신에 따르면, 중국과 인도의 관계가 냉각되면서 만약 중국과 대만이 전쟁에 돌입할 경우, 인도가 히말라야 국경을 넘어 중국을 공격하는 '빈집털이' 옵션을 고려한다는 소식입니다. 중국으로서는 최악의 시나리오가 되겠죠.

중국은 대만만 눈여겨보는 것이 아닙니다. 필리핀과 베트남이 있는 남중국해에도 전운이 감돌고 있습니다. 오른쪽 지도는 중국이 자의적으로 표기한 남중국해 영해선입니다. 여러분은 이 지도를 보고 어떤 생각이 드시나요? 대만은 어느새 당연히 영토로 들어가 있고, 베트남과 필리핀은 바다 밖으로 나오지도 못할 수준입니다. 뿐만 아니라 중국은 남중

남중국해 주변국 영유권 분쟁 지역

중국
필리핀 주장 영해
베트남 주장 영해
라오스
태국
캄보디아
베트남
남 중 국 해
중국 주장 영유권 '구단선'
대만
태평양
필리핀
브루나이 주장 영해
말레이시아 주장 영해
브루나이
말레이시아

국해에 인공 섬을 만들고 그곳 위에 항공기·미사일·레이더 등을 보유한 군사기지를 건설하고 있으며, 부유식 장벽 '바다 만리장성'을 설치하면서 "중국이 자국 영토에

건설 활동을 하는 것은 정당하고 합법적이며 문제가 되지 않는다."라고 항변하고 있습니다.

남중국해 9단선은 중국이 남중국해 해역과 해저에 대해 영유권을 주장하기 위해 남중국해 주변을 따라 그은 U자 형태의 9개 선으로, 이 선 안의 해역은 남중국해 전체해역의 약 90%를 차지합니다. 중국은 국민당 정부 시절인 1947년 9단선의 전신인 11단선 지도를 공개하며 이를 명분으로 제시합니다. 중화인민공화국이 성립된 1949년 이후인 1953년 중국 정부가 반포한 지도에서도 기존 11단선을 9단선으로 축소한 해상 영토를 구체적으로 명시합니다. 2009년에는 UN에도 9단선을 제출한 바 있습니다.

중국이 주장하는 9단선 안에는 스프래틀리 제도(중국명 난사군도, 베트남명 쯔엉사군도), 파라셀 제도(중국명 시사군도, 베트남명 호앙사군도), 스카보러 섬(중국명 황옌다오) 등이 대부분 포함돼 있어 베트남, 필리핀 등 동남아 국가들과 마찰을 빚고 있습니다. 2016년 7월 12일, 네덜란드 헤이그의 상설중재재판소(PCA)는 9단선에 법적 근거가 없다고 판결합니다. 하지만 이런 판결에도 불구하고 중국은 9단선을 근거로 "절벽에서 고삐 잡아라", "중국의 권리를 훼손했다" 등의 발언과 함께 남중국해에 대한 영유권을 계속 주장해 오면서 필리핀·말레이시아·타이완·베트남 등 관련국들과의 충돌이 계속 이어지는 상

황입니다.

　중국의 영해 확장 욕심은 남중국해에서 그치지 않았습니다. 중국은 베트남과의 사이에 위치한 통킹만에서도 영해를 대폭 확장하는 조치를 취했습니다. 영해의 기준이 되는 기선은 썰물 때의 해안선을 기선으로 삼는 '통상기선'과 최외곽 섬들을 연결한 직선을 기선으로 하는 '직선기선'으로 나뉘는데, 통상기선을 써 오던 중국이 직선기선으로 변경하겠다는 것이 이번 선언의 골자입니다. 중국이 주장하는 신영해선은 기존 해안선에서 최대 24해리 떨어져 있을 정도로 확장 지향적이라는 점에서 베트남과 분쟁이 불가피할 것으로 보입니다.

　중국의 견제를 막기 위한 연합전선은 구체화하고 있습니다. 미 해군과 필리핀 해군은 2023년 11월과 2024년 1월 남중국해 합동 순찰한 전례가 있었습니다. 최근에는 여기에 일본과 호주까지 본격적으로 합류할 예정입니다. 이는 남중국해에서 중국에 대응하기 위한 주된 움직임이자, 중국 정부의 강력한 반응을 촉발할 수 있는 행동임과 동시에 중국의 반발이 예상되어 긴장감은 한층 더 격화될 것으로 보입니다.

　참고로 2024년 1월 미국 워싱턴에서 열린 '제1차 인도-태평양 대화'에서는 한미일 각국 대표가 모여 "유엔해양법 협약상 국제사회의 안보와 번영에 필수불가결한 대만해협의 평화와 안정의 중요성을 재확인했다. 항해와 상공비행의 자유를 포함한 국제법을 지키고 인도·태평양 어느 수역에서든 무력이나 강압으로 현상을 바꾸려는 일방적인 시도를 반대한다."라는 관련 성명을 발표하였습니다. 그리고 중국과 필리핀의 충돌이 거듭 발생하자 2024년 3월 우리나라 외교부는 우려를 표했죠. 중국의 왕원빈 외교부 대변인은 이에 "한국이 스스로 알아서 잘하고, 분위기에 휩싸여 덩달아 떠들지 않으며, 중한 관계에 불필요한 부담을 늘리는 일을 피할 것을 촉구한다."며 강한 불쾌감을 내비쳤습니다.

　또 다른 소식으로 2023년 2월 한 중국 여성이 자신의 SNS에 일본에 야나하 섬

을 샀다는 영상을 올려 논란이 일었던 적이 있습니다. 사업 목적으로 해당 섬을 구입한 것으로 알려지는 가운데, 일본 내에서는 안보에 대한 우려의 목소리가 높아졌었죠. 일본 아사이TV는 해당 섬은 오키나와 본섬 북쪽에 위치한 물과 전기가 전혀 없는 완전한 무인도이며 개발조차 어려운 황무지라고 소개합니다. 사업과는 연이 없는 섬을 구입한 목적에 대해서 일부 전문가들은 중국이 안보·군사적 이유로 야나하 섬을 구입한 것이 아니냐는 의심도 나타났고, 한편 중국 누리꾼들은 자국 여성의 일본 섬 구입 소식에 "영토가 늘었다", "섬을 중국에 재판매하면 우리의 영토가 더 늘어날 것"이라고 환호했습니다.

참고로 중국인이 일본 무인도를 구매했다고 해서 영토가 바뀌지는 않으며, 여전히 일본 영토로서 일본의 통치권이 미치는 지역입니다. 마찬가지로 중국인이 우리나라 제주도의 모든 지역을 전부 구매했다고 가정해도 여전히 제주도는 대한민국

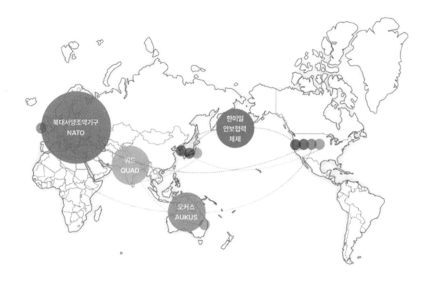

국토입니다. 하지만 앞선 여러 사례에 비춰 추후 무언가의 '명분'으로 발전하지는 않을까 하는 염려가 나타나는 것 또한 사실입니다.

　미국이 지금껏 맺은 동맹 몇 가지를 살펴보면, 각각의 동맹이 모여 일정 영역을 압박하고 있는 형태를 취하고 있는 것을 확인할 수 있습니다. 현 국면에서 우리나라는 어떤 위치에 있고 앞으로 어떤 전략을 취해야 하는지 고민해 볼 필요가 있겠습니다.

경제적 견제

● ● ● ● · ● ● ●

2023년 3월, 옌스 스톨텐베르그 NATO 사무총장은 다음과 같은 말을 남겼습니다.

러시아산 가스에 대한 유럽의 의존도는 우리를 취약하게 만들었고, 우리는 중국이나 다른 권위주의 정권과 같은 실수를 반복해선 안 된다. 우리가 수입하는 상품과 원자재의 의존도가 지나치게 높아선 안 되며, 우리에게 맞서서 활용될 가능성이 있는 핵심 기술을 수출해선 안 된다. 당연히 중국과는 지속해서 교역하고 경제적으로 관여해야 하지만, 경제적 이익이 우리의 안보 이익을 능가할 수는 없다.

그리고 2023년 3월, 미국 하원은 중국 '개발도상국 지위' 박탈 법안을 찬성 415

표, 반대 0표, 이렇게 만장일치로 통과시킵니다. 세계 2위의 경제 대국으로 올라선 중국이 개도국 지위를 유지함으로써 세계무역기구(WTO) 등 국제기구에서 선진국에 부과되는 더 엄격한 기준과 의무를 회피해왔다는 것이 미국 정치권의 시각입니다. 중국이 더 이상 개도국 지위로 특혜나 지원을 받지 못하도록 하고, 그들이 속해 있는 국제기구에서 지위를 중상위 소득국, 고소득국 또는 선진국으로 변경하여 걸맞은 책임을 지게 만들려는 것이죠.

미국 의회발 움직임이 본격화한 가운데 2023년 6월, 시진핑 주석은 시릴 라마포사 남아프리카공화국 대통령과의 통화에서 양국이 개도국임을 강조하는 퍼포먼스를 보여줍니다. 중국 외교부 왕원빈 대변인은 "미국이 중국에 선진국이라는 모자를 강요하는 것은 중국의 발전 성과를 인정하는 것이 아니라 중국의 발전을 억제하기 위해 개도국 지위를 박탈하려는 것"이라며 "개도국으로서 중국이 누리는 합법적 권리는 미국 의회가 입을 놀린다고 취소되는 것이 아니다."라고 비판합니다.

개도국과 선진국의 분류로 UN 통계국의 기준을 참조하면 1인당 GDP 약 20,000\$ 이상, HDI 지수 8.0 이상, IMF에서 정의하는 선진 경제국, 세계은행에서 정의하는 고소득 OECD 국가군, 개발원조위원회 멤버 가입, 파리클럽 멤버 가입 등이 있습니다. 참고로 유엔 통계국은 2022년 5월 공식적으로 우리나라를 개도국에서 선진국으로 변경했으며, IMF·S&P·OECD·세계은행 등도 현재 모두 우리나라를 선진국으로 분류하고 있습니다. 분명 선진국은 단순 경제력만을 기준으로 분류하는 것은 아니며 다양한 지표를 종합적으로 판단합니다. 여러분도 중국을 개도국으로 바라봐야 할지, 선진국으로 바라봐야 할지 한번 판단해 보시길 바랍니다.

미국은 중국을 국제정세를 어지럽히는 위험분자라고 판단하고, 그들을 경제적으로 고립시키는 '디커플링(탈동조화)'을 추진하고 있습니다. 중국을 파트너로 인정하지 않고, 거래 목록에서 제외하겠다는 것입니다. 그러나 완전한 제외는 현실적으로 불가능에 가깝습니다. 그래서 나타난 전략이 '디리스킹(탈위험화)'입니다.

2023년 6월, 제이크 설리번 미국 백악관 국가안보보좌관은 "미국 경제는 중국에서 경제적 차원인 '디커플링'을 추구하는 게 아니라 안보적 차원인 '디리스킹(탈위험화)'을 추구한다."는 발언을 합니다. 디커플링이 기존의 글로벌 공급망에서 중국을 완전히 배제하는 개념이라면, 최근 강조하고 있는 디리스킹은 위험 요인을 제거하는 데 초점을 맞추는 전략입니다. 이는 중국과의 공생은 이어 가되 안보에 영향을 줄 수 있는 핵심 부분에 대해서는 배제하겠다는 것이죠.

4차 산업혁명 시대에 들어서 IT가 안보에 직결되기 시작합니다. 2020년 5월, 미국은 자국 기술을 활용해 중국 통신장비 업체 화웨이에 특정 반도체 공급 시 사전 허가를 받아야 하는 조치를 발표하였고, 같은 해 12월에는 중국 반도체 기업 SMIC 등을 무역 블랙리스트에 등재합니다.

2023년 8월, 바이든 대통령은 "군사 및 정보 관련 핵심 기술에 있어 국가 위기 상황을 선언한다."며 미국의 자본이 중국의 '반도체·양자 컴퓨터·AI' 3개 분야에 대해 투자하는 것을 규제하는 행정명령을 발표합니다. 해당 분야에서 중국에 투자를 진행하려는 기업들은 사전에 투자 계획을 의무적으로 신고해야 하며, 투자 금지를 포함한 규제권은 재닛 옐런 미국 재무장관이 가지게 됩니다. 같은 해 9월에는 엔비디아의 최신형 AI 반도체를 중국에 수출하는 것을 금지하였고, 10월에는 더 나아가 반도체 제작 장비 수출 제한 조치를 발표합니다.

결과는 곧바로 나타났습니다. 중국은 미국 최대 수입국 1위를 15년간 유지해 왔는데, 2023년 들어 대중국 수입액이 전년 대비 25% 급감하며 멕시코와 캐나다에 이은 3위로 밀려났고, 상반기 미국의 상품 수입 중에서 중국이 차지하는 비중은 고작 13.3%에 그칩니다. 세부적으로 살펴보면, 일용품과 전자제품 등 여러 품목에 걸쳐 줄어들었는데, 특히 반도체 수입액이 거의 절반 가까이 줄어들었습니다.

중국 외교부는 미국이 시장경제 원칙을 스스로 위배했다고 반발하며, 디리스킹의 간판을 쓴 디커플링이라고 지적하면서 동시에 안보·정치 문제에 속하지 않는 경제·과학기술 영역을 안보화·정치화했다고 주장합니다. 그리고 갈륨·희토류·게르마늄 등 반도체와 배터리 제작의 필수 자원을 국가 안보와 이익을 기준으로 해외에 '선별적 판매'할 것이라고 맞받아칩니다.

2023년 5월, 히로시마에서 열린 G7 정상회의에서는 중국에 대한 자원 의존도를 낮추고, 경제·기술·인권·군사안보 등을 포함한 전방위적인 중국 견제 메시지를 명확하게 반영한 66개 항목으로 구성된 '히로시마 공동성명'을 발표합니다. 특히 미국과 중국 둘 사이의 첨예한 갈등 구도에서 그동안 유보적인 자세를 견지했던 유럽 국가들이 미국 손을 들어줬다는 데 의의가 있습니다.

강대강 구도로 흘러가는 가운데 그나마 최근 화합의 제스처도 나타나고 있습니다. 2023년 11월, 미국 바이든 대통령과 중국 시진핑 주석이 정상회담을 추진하면서 대화의 물꼬가 다시 트이긴 했지만, 유의미한 변화로는 이어지지 않고 앞으로 더욱 갈등이 심화될 것으로 보입니다.

분열 조짐을 보이는 미국 중심의 세계

• • • • · · • • •

　　미국은 최대한 동맹의 수를 늘려가면서 공통의 적(중국)을 함께 압박하는 그림을 그리고 있습니다. 하지만 이는 동맹국에게 있어 적지 않은 부담이 발생한다는 지적이 끊이지 않습니다.

　　미국의 우방들이 흔들리고 있습니다. 사우디아라비아를 중심으로 아랍에미리트 연합(UAE)이 미국에 노골적인 불신을 드러냈으며, 남미 정상들은 한자리에 모여 강대국 중심의 국제질서에 맞서겠다고 천명합니다. 중남미 30여 개국 정상은 EU의 기대에도 불구하고 러시아의 우크라이나 침공 규탄에 동참하는 것을 거부했으며, 러시아의 흑해곡물협정 일방 탈퇴 움직임에 대해서도 G20조차 같은 목소리를 내지 못하고 있습니다.

　　미국의 가장 강력한 동맹인 유럽마저도 대중전략에서는 미국의 뜻대로 조화롭게 움직이지 않았습니다. 중국과의 패권 경쟁에 우크라이나 전쟁까지 겹친 상황에서 미국은 그 어느 때보다 동맹 규합에 힘을 쏟고 있지만, 미국이 세운 줄에서 이탈해 각자도생을 꿈꾸는 '블록화' 경향은 점점 더 강화되는 추세입니다.

　　유럽에서 가장 강하게 이러한 목소리를 낸 인물은 바로 프랑스 에마뉘엘 마크롱 대통령입니다. 그는 "미국 동맹은 속국이 아니다. 동맹이 된다는 것이 우리 스스로 생각할 권리가 없다는 것을 의미하지 않는다." 라며 날선 비판을 가행합니다. 물론 이는 재선을 앞둔 마크롱이 연금개혁 시위 등으로 추락하는 자신의 지지

프랑스 에마뉘엘 마크롱 대통령

율을 높이기 위해 대외적으로 강한 모습을 선보이는 퍼포먼스이기도 하지만, 동시에 그에 걸맞은 이유도 있습니다.

미국은 중국에 강한 디리스킹 방침을 고수하고 있고, 이를 자신의 동맹들에게도 이행할 것을 암묵적으로 압박하고 있으며, 핵심 산업에 대해서는 강제적 이행을 요구합니다. 하지만 이것은 미국의 이익으로 이어지는 것은 분명하지만, 반드시 동맹의 이익으로 이어지는 것은 아닙니다.

중국이 개방하면서 나타난 'Made in China'라는 큰 물결에 발을 담그지 않은 나라는 찾기 어렵습니다. 프랑스 입장에서도 중국이 큰 무역 파트너이자 자원 판매국인데, 미국의 방침에 따를 경우, 자신들의 국가가 큰 경제적 어려움을 겪게 된다는 것이죠. 남의 싸움에 한 팔 거들었다가 불똥이 크게 튄다는 논리입니다. 그렇다고 미국이 손실에 대한 보상을 제대로 해주는 것도 아니니 말이죠. 또한, G1과 G2의 싸움에 시야가 좁혀져 있지만, 저 둘이 언제까지 세계의 패권을 쥐고 있을지는 아무도 모르고, 모든 나라가 그 자리를 탐내는 경쟁자입니다. 경쟁자 입장에서는 1위와 2위가 공멸하는 그림을 더 바랄 수도 있겠죠.

마크롱은 중국과 미국 간의 분쟁은 그들 사이의 일이며, 중국이 대만을 흡수하는

것을 저지하는 행위가 프랑스에 이익이 되지는 않는다고 주장하며, 유럽은 유럽의 것이 아닌, 위기를 거부할 수 있는 '전략적 자율성'을 채택해야 한다고 주장합니다.

미국은 이 소식을 전해 듣고 불쾌한 감정을 감추지 않았습니다. 마크 루비오 상원의원은 유럽을 포함한 세계 분쟁 해결과 그들의 방위를 위해 많은 돈을 아끼지 않고 있는데, 앞으로는 대만만 신경 쓸 테니 우크라이나 사태는 유럽과 NATO가 알아서 해결하라고 반박합니다. 러시아가 우크라이나를 점령하든 말든 어차피 미국과 국경을 마주하고 있는 것도 아니니, 미국의 이익과는 무관하다는 동일한 논리로 반박한 것입니다.

영국과 EU는 곧바로 프랑스와는 다른 성명을 냅니다. 영국 재무장관은 "유럽과 미국이 함께한다면 민주주의와 자유를 수호할 수 있다."라고 말했고, EU의회는 마크롱의 발언은 EU에게 있어서 재앙과 같다며 진화에 나섭니다. 특히 지리적으로 프랑스보다 훨씬 러시아와 근접해 있어 우리나라 방산 산업의 주요 고객이 된 폴란드는 불같이 화를 내면서 지금은 이전보다 훨씬 더 서로에 대한 파트너십이 요구되는 시기이며, 특히 미국의 지원을 거부하는 것에 대한 어떠한 대안도 없이 무책임한 발언을 했다고 일갈을 날립니다.

우리나라도 적지 않은 부담을 안게 되었습니다. 우리는 안보는 미국, 경제는 중국에 의존해 왔습니다. 이 둘이 서로 으르렁거리자, 양쪽 모두에게 손을 내미는 전략적 모호성이 유지가 가능한 것인지 전문가들 사이에서는 끊임없이 의문이 제기되고 있습니다. 미국은 2023년 10월, 대중 반도체 수출통제를 한 차례 더 강화하여 기존 항목에 포함되어 있지 않았던 저사양 AI 칩도 금지합니다. 그리고 중국으로 전달될 위험이 있는 국가 40여 개국에 대한 수출에 추가적인 라이선스를 요구키로 합니다. 만약 미국의 여러 방침을 그대로 이행할 경우, 한한령과 같은 잠재적 페널티를 각오해야 합니다.

　20세기 들어 미국은 언제나 세계사의 중심이었습니다. 최소한 세계 2차 대전 이후부터 미국은 아예 다른 '국가'의 추격을 불가능하게 만들었다고 믿었고, 실제로 그랬습니다. 미국의 힘은 자국의 강함도 있지만, 동맹을 통한 세계 질서를 유지하는 것에 있습니다. 그러나 미국의 리더십에 금이 가고 있고, 이러한 믿음들은 지금 흔들리고 있습니다. 전쟁이 장기화하는 가운데 군사·에너지 분야 강국인 러시아와 중국 관련한 국가별 이해관계가 복잡하게 얽혀감에 따라 이와 같은 분열상은 갈수록 확대될 수 있다는 전망이 나오고 있습니다.

　마닐로 그라지아노 교수가 게재한 "'미국은 만능'이라는 환상의 종말(United States : end of an illusion of omnipotence)"이라는 글이 인상적입니다. 어느 나라든 흥행과 성쇠를 반복하기 마련입니다. 이는 미국도 예외가 아니죠. 몇 번의 짧은 침체기를 제외하고 미국은 성장을 멈춘 적이 없습니다. 그러나 1950년대 이후 미국은 세계의 다른 지역들에 비해 성장률이 둔화되는 상대적 쇠락에 접어듭니다. 특히 최근 대립하는 중국과 비교하면 더욱 그렇습니다. 1960년에서 2022년까지 미국 GDP는 5.5배 증가한 반면, 중국은 무려 92배 성장했습니다.

폴 케네디는 미국의 이익과 의무의 합이 미국의 국력을 훨씬 뛰어넘는 결과를 가져왔고, 이 현실은 워싱턴 정책 결정자들에게 난제를 끊임없이 제공하고 있다고 말했습니다. 경제와 생산성에서의 상대적 쇠락은 정치적 행동에서의 격차를 줄이는 결과를 가져오게 됩니다. 1960년대에의 미국은 3.46조 달러의 GDP로도 이익과 의무를 동시에 지켜낼 수 있었습니다. 해당 수치가 세계 나머지 국가들의 총합에서 거의 절반을 차지했기 때문입니다. 하지만 1980년대에는 8.6조 달러로도 버거워졌고, 20조 달러를 달성한 현재는 더욱 힘들어졌습니다. 미국도 물론 크게 성장했지만, 세계에서 차지하는 비중은 상대적으로 더욱 줄어든 것입니다.

하지만 경쟁자들이 잇달아 무너지면서 미국의 각성은 늦어집니다. 당시 세계 2위 경제 대국 일본은 끼었던 거품이 붕괴되고 극심한 경제 침체를 겪었으며, 미국은 후에 나타난 걸프전쟁에서 승리하여 세계 질서 수호자의 위상을 얻었고, 무엇보다 강력한 라이벌이었던 소련이 붕괴됩니다. 일련의 사건들에 의해 미국은 자신의 힘이 상대적으로 계속 줄어들고 있음에도 '세계 최강대국'이라는 수식어에 도취되기 시작합니다. 어쩌면 알았음에도 눈을 돌린 것일지도 모르죠. 그리고 오늘날에 돼서야 현실을 깨닫고 다시 이전의 강한 모습에의 회귀를 꿈꿉니다. 한때 세계의 패자였던 지금의 경쟁자처럼 말이죠.

미국과 중국의 차이

• • • · · • • •

싱가포르의 초대 총리인 리콴유는 시진핑이 2012년 처음 권력을 잡았을 때 미국과 중국의 경쟁은 가속화될 것이고, 위대한 중국을 되돌리려는 꿈을 꿀 것이라고 말했습니다. 그레이엄 엘리슨 교수는 '위대한 중국'을 다음 네 가지로 요약합니다.

(1) 서양의 침범 전 중국이 아시아에서 누렸던 절대적인 영향력을 회복하는 것
(2) 신장, 티베트, 홍콩, 대만에서 중국이 지배권을 갖는 것
(3) 인접 바다(중국 서해와 남중국해)에서 과거의 세력권을 회복하고 주변국으로부터 강자로서의 존대를 받는 것
(4) 세계 기구에서 다른 강국들에게 중국을 존중하라고 명령하는 것

과거 1648년 신성로마제국과 프랑스, 스웨덴, 네덜란드 등이 함께 그 어떤 나라든 서로를 침범할 수 없고, 이것은 모두가 평등한 주권을 갖기 때문이라는 의미를 담은 국제법의 출발점, '베스트 팔렌' 조약이 맺어졌습니다. 하지만 중국은 기본적

으로 국제사회에서 타국을 평등한 시각으로 바라보지 않습니다. 그들은 국제사회에서 위계질서가 존재하고, 중국은 중심에 위치하며, 변방에 거주하는 이들은 오랑캐라는 중화사상을 가지고 있습니다. 만약 상대로부터 자신들을 존중하는 태도가 느껴지지 않으면 그들은 경제적·군사적·외교적 보복을 주저하지 않습니다.

박근혜 정부 때는 한국과 중국의 관계가 크게 변화합니다. 2015년 중국은 최대 국가행사 중 하나인 전승절에 우리나라와 러시아 정상을 초대하여 천안문 성루에 함께 오르는 퍼포먼스를
선보였습니다. 당시 시진핑 주석은 박근혜 전 대통령을 '가장 중요한 손님 가운데 한 분'이라며 별도의 영접팀이 구성됐었죠. 이때 한국과 중국 양국 정상은 북한을 향해 8·25 남북합의를 이행하고, 핵실험이나 장거리 미사일 발사 등의 추가 도발을 해서는 안 된다는 메시지를 보냅니다. 두 나라의 관계는 이 이상 좋을 수 없는 듯 보였고, 북한을 향해 같은 메시지를 보내 동북아 평화가 찾아오는 듯했습니다.

기류의 변화는 우리나라가 사드 설치를 결정하는 순간부터 시작됩니다. 사드(Thaad)는 고고도 미사일 방어체계를 일컫는 용어로, 단거리·중거리 탄도미사일이 발사됐을 때 레이더와 인공위성 등에서 수신한 정보를 바탕으로 요격 미사일을 발사시켜 40~150km의 높은 고도에서 직접 충돌하여 파괴하는 방어형 미사일입니다.

우리나라는 미국과 중국 양쪽의 손을 동시에 잡고 있었습니다. 그러다 미국에서 먼저 사드의 한반도 배치 논의를 시작했고, 당시 우리나라 정부는 중국에 '미국의 요청도, 협의도 없었고, 결정도 안 내렸다'는 이른바 '3NO'의 방침을 견지해 왔습니다. 하지만 북한이 잇달아 로켓 발사를 벌이고, 4차 핵실험을 강행하자 결국 박근혜 전 대통령은 국민의 안전을 지키고자 사드 배치를 결정합니다. 동시에 이것은 공격용이 아닌, 방어용임을 명확하게 국제사회에 알렸습니다. 그때 중국은 매우 민감하게 반응했고, 이때 나타난 것이 한한령입니다.

사드는 끊임없이 무력시위를 진행하는 북한 도발에 대한 자국 방어용입니다. 그런데 어째서 중국이 한국이 방어체계를 갖추는 것에 반대하는 것일까요? 그것은 한국 자체를 바라보는 것이 아닌, 뒤에 있는 미국의 그림자를 보기 때문입니다. 지금은 두 나라가 간접적인 수단으로 서로를 견지하고 있지만, 만약 정말로 두 나라가 열전을 벌이게 된다면 방어용의 사드가 공격형 미사일로 변모하는 것을 염려하는 것이죠.

중국이 정권을 유지하기 위한 최우선의 목표는 내부 단결입니다. 천안문 사태, 소수민족 탄압, 인권 탄압, 언론 통제, 문화 탄압, 역사 왜곡 등은 이러한 사상의 발로라고 볼 수 있습니다. 여기서 외부에의 비평은 중요하지 않습니다. 밖에서 자신들을 어떻게 평가하기보다는 중국인들이 공산당을 어떻게 바라보는지가 훨씬 중요합니다. 정권의 유지가 최우선이며, 국가의 발전과 위상, 그리고 인민의 행복은 다음 순위입니다.

미국의 도·감청 대상 국가들

'파이브 아이즈' 정보공유협약 체결국들로 미국의 정보감시 활동 대상 아님

 영국　 캐나다　 호주　 뉴질랜드

최우선 감시국　정치·경제·군사 경쟁국 및 적국으로 최우선 감시 대상

 중국　 쿠바　 이란　 북한　 파키스탄　 러시아　 시리아

동맹국　국가·현안 이해관계에 따른 감시 대상

 유럽연합　 프랑스　 독일　 그리스　 이탈리아　 스페인　 일본　 한국

우방국　국제 정치·경제·군사 현안에 따른 주요 감시 대상

 브라질　 칠레　 콜롬비아　 인도　 멕시코　 이스라엘

나라 간의 관계에서도 미국과 중국의 차이가 엿보입니다. 미국 주도의 국제질서는 세계적이지도, 각국의 공감을 바탕으로 한 것도 아닙니다. 하지만 그 국제질서가 유례없는 경제성장과 민주주의 확산에 기여했다는 반론 또한 틀리지 않습니다.

미국의 힘은 동맹에서 나옵니다. 미국이 항상 옳은 것은 당연히 아니며, 그들이 국제질서를 해칠 때도 있습니다. 하지만 동맹국이 많은 이유는 미국이 추구하는 자유, 인권, 민주주의와 같은 이념이 상대적으로 세계적으로 통용될 만한 가치로 보여지기 때문이 아닐까요?

반면 중국의 힘은 내부 단결에서 나옵니다. 중국이 내세우는 가치는 자기중심적입니다. '중화사상·중화민족·중국몽·하나의 중국' 등의 구호는 모두 중국을 중심으로 돌아갑니다. 이러니 주변에서 호응하지 않는 것이죠. 여론조사 기관 갤럽에서 중국에 대한 호감도를 조사한 결과 아래와 같이 나타납니다.

그래프에서 총 호감도(녹색)와 총 비호감도(푸른색)는 최근 극과 극으로 벌어져 국제사회가 중국을 어떤 시각으로 바라보는지 알 수 있습니다. 그리고 조사 대상을 우리나라만으로 압축해도 거의 유사한 결과가 등장함을 확인할 수 있습니다.

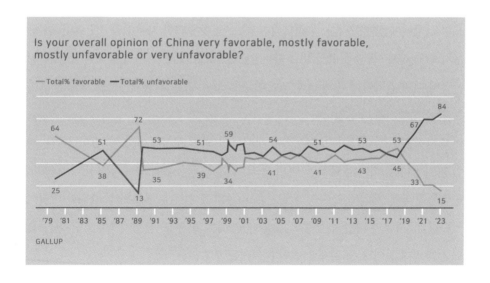

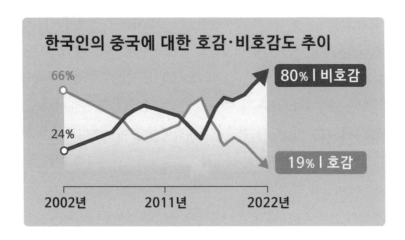

한국인의 중국에 대한 호감·비호감도 추이

66%

24%

80% | 비호감

19% | 호감

2002년   2011년   2022년

세계가 분명 중국에 상당 부분 의지하고는 있지만, 이는 힘이 있기에 나타나는 관계일 뿐, 만약 중국이 지금과 같이 나라가 크지 않고, 자원도 없고, 인구도 없고, 기술도 없는 '개발도상국'이었다면 과연 지금과 같은 체제와 그들이 말하는 동맹이 유지될 수 있을까요? 중국은 VIP 고객이 될 수는 있을지언정 리더는 될 수 없다는 표현이 등장하는 이유입니다.

어느 나라든 자국 우월주의는 다소 존재하기 마련이며, 동시에 자국을 비판하는 표현도 국내에 상존합니다. 우리나라만 해도 국가에 대한 자부심을 갖는 이들이 있는가 하면, 많은 불만을 표출하고 있는 이들도 적지 않죠. 하지만 중국은 오로지 공산당에 대한 찬양만이 존재할 수 있으며, 비판하는 표현을 공개적으로 담으면 얼마 못 가 신비해지기 마련입니다.

역사적으로 강대국이 민족주의에 심취하게 되면 군사적 마찰이 일어날 가능성이 높아집니다. 과거의 예로 독일의 나치, 일본의 군국주의 등이 있습니다. 실제로 중국은 미국을 제외해도 자신과 국경을 마주하고 있는 대부분의 나라들과 마찰이 있습니다. 지금의 대만과 남중국해 국가들, 게다가 인도 접경지역에서도 최근 몇 년 칼부림이 일어나 큰 문제로 번질 뻔하기도 했죠.

인도태평양 경제프레임워크(IPEF) 참여국 및 대상국

중국

한국★

일본★

미국

베트남▲

필리핀★

브루나이▲

태국▲

말레이시아▲

싱가포르★

인도네시아▲

호주

뉴질랜드★

★ 참여 예상 국가(7개국)
▲ 참여 여부 미정 국가(5개국)

? IPEF 디지털, 공급망, 청정에너지 같은 통상 의제에 공동 대응하기위해 미국이 지난해 10월 제안한 경제협력체. 중국에 대한 경제적 견제 성격이 짙다.

　　미국은 중국에 휘둘리지 않는 공급망을 구축하기 위해 미국·한국·일본·호주·인도 등 14개국이 합의한 '인도·태평양경제프레임워크(IPEF)'를 2022년 5월 출범합니다. 각국 정부는 공급망 안정에 필요한 숙련 노동자를 양성하고, 국제노동기구(ILO)와 국내법에 근거한 노동환경 개선을 위해 함께 노력하기로 합의합니다. 이를 위해 각국의 노동권 관련 현황을 파악하고 개선 사항을 발굴하기 위한 자문기구를 구성하고 사업장 등 현장 상황을 점검하는 체계를 운영할 예정입니다. 특히 우리나라 정부는 이번 공급망 합의를 통해 2021년 10월 국내 시장을 강타했던 중국발 '요소수 사태'와 같은 일이 되풀이되지 않도록 한다는 방침입니다.

　　우리나라는 IPEF의 창립 멤버 중 일원에 이름을 올림으로써 통상과 외교정책에 새로운 도전에 직면하게 되었습니다. 외신들은 그동안 우리나라가 견지해왔던 균형의 틀을 깨고 경제도 미국, 안보도 미국을 선택한 모습이라고 평가했습니다.

중국은 즉각 반발합니다. 미국이 주도하는 IPEF가 자국을 고립시키려는 의도가 농후하다는 것이죠. 왕이 중국 외교담당 국무위원 겸 외교부장은 "본질적으로 분열을 조장하고, 대항을 선동하고, 평화를 파괴하는 전략"이라고 비판합니다.

우리나라는 곧바로 진화에 나섭니다. 정대진 산업통상자원부 통상차관보는 "'안미경중(안보는 미국, 경제는 중국)'은 지금 상황에서는 맞지 않다. 굳이 말하자면 '안미경익(안보는 미국, 경제는 국익)'"이라고 말할 수 있다. 경제는 공급망 사태에서 봤듯이 특정 국가를 배제해서 부흥하는 것은 어렵다."라고 말했습니다.

No.	시기	기존 패권국	신흥 각국	대상 지역	결과
1	15 세기말	포르투갈	스페인	세계 제국, 무역	-
2	16 세기초	프랑스	합스부르크	서 유럽	파비아 전투
3	16, 17 세기	합스부르크	오스만제국	중앙 유럽, 동 유럽, 지중해	레판토 해전
4	17 세기초	합스부르크	스웨덴	북 유럽	30년 전쟁
5	17 세기 중반	네덜란드	영국	세계 제국, 유럽	영국-네덜란드 전쟁
6	17세기말~ 18 세기 중반	프랑스	영국	세계 제국, 중앙 아시아, 동 지중해에 대한 영향력 행사	7년 전쟁
7	18 세기 말 ~ 19 세기초	영국	프랑스	유럽	나폴레옹 전쟁
8	19 세기 중반	프랑스, 영국	러시아	동 아시아	크림 전쟁
9	19 세기 중반	프랑스	독일	유럽	프랑스-러시아 전쟁
10	19 세기말 ~ 20 세기초	중국, 러시아	일본	동 아시아	최초 중일 전쟁, 러일 전쟁
11	20 세기초	영국	미국	세계경제의 패권 및 서구세계의 해양력 우월성	-
12	20 세기초	영국	독일	유럽, 해양 패권 장악	제 1차 세계 대전
13	20 세기 중반	소련, 프랑스, 영국	독일	유럽	제 2차 세계 대전
14	20 세기 중반	미국	일본	아시아 태평양 지역	태평양 전쟁
15	1940년 ~ 1980년대	미국	소련	전세계 패권장악	-
16	1990 ~ 현재	영국, 프랑스	독일	유럽의 정치 영향	-

이번 챕터 처음에 언급했던 기존 지배 세력이 느끼는 미래에 대한 불안과 두려움이 신흥세력의 자신감과 자부심에 찬 행동들과 충돌하는 '투키데디스의 함정'으로 돌아가 보면, 총 16가지 사례 중 4가지는 전쟁 회피로 이어졌습니다. 15세기 말 무역 경쟁을 벌인 포르투갈과 스페인, 20세기 영국에 맞선 미국, 1940년대부터 1980년대까지 세계 패권 대립을 벌인 미국과 소련, 1990년대부터 지금까지 정치적 영향력 경쟁을 벌인 영국·프랑스와 독일의 경합이 그것이지요.

포르투갈과 스페인 사이에 불협화음이 터져 나온 계기는 무역에서의 패권 싸움이었습니다. 둘 다 당시 세계 최고의 해군을 보유하고 있었고, 국경을 마주했던 두 나라는 일촉즉발의 단계까지 나아갔으나, 교황의 중재로 큰 전쟁으로 발전하지 않았습니다.

둘째 사례를 살펴보면, 미국은 남북전쟁의 폐허를 딛고 강대국으로 성장합니다. 1870년대 초 미국 GDP는 이미 영국을 앞질렀고, 에너지 소비와 철강 생산부분은 영국의 세 배를 넘어섭니다. 자신감을 가진 미국은 베네수엘라에서 알래스카까지 신대륙의 패권을 주장하였고, 유럽과 라틴아메리카 국가들의 분쟁을 조정한다고 나서기까지 합니다. 1910년 미국의 해군력은 영국의 3배가 됩니다. 해가 지지 않는 제국으로 불렸던 영국으로서는 자존심에 상처를 받을 법도 했지만, 당시 영국의 지도자들은 미국의 도전을 수용하는 쪽을 택합니다. 영국 입장에서는 유럽 내의 도전에 맞서고, 식민지 제국을 제대로 관리하기 위해서는 새로운 도전자를 억누르기보다는 그들을 인정하는 것을 선택합니다. 게다가 같은 영어 문화권이라는 점에서 서로 동질감도 없잖아 있었습니다. 이러한 영국과 미국의 타협은 두 차례의 세계대전 중 끈끈한 영미동맹으로 독일과 일본을 물리치는 데 결정적인 역할로 이어집니다. 영국 지도자들의 현명한 판단이 신흥세력 미국과의 충돌을 막은 셈이죠.

셋째 사례를 살펴보면, 2차 세계대전 이후, 미국은 세계 최강대국으로 부상합니다. 세계 GDP의 약 절반을 차지하며 핵폭탄을 비롯한 막강한 육해공 군사력으로 세계의 경찰임을 자임합니다. 그러나 곧 소련의 도전을 받게 되죠. 소련은 1949년 핵폭탄 실험에 성공, 8년 뒤 인류 최초의 인공위성인 '스푸트니크 호'를 우주에 쏘아 올려 미국을 충격에 빠뜨립니다. 미국도 이에 질세라 NASA를 설립하고, 1968년 아폴로 우주선을 달에 착륙시킵니다. 이것이 우리에게 익숙한 과학기술과 철강 생산, 군비확장 등으로 경쟁하는 냉전 시대의 시작입니다. 소련은 바르샤바 조약기구를 만들어 동유럽을 지배하였고, 미국도 NATO를 통해 서유럽에 대한 주도권을 확보합니다. 비록 한국전쟁과 베트남 전쟁 등 국지적 충돌이 발생했지만, 두 강대국은 무력 이외의 방법으로 경쟁하며, 서로 간의 충돌을 피합니다. 핵무기 때문에 직접적인 충돌만은 안 된다는 인식을 서로 분명히 하고 있었던 겁니다. 결국 미국의 반공정책과 자유 시장 민주주의 시스템의 확대는 소련경제를 무너뜨렸고, 1991년 소련이 해체되며 냉전 시대는 마무리됩니다.

넷째 사례를 살펴보겠습니다. 1990년 독일은 공업화와 국가주의의 상승으로 빠르게 성장하며 유럽의 주요 강대국인 영국과 프랑스에 위상에 도전합니다. 독일의 군사적, 경제적 부상은 그들에게 위협으로 작용했고, 서로 간의 긴장이 증가했죠. 하지만 그들은 2차 세계대전이 종식된 후 EU를 조직하여 서로가 하나의 구성원이자 동맹으로 묶어 함께 공통의 적에 대항하는 형태로 서로 간의 충돌을 피합니다.

지금까지의 회피 원인을 간단히 정리해보면, '신뢰할 만한 제3자의 중재', '후발주자 인정', '서로의 핵무기 사용에 의한 공멸회피', '당사자 둘이 동맹을 맺고 공통의 적에 대항'입니다. 미국이 중국을 자연스럽게 다음 패자로 인정하고 바톤을 넘겨주는 일은 발생하지 않을 것이라고 생각합니다. 앞선 '영국-미국'의 경우 서로 간의 힘의 역학관계가 깨지기도 했고, 무엇보다 같은 문화권이라는 점에 의거하여 동질감이 있기 때문이기도 했습니다. 반면 미국과 중국은 서로의 이념이 상극이기에 이는 불가능에 가깝습니다.

서로가 핵보유국이라는 점은 분명한 전쟁 억제력이 될 수 있습니다. 다만 미국 발표에 의하면, 중국이 빠르게 핵탄두를 늘려나가고 있다는 점에서 완벽한 억제력으로 보기에는 다소 불안합니다.

공통의 적에 함께 대응한다는 시나리오는 가능할 것이라고 봅니다. 여기서의 '공통의 적'이란 특정 국가가 아닌 기후재앙입니다. IPCC의 표현에 따르면, 인류는 파멸의 시나리오를 통해 가속 페달을 밟고 있는 상태입니다. 서로의 국력을 ESG와 RE100에 쏟아부어도 모자랄 판에 서로를 견제하면서 환경오염을 일삼고 있는데, 인류 멸망 시나리오를 다시 쓰기 위해 서로가 합심하는 미래를 기대해 볼 수 있습니다.

마지막으로 남은 '신뢰할 만한 제3자의 중재'는 우리나라가 수행해볼 수 있지 않을까 싶습니다. 물론 전략적 모호성은 '이것도 아니고 저것도 아닌 존재'가 될 수도 있습니다. 최근 언론에서 '고래 싸움에 새우 등 터진다'는 표현이 바로 이것입니다. 반면 저는 우리나라를 '새우'라고 판단하는 것 자체가 오류라고 생각합니다. 그리고 국제사회에서 누구도 무시할 수 없는 분명한 메시지를 전달하기 위해서는 스스로의 힘을 길러야 하고 자주성을 바탕으로 실익을 챙겨야 합니다.

2000년도 초반, 우리나라는 중국과 사이가 좋았고 일본과는 좋지 않았습니다. 반면 약 20년이 지난 지금은 중국과의 사이가 좋지 않고, 되려 일본과의 관계가 급격히 회복되었습니다. 이처럼 국제관계는 항상 유동적입니다. 영원한 아군도 없고 영원한 적도 없습니다. 중국과 일본은 싫든 좋든 지정학적으로 우리의 양옆에 위치하고 있으며, 역사적으로도 깊은 관계를 맺은 나라들입니다. 그들은 우리에게 영향을 주고 있으며, 우리도 그들에게 영향을 주고 있습니다.

분명 쉽지 않겠지만, 미중대결이 '투키디데스의 함정' 13번째 전쟁 사례로 나아가는 것은 반드시 막아야 합니다. 양쪽에 손을 내밀었다는 것은 유일하게 '양쪽 모두를 이해할 수 있는 존재'이자 중재자가 될 수 있지 않을까요? 2023년 미국이 한일관계 개선을 자신의 성과로 내세웠듯이, 우리나라도 미중관계 개선을 성과로 내세울 수 있습니다.

중국은 2022년 12월, 한 해를 정리하는 지난해 핵심 단어로 싸움을 뜻하는 '전(戰)'자와 안정을 뜻하는 '온(穩)'자 두 글자를 선정했습니다.

중국은 오늘날 매우 날선 모습을 보여주고 있지만, 동시에 화해와 평화라는 여지를 남겨두고 있습니다. 이 여지를 붙잡을 수 있는 자가 바로 우리나라 아닐까요? 중요한 것은 꺾이지 않는 마음입니다. 여러분들께서도 이와 관련하여 지혜와 힘을 모아주셨으면 합니다.

CHAPTER

03

제3장

일대일로 산업

01

일대일로 산업이란?

· · · · · · · ·

　　과거 대항해시대 시절 중국 대륙과 중앙아시아, 서아시아, 유럽의 지중해 세계를 잇던 동서 교역 루트가 있었는데, 당시 주요 교역품이 비단이었기에, 이를 실크로드(Silk Road)라고 부릅니다. 일대일로 산업은 실크로드 교역망을 현대화하여 재해석한 것으로, 중국이 서부 진출을 위해 제시한 전략을 말합니다.

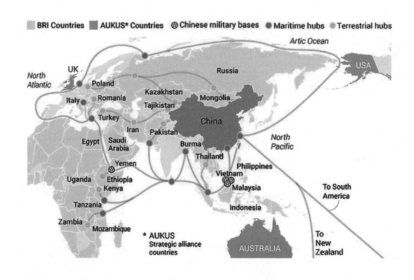

크게 '일대(一帶), 하나의 띠'라고 불리는 육로와, '일로(一路), 하나의 길'이라고 불리는 해로로 구성되어 있습니다. 그리고 이들이 합쳐져 하나의 초거대 교역망을 형성하는 것이 일대일로 산업입니다.

일대일로 산업은 2013년 시작된 이후, 2023년 10주년을 맞았습니다. 2023년 10월 17일~18일, 베이징에서는 제3차 일대일로 국제협력정상포럼이 열렸습니다. 당시 시진핑 주석은 "중국이 좋아지면 세계는 더 좋아질 것"이라며, 중국이 추구하는 것은 중국만을 위한 것이 아니라 개발도상국 등 세계 각국의 현대화를 기대한다고 밝혔죠.

포럼에는 블라디미르 푸틴도 참석했습니다. 행사 주빈으로서 시 주석에 이어 두 번째로 기조연설을 한 푸틴 대통령은 "중국과 러시아는 장기적인 경제 발전 달성을 위해 동등하고 상호협력에 대한 열망을 공유하고 있다."고 말하며, 서로를 "나의 오랜 친구"와 "친애하는 친구"라는 호칭을 사용하며 돈독한 관계를 여과 없이 드러냈습니다.

중국은 당일 포럼에 백서도 발간했습니다. 내용으로는 지난 10년간 일대일로는 관련 국가에 이익을 가져다주고 경제 세계화의 건강한 발전을 촉진했으며, 세계 발전의 난제를 극복하고 글로벌 협력 시스템을 개선하는 데 적극적으로 기여했다고 기술되어 있습니다. 또한, 인류가 공동으로 현대화를 실현하는 새로운 경로를 개척하고 인류 운명공동체 구축의 뿌리를 내렸다고도 적혀 있죠. 전문가들은 백서의 핵심을 '중국에서 출발해 세계 속으로, 공동 발전과 번영의 길을 열었다'는 대목으로 바라보고 있습니다. 육로와 해로를 연결 짓고 세계 경제 블록의 중심은 '중국'이라는 뜻이죠.

한편 중국과 갈등 관계인 대만에서도 2023년 10월 19일, 대만 국가정책연구원의 주최로 '중국 일대일로 전략 10년 총검토' 포럼이 열렸습니다. 리전위 타이신금융지주 수석 경제학자는 일대일로의 목적이 중국을 중심으로 한 플라잉 기스 모델(Flying Geese Model·기러기 편대 모델)을 구축하는 것처럼 보이나, 실제로는 중국 기업과 직원을 다른 나라에 정착시키고, 그 나라에게 중국 은행에서 돈을 빌리라고 요구하는 방식으로, 결국 중국에게는 일자리와 이익이 창출되지만, 상대국은 더 많은 빚을 지게 만드는 행위라고 비판합니다. 둥리원 아시아태평양평화연구재단 집행장은 일대일로 산업의 대부분의 계약에 기밀 조항이 있고, 공개 통계를 찾기 어렵다고 지적했죠.

서로의 평가가 상반됩니다. 왜 이러한 현상이 나타났는지 구체적으로 살펴보도록 하겠습니다.

선행인가 잠식인가

• • • · · • • •

2012년 11월, 치열한 내부 투쟁 끝에 중국 최고지도자인 공산당 총서기직에 오른 시진핑 주석은 2013년 9월 7일, 카자흐스탄에서 '육상 실크로드' 계획을 발표합니다. 이날 일대일로의 절반을 발표한 시 주석은 한 달여 뒤 인도네시아에서 '21세기 해상 실크로드' 계획을 발표하며, 또 다른 절반인 '일로'를 소개합니다. 중국을 기점으로 동남아시아, 중앙아시아, 중동, 유럽, 아프리카, 중남미를 육상과 해상으로 잇는 경제·문화 교류 벨트를 만들겠다는 원대한 계획은 그때 이후 줄곧 시진핑 정부를 상징하는 핵심 대외정책으로 자리잡게 되죠.

일대일로 산업은 크게 다섯 가지 방향성을 지닙니다.

관계·소통 개선을 통한 발전 촉진
관계국 간 평등한 합작
인프라 구축 우선의 협력
민생을 근본으로 하는 지원과 프로젝트 중시
녹색(친환경)을 근간으로 하는 새로운 발전 이념 강화

조목조목 살펴보면 참 괜찮은 사업으로 보입니다. 논란은 일대일로 산업이 핵심으로 추진하는 '인프라 구축 우선의 협력'에 있습니다. 중국은 자본·기술이 부족한 아프리카·동남아시아·남미 등 개발도상국에 항구·댐·도로·다리·철도·가스관 등을 건설해주고 있습니다. 직접 건설할 여력이 없는 개도국 입장에서는 중국의 원조를 통해 국력을 키울 기회를 얻은 것이죠.

이 사업에 참여한 국가는 분명 다양한 인프라를 확보하게 됩니다. 2022년 7월, 중국 국영 건설 엔지니어링은 이집트의 새로운 행정 수도를 건설하는 사업을 진행하고 있습니다. 같은 해 9월 중국 쿤밍 철도 유한공사는 중국과 라오스를 연결하는 철도를 건설하였고, 하루 평균 이용 승객 수가 약 3만 명에 달한다고 합니다. 2023년 1월, 중국은 투르크메니스탄과의 양국 관계를 포괄적 전략 동반자 관계로 격상합니다. 투르크메니스탄은 중국에 천연가스를 공급하는 핵심 국가로, 중국은 현지에 500개의 가스관을 설치해 줌으로써 무역 활성화를 꾀했죠. 같은 해 1월, 중국은 필리핀과도 긴밀한 관계를 맺었습니다. 중국은 순식간에 필리핀의 주 농산물인 두리안, 바나나, 파인애플, 망고, 아보카도, 코코넛의 최대 교역국이 되었으며, 중국 도로교량공사는 다바오(Davao)와 사말섬(Samal)을 잇는 대교를 건설하는 프로젝트를 진행하고 있습니다. 2월, 중국은 몰디브의 수도에 안과 센터를 건설해주고 의료 전문가팀을 파견하여, 현지 의료진과 환자들을 대상으로 교육과 지원

CHINA, PHILIPPINES SIGN $400M CONTRACT OF SAMAL ISLAND-DAVAO CITY CONNECTOR PROJECT

China and Philippines have signed the commercial contract of the China-financed $400-M Samal Island-Davao City Connector Project on Thursday, January 14

을 펼쳤고, 포르투갈에도 영향력을 뻗쳐 중국 탕산도시철도 회사가 지하철을 건설해 납품하였으며 4월, 중국 베이징 철도국은 인도네시아의 자카르타와 중국을 잇는 고속철도를 건설하고 운행을 이어가고 있습니다. 중국은 '현대판 실크로드'라는 구호에 알맞게 '중국-유럽', '중국-라오스', '자카르타-반둥', 피레에프스 항구 등의 프로젝트를 최고 성과로 꼽고 있습니다.

일대일로 관련 공식 누리집인 중국 '일대일로망'에 게재된 내용을 참조하면, 2023년 9월에는 우즈베키스탄에 하루 7,500톤의 시멘트를 생산할 수 있는 공장이 중국 에너지 건설회사에 의해 완공되었고, 10월에는 아프리카 나미비아에 중국수력국제공정공사가 건설한 변전소가 완공되었으며, 콩고민주공화국에서는 중국철도자원그룹과 중국전력건설그룹이 참여한 수력발전소가 완공됐습니다.

하지만 위 설명에서 뭔가 이상한 점이 느껴지지 않으십니까? 그것은 인프라 건설 주체 대부분이 '중국 기업'이라는 점입니다. 돈을 빌려주고 이자를 받는 형태라면 그나마 괜찮습니다. 중국은 민간 대출 혹은 차관 형태로 상대국에 돈을 빌려주고, 인력·기술을 갖춘 중국 기업이 직접 현지에 진출해 건설에 참여합니다. 개도국 입장에서는 돈을 지원받고 자기 나라 기업이 사업을 진행해야 조금씩 실적을 쌓고 이윤을 창출하면서 성장해 나가는데, 중국이 빌려준 돈을 중국 회사가 받아 사업에 참여하는 형태가 나타나고 있습니다.

애초에 개도국이 해외의 원조를 받는 이유가 스스로 인프라를 구축할 여력이 부족하기 때문인데, 성장의 기회를 박탈당하고 남은 것은 어마어마한 부채뿐입니다. 중국의 개도국에 대한 지원이 일반적으로 국제통화기금(IMF)보다 약 두 배 많은 연 5% 금리라는 높은 이자가 붙는 대출 형식으로 이뤄지는 탓에, 원금과 이자를 제대로 상환하지 못해 파산하거나 빚에 쪼들리는 나라들이 생겨납니다. 게다가 그것을 갚을 수단조차 강탈당한 상황이죠. 그 결과 저개발 국가의 인프라 구축을 돕는다는 명목으로 시작된 사업으로 인해 채무국들이 돈을 갚지 못하는 상황이 나타나기 시작합니다.

　중국 국유은행에서 66억 달러를 빌렸다가 갚지 못한 잠비아는 2020년 국가부도 사태에 직면합니다. 일대일로의 원조를 받은 잠비아도 2022년 디폴트 선언을 했고, 파키스탄도 빚과의 전쟁을 선포합니다. 파키스탄은 신장 위구르 자치구에서 과다르 항을 잇는 도로·철도·에너지망 등 여러 인프라 산업을 펼친 결과 중국에 천문학적인 빚을 지고 맙니다. 이 과정에서 파키스탄 총리 임란 칸이 불신임안 가결로 축출되었으며, 월 40%에 육박하는 살인적인 물가 상승이 벌어지자 이에 항의하는 시위대가 경찰이 충돌하는 사건이 벌어지기도 하였습니다. 전체 부채 규모가 510억 달러에 이르는 스리랑카도 2022년 채무불이행(디폴트)을 선언합니다. 나라를 제대로 운영하지 못한 고타바야 라자팍사 대통령은 해외로 도피를 벌였고, 경제는 더욱 암울해졌죠. 특히 스리랑카는 일대일로의 지원을 받아 콜롬보 항구도시·마탈라 국제공항·에너지 시설·ICT인프라 등의 사업을 추진했는데, 2022년 6월 기준 전체 부채 중 중국의 비율이 52%에 달하여, 일대일로 사업을 계기로 건설된 함반토타 항구의 운영권을 중국에게 99년간 넘겨주는 결정을 합니다. 항구를 접수한 중국은 일대일로 해로인 '일로(一路)' 확장에 탄력을 받았죠.

　지원을 받은 에콰도르에서는 부실공사 의혹이 나타났습니다. 코카코도 수력발전소는 2016년 완공 직후부터 댐에서 수천 개의 균열이 확인되어 붕괴 우려가 제기되기에 이릅니다. 이 수력발전소는 중국 국영기업 중국수전이 수주하여 설립했는데, 에콰도르 측은 중국제 철강과 설계에 문제가 있다고 지적했습니다. 파키스탄에서도 비슷한 사례가 나타났습니다. 중국업체가 건설한 닐룸-젤룸 수력발전소에 중대한 문제가 발견되어 2022년 가동을 중단하기에 이릅니다.

　네팔 역시 일대일로부터 자금을 받아 공항을 건설하고 위기에 처했습니다. 네팔의 포카라 국제공항은 거금을 대출받아 건설했지만, 개항 이후 국제선 노선이 없고 이용객이 적어서 적자가 속출했고, 중국으로부터의 원금 상환과 대출의 압박에 신음 중입니다. 미국 뉴욕타임스는 2023년 10월, 인프라 건설을 지원해준다면서 중국기계공업그룹에 공사를 맡겨 과도한 공사 비용을 챙기는 중국식 인프라 개발 모델의 전형이며, 공사과정에서 부정과 횡령 의혹이 다수 나타나 부실공사가 염려된다는 우려가 끊이지 않았다고 비꼬았습니다. 엎친 데 덮친 격으로 중국과 최근 불편한 관계인 인도가 일대일로의 결과물을 견제하기 위해 네팔과의 국제선 항공편 개설을 거부하자, 연간 28만 명의 국제선 승객을 기준으로 설계된 공항에 승객을 찾아보기 힘든 상황이 벌어집니다. 네팔은 중국에 건설 대출금을 보조금으로 전환해달라고 요청하였고, 중국에 더욱 의존할 수밖에 없는 처지가 되었습니다. 위의 나라뿐만 아니라 레바논, 라오스, 아르헨티나 등도 비슷한 상황입니다. 일대일로 참여가 여러 국가의 파산 또는 경제적 어려움을 초래했다고 단정할 수는 없지만, 중국에서 빌린 돈이 국가 재정 위기와 완전히 무관하다고 보기도 어려운 것이 사실입니다.

G7 국가 중 일대일로에 참가한 유일한 국가인 이탈리아는 2023년 12월 6일, 중국에 공식적으로 탈퇴 의사를 알렸으며, 2024년 3월 두 나라 간 협정이 공식 종료됩니다. 탈퇴를 결정한 이유는 별다른 경제적 실익이 없다고 판단했기 때문입니다. 국제통

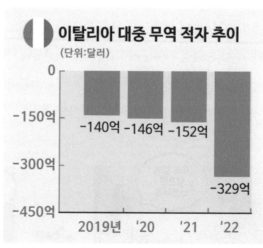

이탈리아 대중 무역 적자 추이
(단위:달러)

0
-150억   -140억 -146억 -152억
-300억   -329억
-450억
2019년   '20   '21   '22

화기금(IMF)과 블룸버그에 따르면, 이탈리아의 대중 무역 적자는 일대일로에 가입하던 2019년 140억 달러였지만, 해가 지날수록 적자가 조금씩 증가는 모습을 보였고, 심지어 2022년에는 329억 달러까지 급증합니다. 오히려 일대일로에 참여하지 않은

독일·프랑스보다 대중 무역 수출이 적다는 충격적인 결과가 나타났습니다.

탈퇴 결정에 중국은 크게 발끈합니다. 왕원빈 중국 외교부 대변인은 7일 정례 브리핑을 통해 "일대일로는 오늘날 세계에서 가장 크고 환영받는 국제 협력 플랫폼"이라면서 "중국은 일대일로의 공동 건설을 먹칠하고 파괴하는 것을 단호히 반대하며, 진영 대결과 분열을 조장하는 것에 반대한다."고 강조합니다. 이 발언의 숨은 의도는 이탈리아를 계기로 참여국 연쇄 탈퇴 분위기를 미연에 방지하는 것에 있습니다.

중국의 영향력 확대를 견제하는 미국 등은 여러 사례를 바탕으로 일대일로 구상을 '부채의 덫'이라고 비판합니다. 조 바이든 미국 대통령은 중국의 일대일로 구상을 겨냥해 "기본적으로 부채와 올가미 협정"이라고 말했고, 빌 번스 미국 중앙정보국 국장은 스리랑카의 사태를 보며 그들이 중국에 빚을 지는 '멍청한 도박'을 했다고 비판합니다. 미국 국제개발 연구팀 에이드데이터는, 일대일로는 개도국 지원이라기보다는 상업 대출 성격이 훨씬 짙은 사업으로, 감당하기 어려운 부채를 제공한 뒤 '부채의 함정'에 빠진 저개발국을 사실상의 경제적 속국으로 만들려는 것이며, 국내 시장 개척에서 한계에 이른 중국 내 자본·건설장비·인력 등을 외국에 진출하도록 하는 사업이라는 냉소 섞인 지적을 내놓습니다.

중국은 서방의 비판을 부인합니다. 마오닝 외교부 대변인은 2023년 3월 정례 브리핑에서 "중국은 어느 나라에도 대출을 규제하거나 상환을 강제한 적이 없다."면서 "대출 계약에 어떤 정치적 조건도 달지 않으며, 어떤 정치적인 이익도 추구하지 않는다."고 말합니다. 발전을 추구하는 개발도상국에 돈을 빌려주는 것은 필요한 일이며, 결코 강제로 돈을 쓰도록 하지 않는다는 것이죠. 개도국에 개발 지원을 했을 뿐, 나라 곳간 운영을 서툴게 한 것은 그들 국가이지 중국의 책임이 아니라는 의견입니다.

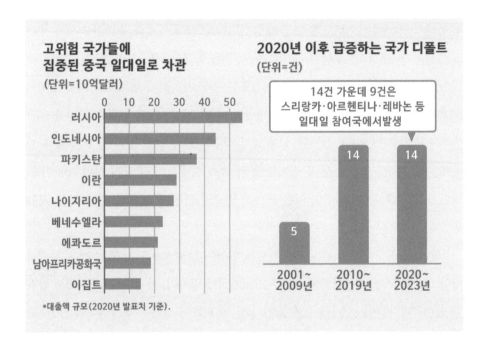

고위험 국가들에 집중된 중국 일대일로 차관 (단위=10억달러)

2020년 이후 급증하는 국가 디폴트 (단위=건)

14건 가운데 9건은 스리랑카·아르헨티나·레바논 등 일대일 참여국에서발생

*대출액 규모(2020년 발표치 기준).

중국은 일대일로 프로젝트 완성 목표 시점을 국공내전에서 중국 공산당이 승리한 지 100주년이 되는 2049년으로 잡고 있습니다. 하지만 2023년 기준 세계 국가 디폴트 14건 중 9건이 일대일로 참여국이라는 결과가 나와, 지속가능성에 큰 물음표가 떠오른 상태입니다. 미국 조사기관 로듐그룹은 2017년부터 2019년 말까지 3

년간 재협상 및 탕감액은 약 170억 달러인 반면, 2020년부터 2023년 3월까지의 중국 국가기관 대출 금액은 약 785억 달러로 순식간에 4배 가까이 늘어났다고 발표합니다. 몇 년 새 부실채권이 급증함에 따라 일대일로 참여국에 제공한 중국의 차관이 부메랑이 되었다는 뜻입니다. 그리고 2024년 3월, 호주 싱크탱크 로위 연구소는 중국이 동남아시아에 24개 프로젝트를 추진하고 있고, 달성을 위해서는 770억 달러(약 104조 원)의 자금이 필요하지만, 현재 520억 달러가 부족하여 현재 진척도는 33% 수준이며, 자금난으로 일부는 취소됐거나, 혹은 규모가 매우 축소된 상태라는 보고서를 내놓았습니다.

중국 역시 내부적으로도 높은 금리 등 일부 부작용을 인정하고 개선 계획을 세우고 있습니다. 구체적으로는 차관의 상환 기간을 늘리고, 금리를 낮추고, 일부 부채의 탕감도 발표합니다. 2022년 8월, 진행된 중국·아프리카 협력포럼(FOCAC)에서 2021년 말 상환 만기인 아프리카 17개국의 대중국 무이자 대출 채무 23건을 탕감하겠다고 발표했습니다. 하지만 실제 탕감 액수는 크지 않을 겁니다. 전체 대출 가운데 탕감 대상인 '국가 간 무이자 대출'의 액수 자체가 그리 크지 않기 때문이죠. 또한, 탕감 계획은 나왔지만, 이는 단순히 발표일 뿐 언제 이행할지는 미지수라는 평가가 지배적입니다.

그럼에도 불구하고 외관상 일대일로의 위상이 날로 높아지고 있는 것은 분명합니다. 2023년 9월 기준으로 참여국은 154개국에 달하며, 국제기구 30여 곳도 합류한 상태입니다. 이는 193개 유엔 회원국 중 약 80%에 달하는 규모입니다. 2017년 제1회 일대일로 정상포럼과 2019년 제2회 포럼에는 각각 28개국과 37개국의 대표가 참석한 것에 그쳤지만, 2023년 10월에 열린 3차 포럼에는 140개국과 국제기구 30곳에서 4,000여 명이 참석했습니다. 특정 국가가 주도하는 정상급 국제회의로는 그야말로 세계 최대 규모인 셈입니다.

부채 문제는 일시적이라는 반론도 있습니다. 인프라 구축 시기에는 채무가 늘어날 수밖에 없는 구조이며, 완성되는 인프라를 바탕으로 한 경제 활동이 증가하면 채무도 줄어들 것이라는 의견입니다. 초기에 부작용이 나타나긴 했지만, 중국의 지원이 없었다면 그들이 스스로 해당 인프라를 구축하기에는 너무나 오랜 시간이 필요하다는 주장 역시 일리가 있습니다. 게다가 팬데믹과 우크라이나 전쟁 등 경제학적으로 발생하는 악재들이 동시다발로 나타나 상호작용을 일으키는 퍼펙트 스톰이 발생하고 있는데, 풍파가 지나가면 상환 여력이 생긴다는 것이죠.

일대일로는 중국의 절대 권력자 시진핑 주석이 추진하는 것이기에 '실패'라는 단어는 애초에 존재하지 않습니다. 2023년 11월, 중국은 신디케이트론(Syndicated Loan·다수 은행이 구성하는 집단대출)을 늘리고, 리스크 분석을 국제기구에 맡기는 다소 수정된 행보를 보여줍니다. 중국은 어렵게 구축한 글로벌 인프라 이니셔티브가 무너지는 것을 절대로 가만히 지켜보고 있지는 않을 겁니다.

03

일대일로의 방향

• • • · · • • •

　　시진핑 정부가 내세우는 정책 중 하나로 '공동부유(共同富裕)'가 있습니다. 쉽게 말해 모두가 잘 먹고 잘살자는 부의 재분배입니다. 모두가 잘 산다니 얼마나 아름다운 말입니까? 하지만 이것이 쉽지 않음은 여러분께서도 잘 아시리라고 생각합니다. 한 국가가 자력으로 이를 실현하기는 불가능에 가깝다고 판단한 시진핑은 눈을 해외로 돌렸고, 그 대상으로 선정된 것이 개도국들입니다. '해외로부터 발전 동력을 얻고 그것을 국내에 수혈하여 공동부유를 실현한다'라는 변화를 이끄는 것이 바로 일대일로 산업인 것이죠.

　　개도국을 파트너로 무역 등의 사업을 펼치려고 했는데, 여기서 봉착한 문제점이 이들 국가의 인프라가 지나치게 열악하다는 것입니다. 그래서 해당 국가에 도로·항구·철도·공항 등을 설치해 줍니다. 다음 단계가 중국 국내의 공급과잉 물건을 판매하고, 해당 국가의 자원을 흡수합니다. 그리고 해당 과정에서 벌어들이는 부를 국내에 투자하여 공동부유를 이룩하는 것입니다.

　　중국은 아프가니스탄 탈레반 정부와 광물 개발에 이어 전력 분야 투자에 이르기까지 관계 강화에 공을 들이고 있습니다. 수천조 원 규모로 추정되는 아프간 매장

광물과 전력산업 투자를 통해 막대한 이익을 노리는 겁니다. 또 다른 관심 지역 중 하나는 바로 아프리카입니다.

아프리카 지역 주요 광물 분포

중국은 아프리카의 최대 무역 파트너이자 채권자이고, 인프라 설치의 원천입니다. 실제 중국 기업들은 아프리카 대륙 전체 산업생산량의 약 8분의 1을 차지하고 있으며 정치, 경제뿐만 아니라 군사, 안보적 유대감에 깊이 관여하고 있습니다.

중국과 아프리카의 연대는 국공내전 승리로 집권한 공산당이 1950~60년대에 아프리카의 독립 국가들과 연합하면서 시작됩니다. 특히 짐바브웨나 우간다 등의 독재 정권들이 중국으로부터 많은 지원을 받았습니다. 대약진운동과 문화대혁명 등 중국 국내도 여러 사건들로 인해 경제 굴곡이 있었지만, 아프리카 지역에 대한 투자를 멈추지 않았죠. 중국과 아프리카 간의 교역은 1990년대에 접어들면서 더욱 증가합니다. 1980년대 10억 달러 규모였던 교역액이 1990년대에는 약 700% 성장인 65억 달러를 넘어서는 기염을 토합니다. 2000년대 들어서는 100억 달러를 넘겼습니다.

중국이 투자를 꾸준히 이어온 이유는 아프리카의 자원에 있습니다. 중국 스스로도 어마어마한 자원 보유국이지만, 자신들과 비슷한 땅덩어리에서 나오는 자원 역시 탐내고 있는 겁니다. 오랜 기간 이어온 투자는 아프리카 현지에 수많은 은행, 인프라, 에너지 등의 중국 기업이 정착하기에 적합한 명분이 되었습니다.

중국의 지원을 받아 아프리카 경제가 실제로 호전이 되었는가에 대한 질문에는 많은 전문가가 물음표를 띄우고 있습니다. 그와는 반대로 자원이 풍부한 나라의 경제성장률이 오히려 자원이 부족한 나라의 성장률보다 뒤처지는 '자원의 저주'에 걸렸다는 평가가 지배적입니다. 이처럼 중국이 자본으로 아프리카를 식민지화하고 있다는 지적이 나오지만, 정작 아프리카 국가들은 그들을 호의적으로 바라보는 시선이 더 많습니다. 당장 오늘의 식량과 질병을 걱정하는 처지에 먼 미래의 자본 잠식 결과를 우려하는 것은 사치에 가까운 행위입니다. 당연히 중국에게 호감을 느낄 수밖에 없죠.

중국은 제3차 일대일로 정상포럼에서 10여 개국과 핵심 광물 협정을 체결했다고 발표합니다. 여기에는 아시아, 남아메리카, 아프리카 국가가 속해 있

습니다. 미중 간 광물 경쟁이 가열되는 가운데 중국이 필수 원자재에 대한 안정적이고 꾸준한 공급망 확보를 위해 일대일로 회원국들과 파트너십 구축 노력을 강화한 것입니다. 게다가 최근 중국이 남중국해와 같이 아프리카 주요 지역에 군사기지를 건설할 것이라는 분석도 등장했습니다.

미국은 이에 크게 경각심을 느끼고 뒤늦게 아프리카 주요 국가들과의 외교 관계 회복에 나서고 있습니다. 2023년, 재닛 옐런 재무장관·조 바이든 대통령의 부인인 질 바이든 여사·토니 블링컨 국무장관·미 행정부의 2인자인 카멀라 해리스 부통령 등 미국 행정부 주요 인사들이 연달아 아프리카 순방을 이어갔습니다. 막대한 천연자원뿐만 아니라 인구도 꾸준히 증가하는 아프리카가 세계 경제에 큰 영향을 끼칠 수 있다는 계산이 나온 것이죠. 하지만 1950년대부터 꾸준히 중국으로부터 각종 지원을 받아온 아프리카와 중국 간의 연대를 흔들기에는 쉽지 않아 보입니다. 게다가 중국과 관계를 이어가고 있는 아프리카 국가 중 다수는 독재국가입니다. 자유민주주의를 수호하는 미국의 이념과는 달라 태생적 거부감을 느끼는 것이죠.

개도국에 인프라 투자를 통해 무역의 판로를 다진 중국은 경제적 능력을 지속하고 영향력을 확대하기 위해 위안화 국제화를 시작합니다. 해외로의 투자는 중국 인민은행과 통화스와프를 맺거나, 중국 국유은행으로부터 유동성을 지원하는 형태로 진행합니다. 그러면 해당 지원을 받는 국가는 위안화를 사용하게 되어 자연스럽게 위안화 결제가 늘어나게 됩니다.

2023년 3월, 사우디아라비아 국영 석유기업 아람코가 중국 정유회사인 룽성 석유화학의 지분 10%를 사들이겠다고 발표하였고, 동시에 해당 지분인수를 위안화로 결제한 사건이 벌어집니다. 중국의 한 경제 매체는 "위안화 국제화의 상징적 사건"이라고 평가합니다.

'페트로 달러(Petro Dollar)'는 '석유(Petro)'와 '달러(Dollar)'의 합성어로, 석유거래를 오직 달러로만 하는 것을 말합니다. 이는 동시에 원유무역 패권의 독점자가 바로 미국 달러라는 것을 의미하기도 하죠. 2023년까지도 전 세계의 가장 큰 에너지원은 여전히 화석 연료입니다. 그중 석유는 대부분 중동지역에 매장되어 있으며, 이는 OPEC+ 관리하고 있습니다. OPEC+ 중에서 가장 입김이 센 나라가 바로 2023년 11월, 엑스포 티켓을 거머쥔 사우디아라비아입니다. 1971년, 미국의 헨리 키신저는 사우디를 방문해 사우디 왕가의 안전을 보장하는 대가로 석유 결제를 오직 달러로만 하도록 요구합니다. 이 협약을 통해 미국 달러 결제가 폭발적으로 증

가했고, 달러는 국가 간의 거래에 주로 사용되는 기축통화 지위를 얻게 됩니다.

기축통화가 되기 위한 조건은 전 세계 거래에 사용될 수 있을 정도로 화폐량이 많아야 하며, 동시에 유동성이 풍부해야 합니다. 또한, 화폐가 갑자기 가치를 상실하는 일이 없어야 하기에 신뢰성

이 높아야 하죠. 달러는 1970년대 이후 지금까지 세계가 더 많은 석유를 소비하면 할수록 공급은 증가해왔고, 국제결제 수단으로서의 패권적 지위를 차지했으며, 이는 미국이 세계 1위 국가로 발돋움하는 데 있어 결정적인 역할을 해왔습니다. 페트로 달러 체제가 도입되면서 중동에서 원유를 구매하려는 세계 각국은 달러를 지불해야 했고, 산유국은 벌어들인 달러를 미국 금융기관에 예치하거나 미 국채 등 미국 내 자산에 투자합니다. 미국은 다시 이 돈으로 상품을 수입해 세계에 돌려주는 달러 순환 체계를 구축했죠. 이로써 달러는 막강한 군사력과 함께 미국의 패권을 지탱하는 든든한 두 개의 기둥이 됩니다.

하지만 최근 분위기가 다소 바뀌었습니다. 세계가 기후재앙을 염려하고 친환경 에너지로의 전환을 꾀하고 있으며, 미국이 자체적으로 셰일 가스를 개발하고, 바이든 정부가 사우디 왕실의 행실을 공개 저격함에 따라 사우디와의 관계가 급격히 냉각됩니다. 미국에 실망한 사우디는 최근 중국에 친화적인 스탠스로 전환하고 있습니다. 이러한 배경에서 사우디의 국영기업 아람코가 중국 지분을 위안화로 결재했다는 것은 국제적으로 대단히 중요한 사건이며, 중국이 목표하는 '패트로 위안'의 일각에 손을 들어줬다는 것을 의미합니다.

특히 2023년 12월에는 사우디 빈살만 왕세자가 자신의 나라를 방문한 블라디미르 푸틴과 서로 "왕국의 매우 귀한 손님, 친애하는 친구"로 호칭하며 극진한 대우를 보여줬습니다. 푸틴은 다음번에는 모스크바에서 회담을 열자고 건의했고, 빈살만 왕세자는 "준비가 돼 있다."며 화답합니다.

중국은 패트로 위안화를 실현하고, 기축통화의 지위를 확립하려 하고 있습니다. 위안화는 중국 내부, 그리고 이들과 사업하는 이들을 위한 통화였지만, 지금은 일대일로 사업 전역으로 영향력을 확대해 나가는 중입니다. 2023년 3월 28일, 중국은 아랍에미리트로부터 액화천연가스(LNG) 6만 5,000톤을 위안화로 결재하여 수입합니다. LNG는 통상 달러로 거래하는데, 중국이 사상 처음으로 LNG를 위안화로 결제한 사례가 등장합니다.

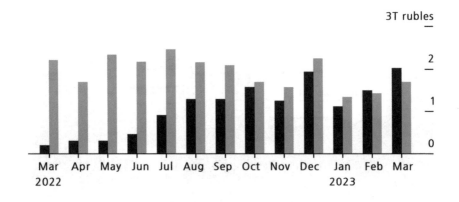

우크라이나 전쟁은 러시아 내부에서 위안화가 달러의 위상을 넘어서는 데 결정적인 역할을 했습니다. 중국이 그동안 원자재 거래에서 위안화 결제를 추진하고, 기존 국제결제 시스템인 SWIFT 대신 중국 자체 결제 시스템인 CIPS의 사용을 늘리는 등 노력했지만, 중국 시장 자체의 폐쇄성 때문에 위안화가 달러화 지위를 따라가기엔 역부족이었습니다. 그러나 블룸버그에서 발표한 '모스크바 거래소에서 위안화 거래 비중 확대' 조사 결과를 참조하면 급격하게 사용량이 늘어남을 알 수 있습니다(검은색:위안화, 푸른색: 달러).

2022년, 러시아의 우크라이나 침공 이후, 서방은 러시아 주요 은행들을 국제은행간통신협회(SWIFT) 국제결제망에서 제외하고, 러시아 중앙은행 보유 외환의 약 절반인 3,000억 달러를 동결합니다. 이 사건을 계기로 위안화는 러시아 전역에서 달러를 제치고 처음으로 가장 많이 사용된 외화에 등극합니다. 2022년, 우크라이나 침공 전 러시아가 위안으로 지급한 수입 대금은 기존 4%였는데, 2023년에는 23%로 대폭 늘어납니다. 게다가 푸틴은 2023년 10월 개최된 중·러 정상회담 직후 "러시아는 아시아, 아프리카, 중남미 국가와 결제에서도 위안화 사용을 지원할 것" 이라고 공표했죠.

러시아 사례와 같이 달러를 무기화하는 서방의 제재를 바라본 개도국들은 '탈달러(De-Dollarisation)' 노선에 편승하기 시작했고, 이는 위안화의 위상을 높이는 계기가 됩니다. 개도국 지도자들은 '자신이 제재 대상이 되면 어떻게 할 것인가?'라는 의문을 품게 된 것이죠.

2023년 3월, 중국과 브라질이 달러가 아닌 위안화와 헤알화로 서로 무역하기로 합의합니다. 4월에는 방글라데시가 핵발전소 개발을 위한 러시아 차관 3억 1,800만 달러를 위안화로 갚겠다고 발표하였고, 파키스탄도 러시아의 저가 원유 1만 톤을 위안화로 지불합니다. 또한, 중국은 일대일로 참여국을 위한 세계 140여 개국의 각기 다른 기차표 발권 플랫폼을 하나로 통합한 스마트폰 앱을 개발했습니다. 중국 메인 서버에 각 나라의 상이한 시스템을 하나의 플랫폼에 통합하였고, 몽골·라오스·러시아·베트남·카자흐스탄이 우선적으로 로 가입하고 사용하게 될 것이라고 발표합니다. AFP통신은 일련의 모습을 보고 "미국 중심 경제 질서에 도전하는 중국과, 중남미

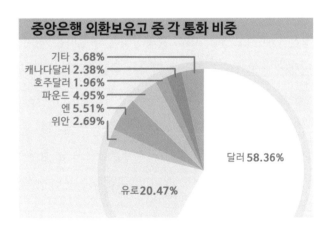

중앙은행 외환보유고 중 각 통화 비중

기타 3.68%
캐나다달러 2.38%
호주달러 1.96%
파운드 4.95%
엔 5.51%
위안 2.69%
달러 58.36%
유로 20.47%

최대 경제국인 브라질이 손을 잡고 달러를 우회하는 대규모 무역·금융 거래를 추진하게 됐다.”고 평가합니다.

그러나 중국이 페트로 달러를 대체해 페트로 위안화 체제를 구축하기는 여전히 어렵다는 평가가 지배적입니다. 2022년 4분기 국제통화기금(IMF)의 외환보유액 통계(COFER)에서 미국 달러 비중은 58.36%로 나머지 화폐들을 합친 것보다 많았던 반면, 중국 위안화는 2.69%로 유로(20.47%)와 일본 엔(5.1%), 영국 파운드(4.95%)에도 밀렸습니다. 2023년 4월, SWIFT를 통한 결제망에서 달러의 비중은 43%, 유로는 32%인 반면, 위안화는 고작 2.3%에 불과했죠.

실제 탈달러화를 위해선 수출업체, 수입업체, 외환 거래업체, 채권 발행업체, 대출업체 등 거대한 네트워크가 잇따라 달러가 아닌, 다른 통화 사용을 결정해야 하는데, 모두가 일사분란하게 움직일 가능성은 매우 희박합니다. 또한, 은행 예금이 항상 보장되는 것은 아니기 때문에, 기업들은 현금 대체 수단으로 국채를 사용하는데, 23조 달러 규모의 미국 국채 시장은 안전한 자금의 피난처로 여겨지고 있습니다. 국채 시장의 깊이, 유동성, 안전성에서 현재 미국 달러의 대체재는 ‘없다’라고 볼 수 있습니다. 은행과 기업, 정부가 모두 동시에 행동을 바꾸도록 하는 메커니즘은 존재하지 않습니다.

미국은 글로벌 금융위기 이후 민간저축이 민간 투자액을 넘어섭니다. 재정 상황은 나빠지고 투자 이익 불확실성은 커졌다는 의미죠. 이 와중에 미국 경제가 침체에 빠진다면 국제수지 악화는 물론 대외 지속가능성과 글로벌 불균형 문제 심화로 이어집니다. 그리고 우크라이나 전쟁이라는 변수로 달러 무기화가 개도국에게 있어 위협으로 다가왔습니다. 즉, 현재 달러 기축통화 위치가 불안정하게 보이는 이유는 미국의 대외 지속가능성에 이상 징후가 나타났기 때문입니다. 미국 스스로가 불안정해진 것이지, 위안화에 무언가 ‘특별한’ 장점이 있어 주목받은 것이 아닙니다.

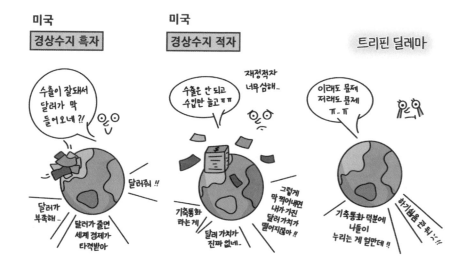

기축통화가 달콤한 과실처럼 들릴 수 있지만, 동시에 큰 리스크도 존재합니다. '트리핀의 딜레마'는 1960년대 로버트 트리핀 미국 예일대 교수가 주장한 기축통화의 역설적인 상황을 뜻하는 말로, 글로벌 경제가 원활하게 돌아가기 위해서는 기축통화국이 경상수지 적자를 통해서 화폐를 전 세계에 공급해 주어야 한다는 것을 의미합니다.

기축통화는 일단 유동성이 풍부해야 합니다. 원유·무역·투자 등 여러 과정에서 달러가 필요합니다. 그러려면 일단 달러가 많아야 합니다. 만약 미국의 수출이 잘되어 경상수지가 흑자로 전환된 경우, 미국 국내로 달러가 많이 들어올 테고, 상대적으로 세계의 달러는 줄어들게 됩니다. 세계의 달러 보유량이 줄어들면 통화량이 줄어 세계 경제가 위축되는 상황이 벌어지고, 미국에게 원망이 쏟아지겠죠. 반면 미국의 수출은 적고 수입이 많은 상황이 벌어진다면 미국 국내의 달러량은 줄고 세계의 달러량은 상대적으로 늘어납니다. 이 경우 달러의 가치가 떨어지고 역시 기축통화의 안정성을 의심받게 됩니다. 결국 기축통화에는 양쪽의 줄다리기로 아슬아슬하게 균형을 유지해야 하는 과제가 존재합니다. 즉, 기축통화로 미국이 누리는 장점이 분명히 존재하는 한편, 언제나 경상수지 적자를 각오해야 한다는 점이죠.

　미국은 수출보다 수입을 많이 하면서 경상수지 적자를 감수하며 전 세계에 달러 공급량을 늘려왔습니다. 경상수지 적자가 커져 미국 국내에 달러가 부족해지면 달러를 더 찍어 냅니다. 미국이 국채를 발행하면 중국 등 달러를 많이 가진 나라들이 달러를 내고 미국 국채를 구매하고, 미국은 이 빚으로 다시 소비를 늘려 다른 나라들의 물건을 구매하는 형태로 굴러갑니다. 빚으로 소비해서 세계 경제를 이끈다는 표현이 나오는 이유입니다.

　중국은 제조업 중심 국가이며 수출입 중심 국가입니다. 기축통화를 시도한다면 전 세계 국가들이 필요로 하는 만큼의 위안화를 공급하고 경상수지 적자를 감내해야 하는데, 2023년부터 줄곧 경제가 어려워지고 있고 성장세는 줄어드는 추세입니다. 따라서 현재 중국은 '경상수지 적자를 결코 원하지 않을 것'이라는 시각이 지배적이며, 설령 시도한다고 해도 '과연 만성적 적자를 감내할 수 있을 것인가?'라는 의문에 많은 전문가가 물음표를 띄우고 있습니다. 실제로 2023년 8월, 중국 인민은행이 지속적으로 추락하는 위안화 가치 방어에 나섰습니다. 가치 하락을 막고자 위안화를 절상 고시했고, 주요 국영은행들에 달러화 매도 개입을 지시했죠. 인민은행은 경기 부양차 기준금리를 내렸지만, 금리인하는 동시에 위안화 약세를 야기합니다. 딜레마가 발생하는 거죠.

　실제로 위안화가 기축통화가 된다면 중국경제의 개방화를 촉진할 것이고, 이는 중국공산당의 통제를 어렵게 만드는 요인이 됩니다. 게다가 중국의 정치 리스크를 아는 타국들은 중국 화폐의 신뢰도를 그리 높게 생각하지 않습니다. 여기서 화폐 가치를 높이려면 중국 국채 이자율을 상상하기 어려울 정도로 높여야 합니다. 실제로 1980년대 미국 연준은 미국의 달러 가치를 높이기 위해 기준 금리를 20%까지 높였습니다. 중국이 비슷한 행위를 한다면 이보다 더 강한 유인책을 보여야 할 겁니다.

    중국은 자국 화폐에 '특별함'을 추가하기 위해 부단히 노력해왔습니다. 적어도 중국과 무역을 하는 나라, 그중에서도 중국에 대해 무역 적자국이라면 위안화 결제를 늘리는 것이 분명 유리합니다. 중간에 달러를 취급함으로 발생하는 거래비용과 달러 리스크를 줄일 수 있기 때문입니다. 여기서 이 이상의 '특별함'을 일대일로 산업으로 선보일 수 있을 것인지 우리 모두 관심 있게 지켜볼 필요가 있습니다.

떠오르는 중견국

• • • · · • • •

　　중국은 일대일로 산업을 통해 개도국을 중심으로 교류 국을 늘려가고 있습니다. 하지만 잘 살펴보면 '교류'라기보다는 '대출사업'에 가깝고, 중국에 빚을 진 나라들은 은연중에 중국과의 상하 관계가 성립하여 '중국 중심의 외교'로 이어지며, 미중 대결에서 그들은 자연스럽게 중국 편에 서게 됩니다. 즉, 일대일로 산업은 중국이 미국과 정면으로 맞붙기는 부담스러운 현 상황에서 '다양한 방법으로의 세력 확대 전략'이라고 볼 수 있습니다.

　　앞 장에서 소개한 투키디데스의 함정과 같이 패권국과 신흥국이 경제·무역·과학기술 등의 영역에서 다툼을 벌이고 있고, '일대일' 구도를 넘어 '진영 대 진영'으로 확장되고 있습니다.

　　미국도 이에 질세라 부랴부랴 자신의 세력을 확장하는 전략을 취합니다. 우선 사우디아라비아 달래기에 들어갔습니다. 중국이 일대일로를 통해 사우디아라비아에 대규모 제철소 건립 추진 등의 움직임을 보이자, 미국은 중동 국가들을 하나로 잇는 철도망 건설 구상으로 맞불을 놓은 것이죠. 페르시아만 일대 국가들을 철도로 묶은 뒤, 인도와 바닷길로 연계해 거대한 교통·물류망을 짓는 구상인데, 일각에서

내용	철도, 항만 등 인프라 통해 에너지 수송, 청정에너지 개발, 무역 촉진 고속 데이터망 통해 온라인 연결성 강화
지역	인도, 사우디아라비아, UAE, 이스라엘, 요르단, EU(프랑스·독일·이탈리아)
의도	중국 '일대일로' 프로젝트 견제, 중동에서 미국 영향력 강화

인도·중동·유럽 경제회랑 구상

EU (프랑스·독일·이탈리아)

요르단

이스라엘

UAE

인도

사우디아라비아

는 이를 '미국판 일대일로' 프로젝트라고 부르기도 합니다.

2024년 3월 미국 국방부는 '2025년 회계연도(2024년 10월~2025년 9월)'를 발표합니다. 여기서는 중국과의 경쟁을 위해 5년간 총 40억 달러(약 5조 2,560억 원)를 투입할 것이며, 그중 '일대일로 대응 국제 인프라 건설' 항목에 20억 달러(약 2조 6,000억 원)이 반영되었습니다. 또한, 트럼프 전 대통령도 2차 대중 무역전쟁을 선포하고, 중국에의 관세를 대폭 인상하겠다며 자신의 행보를 예고했죠.

주요 7개국 모임인 G7 역시 중국과 러시아에 대한 공동 대응을 강화하기로 했습니다. 2022년 6월, 독일에서 열린 연례회의에서 개도국 기반시설 프로젝트에 민·관 합동으로 총 6,000억 달러를 투자하는 '글로벌 인프라와 투자를 위한 파트너십'(PGII)을 체결했습니다. 이 금액은 보육·ICT·백신 공급·저탄소 에너지·상하수도 시설 개선 등의 광범위한 프로젝트에 투자될 예정입니다. 이 역시 중국의 영향력 확대를 견제하기 위한 것이며, "원조나 자선이 아니라 모두에게 이익을 가져다

줄 투자"라고 명시하며 중국의 그것과는 성격이 명백하게 다르다는 점을 강조했습니다.

미국의 우방국인 일본도 나섰습니다. 2022년 8월, 일본은 아프리카에 약 40조 원의 투자를 약속하며 일대일로 견제에 주력합니다. 구체적으로는 아프리카 개발 은행에 50억 달러를 융자하고, '아프리카 녹색 성장 이니셔티브'에 40억 달러를 투자합니다.

미국과 중국이라는 거대한 두 축이 각자 아군 확보에 혈안이 되자, 중견국의 위치가 크게 부상하기 시작합니다. 이들의 대립 속에 자국의 이익을 우선시하는 실리 외교를 추구하는 국가들이 설 자리가 확대되고 있으며, 강대국 리더십이 주도하는 국제 질서가 아닌, 권력의 중심이 다양한 지역으로 분할되는 모습이 나타나고 있습니다. 이것을 미국 주도의 자유주의 세력과 중국 주도의 권위주의 세력 간의 대결 중간에 나타난 느슨한 지정학의 '이중적 진영 구도'라고 합니다.

참고로 중견국은 미국과 중국과는 달리 독립적 의제를 갖고 있으며 경제적으로 비교적 안정된 국가로, 초강대국들의 입장과 완전히 일치하지 않으면서 자유로운 역할을 할 수 있는 국가를 의미합니다.

나토의 '이단아'로 불리는 튀르키예는 2022년 개전 당시 러시아의 침략 행위를 비난하면서도 서방의 대러시아 제재에는 동참하지 않았습니다. 그러면서도 우크라이나에 무기를 판매했죠. 게다가 러시아와 우크라이나 간 곡물 수출 협상 당시엔 중재자 역할을 자처하는가 하면, 최근엔 만장일치 동의가 필요한 핀란드·스웨덴의 나토 가입 현안에서 사실상 '캐스팅 보트'로서의 존재감을 과시하며 줄다리기를 하고 있습니다.

미국은 2023년 9월 열린 G20 정상회의를 계기로 글로벌 바이오 연료 동맹을 출범합니다. 이는 탈 탄소화 목표를 달성하는 데 도움이 되는 더 깨끗하고 친환경적인 연료를 전 세계에 보급하는 공동의 약속을 진전시키기 위한 파트너십으로, 이탈리아·모리셔스·아르헨티나·아랍에미리트 등이 참여했고, 방글라데시와 싱가포르는 옵서버 국가로 이름을 올렸습니다.

베트남 판민찐 총리는 2023년 9월 중국과 미국을 오가며 광폭행보를 보이고 있습니다. 그는 중국을 방문해 엄청난 환대를 받았는데, 곧바로 비행기를 미국으로 돌려 존재감을 과시했습니다. 미국에게 있어 베트남은 중국 압박에 중요한 한 수가 될 수 있고, 중국에게 있어서도 베트남은 이것을 막기 위한 마지노선이 되었습니다. 바이든 대통령은 베트남을 방문하여 양국 간의 관계를 '포괄적 동반자'에서 최상위 외교 관계인 '전략적 동반자'로 격상합니다. 참고로 '비동맹'을 표방해온 베트남이 현재 포괄적 전략적 동반자 관계를 맺고 있는 나라는 한국과 인도, 러시아, 중국 등 4개국뿐이었는데, 여기에 미국이 추가된 것입니다. 베트남은 희토류 매장량이 중국에 이은 세계 2위 국가로서 자원 공급망 확대에 있어 반드시 필요한 국가라는 판단이 선 것이며, 동시에 중국에의 견제도 가능하다는 계산입니다.

베트남의 상승세는 2023년 12월 시진핑 주석의 방문에서도 확인할 수 있습니다. 시진핑 주석은 마지막 해외 순방지를 베트남으로 결정하고 "친척과 이웃집에 나들이 가는 기분"이라며 '가족' 관련 단어를 사용해 최상의 친밀감을 표현하면서 양국 관계를 미국보다 한 단계 높은 수준의 관계를 쌓고자 노력했지만, 베트남 응우옌 총서기는 남중국해 영유권 분쟁과 관련해서 불편한 기색을 감추지 않고 중국의 제스처를 거절합니다. 결국 영어로 된 양국 공동성명에는 공동 운명을 의미하는 'Common Destiny'라는 용어 대신 '미래 공유'를 뜻하는 'Shared Future'라는 말이 들어갔습니다.

가장 두각을 보인 국가는 바로 인도입니다. 2023년 9월 열린 G20 회의에서 의장국 인도의 나렌드라 모디 총리는 서방과 러시아 간 갈등으로 공동성명 채택이 어려울 것이란 당초 예상을 뒤집고 우크라이나 전쟁에 대한 모두의 합의를 끌어내며 존재감을 과시했다는 평가를 받았습니다.

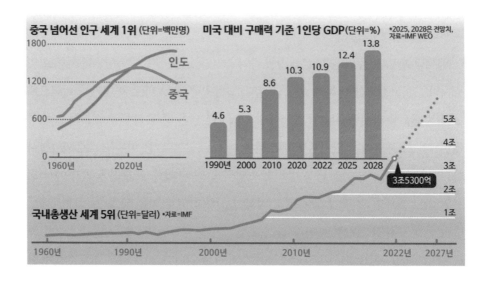

중국 넘어선 인구 세계 1위 (단위=백만명)
인도
중국

미국 대비 구매력 기준 1인당 GDP(단위=%)
•2025, 2028은 전망치,
자료=IMF WEO
4.6 5.3 8.6 10.3 10.9 12.4 13.8
1990년 2000 2010 2020 2022 2025 2028

국내총생산 세계 5위 (단위=달러) •자료=IMF
3조5300억
5조 4조 3조 2조 1조
1960년 1990년 2000년 2010년 2022년 2027년

　　인도는 두 경제 대국의 각축전 속에 중국에 이은 '세계의 공장(넥스트 차이나)'으로
의 입지를 다지고 있습니다. 인구는 중국을 제치고 세계 1위가 되었고, 땅은 넓으
며, 자원이 많습니다. 게다가 최근 떠오르는 AI 관련 산업에서도 인도 직원은 걸출
한 영어 능력에 코딩 실력을 겸비한 인재로 주목받고 있습니다. 뉴욕 월스트리트는
인도가 중국을 대신해 세계의 성장 엔진이 될 것이라는 예측을 쏟아냈고, 모건스탠
리는 인도가 기술·에너지 분야에 대한 투자에 힘입어 오는 2027년에는 일본과 독
일을 제치고 세계 3위 경제 대국이 될 것이라고 내다봤습니다. 실제로 애플·구글·엔
비디아·아마존 등 미국 빅테크 기업은 줄줄이 인도에 공장을 짓는 등 출사표를 던
지고 있죠.

　　베트남과 인도가 떠오르는 배경에는 지정학적 요인도 존재합니다. 러시아·북한·
중국·아프가니스탄·이란으로 이어지는 미국에 비우호적인 유라시아 벨트를 견제하
기 위해서는 인도의 협조는 필수입니다. 미국은 인도를 중국 견제의 핵심 파트너로
바라보고, 그들에게 경제적·기술적 지원을 아끼지 않는 모습입니다.

한편 인도는 러시아와의 협력도 동시에 유지하며 공공연한 '외교적 줄타기'를 이어가고 있습니다. 우크라이나전에서 전쟁을 비난하거나 대러 제재에 동참하지 않는 동시에, 러시아산 원유를 저렴한 값에 사들이면서 러시아에 대한 제재를 회피하는 등 자국의 이익을 최대화하고 있습니다.

미국 중심의 주요 7개국(G7) 동맹이 있다면, 중국 중심에는 브릭스(BRICS: 브라질·러시아·인도·중국·남아프리카공화국 등 신흥 경제 5국)가 있습니다. 브릭스는 태생 자체가 미국 중심의 주요 7개국(G7)의 대항마로 출범한 기구로, 중국은 2023년 8월 브릭스 동맹 회원국을 5개에서 6개국을 추가한 11개국으로 늘려 세력을 늘렸고, 개중에는 사우디아라비아가 포함되어 위안화 화폐거래 확대에 적지 않은 파장을 일으킬 예정입니다.

우크라이나·대만·인도·베트남의 상황이 어느 정도 일맥상통한다고 생각하지 않으십니까? 이들 모두가 동맹과 동맹 간의 대결 접점에 위치하고 있습니다. NATO와 러시아의 접점에 위치한 우크라이나에 열전이 발생했고, 미국과 중국과의 대결 접점에 위치한 대만에 전운이 드리우고 있습니다.

이처럼 서로 다른 거대한 힘들의 충돌 현장에는 위험과 기회가 공존하고 있습니다. 서로의 대결이 격화되면 열전으로 발생할 수도 있지만, 그 전에 자신의 가치를 드높이고 외교의 진수를 살리면 양측 모두의 수혜를 입고 크게 도약할 수 있습니다.

그중에는 이러한 상황을 기회로 도약하는 이들도 있습니다. 2023년 12월, 블룸버그 통신은 베트남·폴란드·멕시코·모로코·인도네시아 다섯 국가를 언급합니다. 이들은 '미국과 서방' 진영 혹은 '중국-러시아' 진영으로 크게 양분된 세계에서 어느 편에도 속하지 않은 '지정학적 단층선(정치적으로 한쪽에 치우치지 않은 중간)'에 위치한 채 세계 경제의 주요 연결고리로 부상하고 있는 것이죠.

여러분께서 주목해야 할 것은 위 과정을 다른 나라들보다 먼저 마주하였고, 지금도 진행 중인 나라가 바로 우리나라라는 사실입니다. 그러나 지금은 양측으로부터의 환대보다는 견제를 더 받는 것 같습니다. 중국은 한한령과 같은 제재와 자원 수출을 무기화하여 우리나라 경제를 압박하고 있고, 미국은 대중 제재에 더욱 적극적인 모습을 보일 것을 요구하면서 가드레일 조항과 IRA 등으로 우리나라 핵심 산업인 반도체와 배터리 산업에 규제를 걸고 있습니다.

중견국의 부상을 바라보며 블룸버그는 "인도의 순간이 오고 있다."라는 논평을 내놓았고, 영국 파이낸셜타임즈는 "새로운 시대의 도래"라고 평가했습니다. 누구보다 먼저 이것을 경험하였고, 관련 노하우도 충분한 우리나라가 앞으로 고래 사이에 눈치만을 보는 것을 아닌, 양측의 등을 밟고 도약하는 강하고 영향력 있는 새우가 되어 새로운 시대를 이끌어야 하지 않을까요? 바로 지금, 여러분 모두의 힘과 지혜를 모아야 할 때가 아닐까 생각합니다.

NEXUS INSIGHT 2024

CHAPTER

04

제4장

제로 코로나

01

제로 코로나 정책

•••• ••••

코로나 바이러스는 2019년 11월 우한에서 처음으로 발생하고 보고되었습니다. 세계 각국은 코로나를 마주하는 다양한 정책을 펼쳤는데, 유독 중국은 '제로 코로나'라는 다소 특이한 정책을 펼쳤습니다.

구분	목표	방법론	장점	단점
위드 코로나	코로나19와 공존하며 사회적, 경제적 활동 정상화 추구	사회적 거리두기 완화, 백신 접종 및 치료제 개발에 중점	경제적, 사회적 활동의 복귀, 인권 및 개인의 자유 존중	바이러스의 잠재적 확산 및 변이 위험
제로 코로나	코로나19 바이러스 전파 최소화 또는 차단	엄격한 봉쇄 조치, 강력한 검역 및 추적 시스템	바이러스 확산 및 전파율 최소화	경제적, 사회적 활동 제한 및 장기간 봉쇄로 인한 부작용

'제로 코로나'란 코로나 감염을 각오하고 사회적 거리두기를 단계적으로 완화하여 일상을 회복하는 방향으로 전환하는 정책인 '위드 코로나'와 대치되는 개념으로, 단 한 명이라도 코로나 감염자가 출현하면 해당 지역을 봉쇄 또는 격리하고, PCR 검사를 통해 추가 감염자를 색출합니다. 다음으로는 색출한 감염자를 분리하고 치료하는 방법으로 감염자 수가 0명(제로)이 될 때까지 이를 지속하는 폐쇄형 대응을 말합니다.

제로 코로나를 실시한 후 중국 사람들에게 있어 봉쇄는 일상이 되었고, 완벽한 통제를 통해 실현할 수만 있다면 사람 간의 접촉을 차단하는 데 이보다 좋은 방법이 없을 것이라는 평가를 받았습니다. 실제로 코로나의 최초 발원지로 알려진 중국 우한에서는 아무런 정보도 없을 때 대단히 많은 사람들이 무방비하게 쓰러져갔습

니다. 하지만 얼마 지나지 않아 중국 정부가 들고나온 제로 코로나 정책이 이들을 살렸습니다. 코로나가 대단히 빠른 확산 능력과 변이 능력을 갖췄다는 점을 감안하면, 이는 분명 신의 한 수에 가까운 행위입니다. 그리고 고작 반년 남짓한 시간인 2020년 4월 26일, 우한에서 '확진자 수 0명'이라는 쾌거를 이룹니다.

여기까지의 설명으로는 비록 고통이 존재하지만, 더 큰 재앙을 막는 탁월한 정책으로 보입니다. 하지만 약 3년이 지난 오늘, 중국의 이 정책은 장점보다는 단점이 더 많은 것으로 평가됩니다. 어째서일까요?

고통받는 사람들

· · · · · · · ·

제로 코로나에 부작용이 나타난 원인은 역설적으로 중국 당국의 '철저한' 이행 때문입니다.

사람들은 말 그대로 철저하게 통제받았습니다. 자택 격리라는 이름으로 모두가 집에 갇혀 식료품을 보급받았는데, 2주라는 시간에 밀가루나 과자 몇 봉지만 받은 이들도 있고, 썩은 식료품을 받은 이들도 있습니다. 가

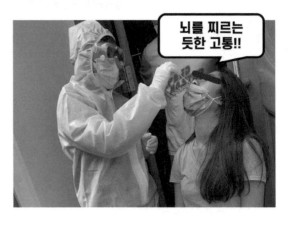

끔 단지 별 진행된 공동구매에는 식료품이나 생필품이 평소의 5배에서 10배 가까운 가격에 판매되었고, 이 과정에서 본인의 지위나 인맥 등을 활용하여 더 가진 자와 덜 가진 자가 나타납니다. 부모가 확진자 또는 접촉 의심자라는 이유로 갓 태어나자마자 부모와 강제로 생이별한 경우도 나타났습니다. 수없이 전수 검사를 시행

한 것은 너무나 당연합니다. 우한시에 이어 2021년 1월에는 인구 1,000만 명의 허베이성의 스자좡이 3주간 완전 봉쇄를 당했고, 연이어 인구 1,300만 명의 산시성 시안은 무려 33일간 봉쇄당합니다. 2022년에도 이러한 정책은 계속되었는데, 무려 인구 1,700만 명의 홍콩과 인접한 선전에서도 7일간 봉쇄를 당합니다. 당시 길거리에서 사람과 차는 완전히 자취를 감췄죠.

하지만 아무리 중국이라도 사람들을 완벽히 통제하는 것은 불가능했습니다. 더구나 공기 중에 떠도는 바이러스가 눈에 보이는 것도 아니고, 통제를 두려워해 증상을 거짓으로 답하는 등 여러 가지 이유로 인해 중국의 '제로'는 붕괴하기 시작합니다.

2022년 3월, 인구 2,500만 명이자 중국 최대의 항구도시인 상하이에 확진자가 폭증하기 시작합니다. 이때 중국정부는 엄청난 갈등에 빠집니다. 제로 코로나 정책을 고수해야 하는데, 상하이를 봉쇄한다는 것은 자체적으로 큰 경제적 손실을 불러일으키기 때문입니다. 결국 시진핑 주석은 최소 비용으로 최대 수준의 예방과 통제를 달성

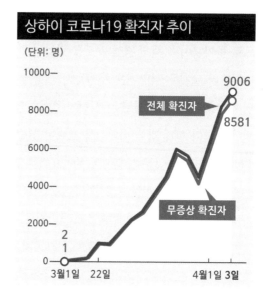

하고, 경제적·사회적 파급력은 최소화해야 한다고 말하며, 이동제한을 최소화하는 '정밀 방역' 실시를 결정합니다. 그 결과, 확진자 수가 24일에는 1,582명, 25일 2,269명, 26일 2,678명으로 급증하는 결과를 낳습니다. 결국 중국은 눈을 질끈 감고 경제 수도인 상하이를 동쪽과 서쪽으로 나누어 각각 4일씩 순환 봉쇄를 결정합

니다. 하지만 이를 비웃듯 확진자가 여전히 기하급수적으로 증가하는 결과를 맞이합니다. 결국 상하이 전체 무기한 봉쇄로 들어갔지만, 오미크론의 확산세를 저지하기는 역부족이었고, 신규 확진자만 2만 명에 육박하게 됩니다. 사실상 이때쯤이 중국의 '제로'가 붕괴하기 시작한 시점이 아닐까 생각합니다.

확진자가 증가하고 통제에 고통받는 사람들이 늘어가자, 중국 내부에서도 '위드 코로나'를 주장하는 사람들이 늘어나기 시작합니다. 대표적인 인물이 장원홍 상해 푸단대학교 교수로, 2021년 8월 그는 "세계는 바이러스와 공존할 방법을 찾아야 한다."라는 소신발언을 합니다. 하지만 결과는 참담했죠. 여러 언론과 수많은 중국인들이 그를 비난하기 시작합니다. 어째서일까요?

중국 정부는 서방국가들의 위드 코로나를 비과학적이며 무책임한 국가적 방임으로 몰아붙이며 체제 경쟁 구도를 만들었습니다. 이러한 대목에서 제로 코로나를 폐기한다는 것은 서방에게 자신들이 잘못됐다는 것을 시인하는 행위와 같기 때문입니다. 게다가 2022년 초는 시진핑 주석의 3연임을 앞둔 시점이었습니다. 그는 완벽한 성과와 함께 강한 리더십을 보여야 했습니다. 헌법까지 바꿔가며 전무후무(前無後無)한 거사를 앞둔 상황에서 불안요소를 절대로 남길 수 없었던 것이죠. 외신들은 당시 중국의 모습을 보고 '중국이 스스로의 덫에 빠졌다.'고 평가했죠. '코로나'가 아닌, '제로'에 지나치게 매몰된 본말전도가 아닐까 생각합니다.

다음으로는 백신 경쟁입니다. 여러분께서도 잘 아시다시피 코로나 시절 크게 떠오른 기업이 모더나와 화이자, 그리고 아스트라제네카 등입니다. 이들은 코로나 백신 개발에 성공하고 세계에 보급함으로써 명성과 부를 얻었습니다. 중국은 여러 영역에서 중국의 기술로 세계 최고위치를 차지하려는 '굴기'에 주력하고 있습니다. 또한, 코로나 최초 발원지가 우한이라는 점, 그리고 코로나가 특정 목적하에 의도적으로 제작되었다는 의심을 받고 있었기에, 분위기를 반전할 카드에 목말라 있었습니다. 여기서 자체적으로 성능 좋은 백신을 개발하여 전 세계에 보급할 수 있다

면, 중국의 기술력을 뽐내고, 세계의 건강에 일조함을 강조하고, 자국 경제에 큰 이익이 될 수 있다는 계산이었죠.

중국은 해외 백신을 부정하고 중국이 자체 개발한 백신만을 허용했습니다. 중국 관점에서 볼 때 국가적 자존심을 잃는 비용, 외국 경쟁자에게 시장 점유율을 빼앗기는 비용이 감염 예방에 100% 효과적이지는 않은 백신을 사용하는 것보다 훨씬 더 큰 것이죠. 하지만 중국 백신의 효능은 그리 좋지 못했습니다. 막대한 자금이 흘러가 중국의 입김이 상당히 강하게 작용하는 세계보건기구(WHO)조차 시노백의 감염 예방률은 고작 50%라고 발표한 적이 있습니다. 게다가 이 둘은 mRNA 백신이 아니기에, 후기에 나타난 오미크론에 대한 예방 효과가 상당히 낮은 것으로 알려졌습니다. 주변 여러 국가에서 우려를 표했음에도 불구하고 중국은 제로 코로나와 자체 백신을 고집했습니다.

자체 백신의 낮은 효율이 이어지자, '원정 백신'이라는 신조어가 출현합니다. 중국 사람들은 스스로의 안전을 위해 mRNA 백신을 찾았으나, 중국 국내에는 이것이 금지되어 있습니다. 그 와중에 2022년 11월 1일부터 마카오에서 독일의 바이오엔테크가 단독 개발한 mRNA 백신 '푸비타이'를 허용하고 있다는 소식이 들리고, 사람들은 너도나도 마카오로 이동하기 시작합니다.

2022년 10월 열린 제20차 전국대표대회에서 시진핑 주석은 대만 관련 발언과 더불어 "제로 코로나는 흔들리지 않을 것이다."라는 발언을 합니다. 중국 당국의 정책은 꾸준히 이어가겠다는 의지를 보인 것이죠. 하지만 일반인들의 생각은 달랐습니다. 봉쇄로 치료받지 못해 안타까운 결과를 맞이한 아이, 자식의 분유를 사기 위해 필사적으로 검문소 통과를 강행했지만, 공안에게 체포된 아버지 등의 소식이 중국 SNS에 확산되어 사람들의 마음속에 큰 파문을 일으켰습니다.

이러한 분위기가 이어지던 와중 2022년 11월 26일, 3개월 넘게 가혹한 봉쇄 조치가 이어진 신장지역 우루무치 아파트에서 화재가 발생해 10명이 사망하는 사건이 벌어집니다. 사람들은 중국 정부가 자신과 같은 일반인의 생명 보호에

관심이 없다는 인식이 확산됐죠. 이 사건을 계기로 결국 억압되었던 사람들의 목소리가 표출되기 시작합니다. 사람들은 아무것도 쓰여 있지 않은 A4용지 백지를 들고 거리를 다니며 시위를 벌였습니다. 그들이 들고나온 백지는 두 가지 의미를 담고 있습니다. '반(反)봉쇄'와 '반(反)정부'가 그것으로, '말하고 싶었지만 말하지 못했던

모든 것'입니다. 사람들은 시진핑 중국 국가주석을 비판하며 인권·투표·언론 자유를 원한다는 구호를 외친 것이죠. 이들의 목소리는 일부 지역에 국한되지 않았습니다. '#백지시위'라는 해시태그가 빠르게 확산되었고, 베이징과 상하이뿐 아니라 청두·시안·우한·충·광저우 등 최소 12개 이상 도시 거리에서 항의 시위가 동시다발적으로 벌어집니다. 심지어 시진핑 주석의 모교인 칭화대학교에서도 백지 시위가 벌어졌고, 중국 청년들이 공안 앞에서 레미제라블 OST '민중의 노래'를 부르는 영상도 등장합니다. 중앙의 힘이 엄청나게 강한 중국에서 이러한 일이 발생한 것은 대단히 이례적인 일로 전 세계가 깜짝 놀랐죠.

들불처럼 번진 백지 시위에 놀란 중국 당국은 방역 정책의 기조를 수정합니다. 2022년 12월 7일, 중국 국무원은 코로나의 중증도를 A등급에서 B등급으로 낮췄고, 패닉 바이를 막기 위한 감기 및 독감 약 판매 제한도 해제합니다. 사실상 '제로 코로나'에서 '위드 코로나'로 전환한 겁니다. 제로 코로나가 지나친 통제로 문제가 되긴 했지만, 사람 간의 확산을 막는 데는 분명 기여가 있었고, 중국이 자국산 백신만을 허용하는 상황에서 위드 코로나로 급격히 전환하면 중국 국내에 대규모 확진이 벌어지는 것이 아닌가 하는 우려가 여럿 등장했습니다.

China (Mainland)

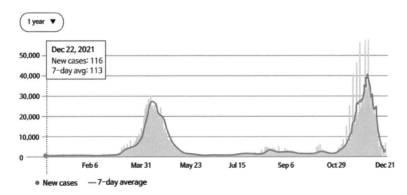

2022년 1월부터 12월까지의 확진자 추이 그래프를 살펴보면, 3월 상하이에서 대규모 확진자가 나타난 이후 11월에 다시 한번 크게 증가합니다. 하지만 매우 놀랍게도 위드 코로나로 전환하자마자 확진자 수가 급감합니다. 더구나 2023년 1월에는 중국 최대 명절인 춘절이 있습니다. 방역 정책을 전환해버린 이상 사람들의 이동을 막을 명분이 사라져 버렸고, 중국 확진자가 곧 최대 피크를 찍을 것이라는 전망이 펼쳐진 가운데 중국 보건위원회는 일일 확진자 수치 발표를 중단해버리는 놀라운 일이 다시 한번 벌어집니다. 시진핑 주석은 러시아 푸틴과 같이 무리한 수단으로 정권을 연장하고 있습니다. '꾸준한 성과'가 이어져야만 체제가 유지될 수 있기에, 언제나 성공하는 모습·희망적인 미래만을 보여줄 필요가 있는 것이죠.

2023년 4월, 드디어 중국도 코로나가 종결됩니다. 마샤오웨이 중국 국가위생건강위원회 주임은 '감염병 퇴치 전략의 주도권을 잡고 3년간 코로나19 퇴치에 결정적인 승리를 거두었다'는 제목의 글을 기고합니다.

100년 만에 찾아온 큰 변화와 세기의 감염병이 겹치는 복잡한 국면에서 중국은 세계적인 유행의 충격을 이겨내고 최소 비용으로 최대 효과를 실현했다.

2020년 코로나19 발생 이후 중국의 코로나19 사망률은 세계 최저 수준, 서방 선진국의 사망률로 유추하면 우리의 방역 조치는 수백만 명의 사망을 막아냈다!

여기까지가 약 3년에 이어진 중국 사람들의 코로나 생활입니다. 하지만 뒷이야기가 아직 남았습니다. 2023년 12월 겨울, 중국에 폐렴 환자가 급격하게 증가했습니다. 평일 낮 베이징의 주요 병원에는 수백 명의 발열 환자들이 대기하며 제때 진료를 받지도 못했을 정도죠.

广东四川"绿码"复活?工作人员回应

2023年12月2日 12月1日下午5时左右, 有网友在微博上发布了一组图片, 称自己在四川天府健康通和广东粤康码上都看到了"绿码"的显示, 表示很惊讶, 不知道是什么原因。图片显示, 四川天府健康通和广...

百家号

【热点】健康码复活?不止一城!

6天前 - 山东网友也进行了一番测试,发现山东省的通行健康码也一直都在, ▲图片源自网友大张的自留地 河北的网友也立即分享了自己的绿码, ▲图片源自网友大张的自留地 网友继续接力...

app.myzaker.com

网传多地"绿码"回归江湖?工作人员回应绿码重出江湖

2023年12月2日 有媒体采访了广州卫健委并拨打了市长热线, 工作人员表示:"自己的健康码显示绿码并不会影响生活和出行, 疫情已经过去了, 大家不需要担心。"从这个回应可以看出, 多地出现的绿码并...

社评新视角

多地被曝健康码"复活"?发生了什么?承德也... 服务_网友_广...

5天前 有网友梳理发现,陕西、杭州、福建、苏州的健康码也都在, 02 也有部分省份健康码仍在休眠 越来越多的网友们分享自己的绿码,全国各地又动起来了,不过有两个地方的网友发现他们那儿的健康码仍...

搜狐网

문제는 사람들의 반응입니다. 당시 중국 SNS에는 '건강 코드가 부활했다(健康码/綠碼活复了).'라는 글이 게시되기 시작합니다. 건강 코드는 제로 코로나 기간 동안 일상생활을 위해 반드시 몸에 지녀야 하는 일종의 '건강 신분증'입니다. PCR 검사 결과·백신 접종 여부·이동 장소 등의 정보가 담긴 스마트폰 어플로, 이것을 제시하지 않는다면 식당·공공장소·대중교통 등의 출입이 엄격히 제한됩니다. 지난 3년간 중국을 지독한 폐쇄사회로 만든 주범이기도 하죠.

건강 코드에 실행오류가 뜬다는 건 사실상 사회적 사망선고와 같습니다. 만약 확진자나 밀접 접촉자가 출현한 지역을 방문하거나 근처를 지나갔다면, 스마트폰 건강 코드에 표기됩니다. 이 표시가 뜨면 모든 공공장소 방문과 이동이 차단되어, 사실상 모든 외부 활동이 불가능해지며, 해제 조건은 '연속 48시간 이상 PCR 결과가 음성 으로 나올 것'입니다. 일반 시설 이용조건 역시 48시간 이내 검사받은 음성 PCR 결 과를 제공할 수 있을 때만 가능합니다. 건강 코드는 방역관리 당국이 관리하는 빅데 이터가 자동으로 식별해 특정 행동을 한 사람을 '위험분자'로 선고합니다.

잠시 건강 코드에 관한 일화 두 가지를 소개해드리겠습니다. 2022년 6월, 중국 상하이에 거주하시는 팔순 넘은 할머니가 집 앞 단골 가게에서 면을 구매하려고 했 습니다. 마침 그날은 할머니 생신이셔서 '장수면'을 끓여 먹으려 했죠. 오랜 시간 줄 을 서서 마침내 가게에 들어갈 차례가 됐을 때 할머니는 울상이 되고 맙니다. 할머 니께서는 스마트폰에 익숙지 않아 잘 사용하지 않았고, 장을 볼 때 들고 오지 않았기 때문이죠. 종업원에게 신분증을 제시하는 것으로 해결을 원했지만 저지당합니다. 할머니는 어쩔 수 없이 뒷사람에게 부탁해서 돈을 줄 테니 면을 대신 사달라고 부탁합니다. 그 사람은 흔쾌히 응했고, 자기 차례가 와서 건강 코드를 스캔하고 입장하려는 순간, 다시 종업원에게 저지당합니다. 알고 보니 그의 스마트폰 건강 코드에 기록된 PCR 음성 결과가 이미 72시간이나 지났습니다. 48시간마다 갱신을 해야 하는데 이것을 안 했기 때문에 저지당했고, 결국 할머니는 면을 드시지 못했습니다.

허난성에 거주하는 농부 이야기도 있습니다. 같은 6월, 한 농부가 자신의 밭에 가서 수확기에 접어든 보리를 베려던 찰나, 마을의 촌장이 달려 나와 48시간 이내 PCR 음성 결과 확인서가 없으면 수확할 수 없다고 소리칩니다. 자신의 밭에서 일군 자신의 농산물조차 확인서를 제출하지 못하면 수확할 수 없는 상황이 벌어졌고, SNS에 올라온 이 일화는 금세 국제이슈가 되었습니다.

다시 최근으로 돌아와 2022년 12월, 중국이 위드 코로나로 전환하면서 건강 코드 시스템은 사람들 뇌리에서 잊혀 갔습니다. 그러나 딱 1년이 지난 지금, 여전히 해당 시스템 접속이 가능하다는 점을 발견한 그들은 또다시 통제된 생활로 돌아가는 것은 아닌지 걱정하고 있습니다. 개인적으로 폐렴이 코로나만큼의 파급력을 보이지 않는 이상, 중국경제가 침체되고 성장 가능성이 줄어드는 상황에서 건강 코드는 부활하지 않을 것이라고 봅니다. 하지만 그의 이름처럼 모두의 안전을 지켜주는 상징이 역설적으로 중국인들에게 있어 '공포의 대명사'로 자리잡은 점에 대해 고찰해볼 필요는 있다고 봅니다. 여러분은 이에 대해 어떻게 생각하시나요?

추락하는 중국경제

· · · · · · · ·

　　　　　최근 중국경제는 제로 코로나 정책의 여파로 큰 도전에 직면해 있습니다. 국제통화기금은 2022년 중국의 성장률 전망치를 기존의 4.8%에서 4.4%로 내렸고, 노무라증권은 기존의 4.3%에서 3.9%로 낮췄습니다. 하지만 조사기관의 평가를 비웃듯 중국은 자신이 목표한 5.5%의 절반 수준인 3.0%라는 매우 저조한 성적표를 받게 됩니다. 이는 중국경제가 지난 수십 년간 경험한 빠른 성장의 페이스에서 크게 벗어난 것으로, 문화대혁명 이후 두 번째로 낮은 수치입니다. 성장률 둔화는 단순히 수치상의 문제를 넘어서, 중국경제의 기본 구조와 미래 방향에 대한 심각한 질

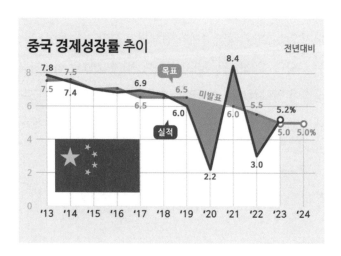

문을 제기하고 있습니다.

　제로 코로나 정책의 직접적인 영향으로는 강력한 봉쇄 조치와 국경 통제를 들 수 있습니다. 이러한 조치는 중국 내외의 기업 활동에 큰 제약을 가하고, 공급망의 혼란을 초래했습니다. 또한, 소비자 신뢰도 하락, 투자 감소, 관광 및 서비스 산업의 위축 등 광범위한 경제적 파장을 연쇄적으로 일으켰습니다. 특히 전 세계적으로 중요한 공급망의 한 축을 담당하는 중국의 경제적 변화는 글로벌 시장에도 상당한 영향을 미쳤습니다.

　아래의 사진은 2022년 3월, 중국 인터넷에 게시된 사진입니다. 사진 속에 있는 수많은 점이 모두 인근 해역에서 대기 중인 선박입니다. 놀랍지 않으십니까? 세계

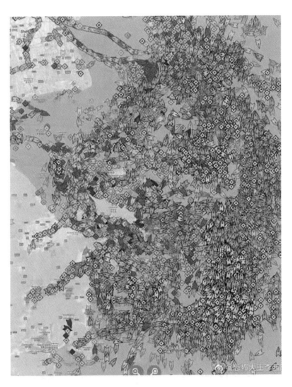

최대 컨테이너항이자 12년째 1위를 지켜온 중국 상하이에 확진자가 폭증하자, 중국 당국이 내린 봉쇄의 결과입니다. 육·해상 물류에 차질이 동시에 빚어지면서 상하이항 물동량은 급감했고, 당시 물류비용은 33% 가까이 폭등합니다. 해운 데이터 회사 '윈드워드'는 4월 19일, 전 세계 컨테이너선의 20%가량인 1,826척이 코로나 영향으로 세계 각국 항만 인근 연안에서 대기 중인데, 이 중 27.7%가 중국에 있는

셈이라고 발표합니다. 그러나 중국경제의 침체는 단순히 제로 코로나 정책에 의한 결과만으로 볼 수는 없습니다. 다른 요인들을 하나하나 살펴보도록 하죠.

시진핑 정부가 제로 코로나를 포기하고 위드 코로나로 전환하자, 2023년에는 다시 경기가 반등하리라는 기대가 나타났습니다. 하지만 그러지 못했죠. 중국경제가 이렇게 부진한 것은 내수시장 침체가 주요 원인으로 꼽힙니다. 부동산 등 자산가격 하락으로 가계 소비와 기업 투자가 얼어붙었고, 위기 때마다 돈을 풀어 경기를 살렸던 정부도 막대한 부채 탓에 획기적인 재정정책을 못 내놓고 있기 때문입니다.

민간 소비가 확연히 줄었습니다. 2023년 7월 기준 중국 소비자물가는 −0.3%를 기록하고 살짝 반등했지만, 다시 아래로 내려와 10월에는 −0.2%를 기록합니다. 경제학자들은 상품과 서비스의 가격이 지속적으로 하락하는 디플레이션 현상이 나타날 수 있다는 경고를 날렸습니다. 실제 위드 코로나 전환 이후 활짝 열릴 것으로 기대됐던 지갑은 여전히 굳게 닫혀있고, 개방과 함께 해외로 뛰쳐나갈 것 같던 중국인 관광객들은 여전히 여행을 망설이는 분위기입니다. 우리나라 미국, 유럽 등 해외는 고물가에 걱정하고 있는데, 중국은 마이너스로 가고 있습니다.

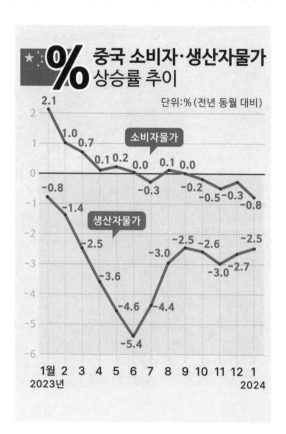

2024년, 춘제(설)는 중국의 가장 큰 명절 중 하나입니다.

중국은 세계 최대 돼지고기 소비국인데, 춘제가 도래했고 돼지고기 가격이 전년 대비 1/5가량 하락했음에도 불구하고 약한 수요 모습을 보였습니다. 매년 미국보다 약 5배 많이 먹는 중국에게 있어서 돼지고기 수요가 줄자, 소비자물가지수(CPI)도 꾸준히 하락하여 14년 만에 최대 하락폭을 보입니다.

경기가 위축하면 가장 먼저 피해를 보는 이들은 바로 청년 취업자입니다. 기업이 신규 채용을 하지 않는 것이죠. 2023년 6월, 중국 국가통계국은 청년실업률이 21.3%라고 발표합니다. 그 이후로는 관련 발표를 완전 중단했다가 12월에는 14.9%로 나타났다고 발표했죠. 수치만 살펴보면 상황이 개선된 것 같지만, 실상을 살펴보면 기존 집계에는 중·고교생과 대학생, 취업준비생이 포함됐는데, 이번에는 실제 구직자만을 집계했기에 이러한 수치가 나타난 것입니다.

사상 최악의 취업난을 맞은 중국 대학생 사이에서 졸업 시즌인 2023년 7월, 자신의 신세를 비관하고, 졸업식이 장례식이라는 점을 상징하는 '시체 졸업사진'이 유행했습니다.

위 사진처럼 졸업 가운을 입은 채 얼굴을 땅에 늘어뜨리거나, 난간·간판·의자 등에 시체처럼 매달려 있는 모습 등이 담긴 졸업사진이 공유되고 있는 겁니다. 특히 2023년은 역대 최대인 약 1,160만 명의 대학 졸업자가 배출됐으며, 여기에 100

만 명의 유학을 마치고 돌아온 청년도 합류하였습니다. 학생들은 지난 3년간의 기간에서 경기가 쪼그라들어 기업들의 채용이 대폭 줄어든 결과라고 입을 모읍니다. '제로 코로나'가 '제로 취업'이 되었다고 절망하고 있는 것이죠.

최근 중국 젊은이들 사이에서는 문호 루쉰(魯迅)의 소설 〈콩이지(孔乙己)〉에서 따 자신의 처지를 자조하고 체념하는 '콩이지 문학'이 유행했습니다. 콩이지는 소설 내에서 박사학위까지 받았지만, 변변한 직업이 없어 도둑질로 근근이 생계를 이어 가는 청나라 말기의 몰락한 지식인의 이야기입니다. "어렸을 때는 '콩이지'를 이해할 수 없었는데, 성인이 되어 이해하고 나니 내가 바로 콩이지였다."라는 표현은 작품 인물의 처지를 자신이 대면하고 있는 학력 인플레이션과 취업난에 투영하고 있는 것으로, 중국 청년들의 실망과 좌절을 드러낸 밈이라고 할 수 있습니다.

SNS상에서는 'B1B2'라는 신조어가 등장했습니다. 백화점을 방문하면 명품이 있는 1층은 곧바로 지나치고, 저렴한 물건이 포진한 지하매장으로 직행한다는 의미로, 이 역시 현 중국의 상황을 여실히 보여주고 있습니다. 적은 비용에 가성비를 중시한 '특전사식 여행(特種兵式旅游)'이라는 신조어도 나타났으며, 20·30세대를 중심으로 '잔반 블라인드 박스(剩菜盲盒)' 상품도 판매되고 있습니다. 이는 유통기한이 얼마 남지 않아 제값에 팔기 어려운 음식이나 재고로 남은 식품을 재포장한 상품입니다. 청년 수입이 줄어들고, 농촌에서 도시로 이주한 이들이 늘어감에 따라 위 상품은 2022년 337억 위안(약 6조 1100억 원) 규모의 시장을 형성했고, 앞으로 꾸준히 성장할 것으로 전망됩니다.

2024년에는 전년보다 약 20만 명이 늘어난 1,179만 명의 대졸자가 쏟아져나올 예정입니다. 취직이 어려워지자, 졸업생은 배달서비스 직종이나, 방송 스트리머 등으로 눈을 돌리고 있습니다. 물가가 계속 하락하자, 아침 식사를 판매하는 식당은 3위안(약 500원)짜리 초저가 메뉴를 도입하기도 하고, KFC 같은 매장은 19.9위안(약 3600원)짜리 세트를 내놓았습니다. 디플레이션의 전형적인 현상인 가격 인하 경쟁이 나타나고 있는 것이죠.

일각에서는 이러한 상황의 주요 원인으로 중국 청년들이 육체노동을 회피하고 대기업과 같은 사무직을 선호하는 경향이 증가했기 때문으로 분석합니다. 실제 중국 건설 현장은 만성적인 인력난에 시달리는 반면, IT·회계·법률 등 최고급 서비스 직종에는 이력서가 넘쳐나고 있습니다. 하지만 모두가 선호하는 기업에서의 수용에는 한계가 있죠. 우리나라에서도 익숙한 모습입니다.

또 다른 요인은 경제정책 대전환입니다. 우선 중국 당국은 대기업의 반독점을 규제하고, 국영기업을 발전시키는 반면, 민영기업은 후퇴시켜 누구에게나 공평하고 평등한 기회와 소득을 제공하는 '공동부유'를 제창합니다. 이때 틱톡·메이퇀·디디추싱·알리바바 등이 큰 타격을 받고 신규 채용을 대폭 줄입니다. 많은 청년들이 취업을 소망하는 기업들이 당국의 눈치를 보며 규모가 축소된 것입니다.

2020년 중국은 중앙위원회 5차 전체회의(5중전회)를 통해 자립 경제를 바탕으로 세계 최강을 노린다는 방향을 발표합니다. 대외적으로는 미국의 제재가 늘어가는 가운데 내수시장에 주력한다는 것이죠. 과학기술의 자립과 자강은 꾸준히 이어나가는 동시에 도시와 농촌의 발전 격차와 주민 생활 수준 차이를 현저히 줄이고, 농촌의 소비력을 늘려 내수시장에서의 새로운 발전 동력을 생성하여, '수출입 중심'에서 '내수 중심'으로 전환하는 '쌍순환 전략'을 내세웁니다. 이때 나타난 키워드가 '농촌·분배·노동·자립·분배' 등으로 중국의 방향을 잘 드러내고 있습니다. 중국은 저 다섯 가지 키워드를 실현하기 위해 국가 최고 지도부가 직접 나서 쏟아져나오는 대졸자를 농촌으로 보내는 '신하방운동(新下放運動)'을 진행 중에 있습니다.

중국 당국은 시진핑 주석의 어린 시절 일화를 캠페인으로 내세웁니다. 문화대혁명 당시 10대 청년이었던 시진핑은 아버지 시중쉰이 정치적으로 숙청당하자, 시골로 내려가 1960년대 말과 70년대 초에 걸쳐 농장에서 일하고 동굴에서 책을 읽으며 시간을 보냈습니다. 반세기가 지난 지금, 중국의 지도자가 된 그는 더 많은 젊은 이들이 자신의 뒤를 따라 도시생활 대신 귀촌을 장려하고 있습니다.

대졸자들에게 농촌에서의 정착을 요구하자, 그들은 자신의 눈높이를 낮춰 내려갈 것인가, 아니면 백수 생활을 이어갈지라도 계속 좋은 기회를 탐색할 것인가에 대한 선택을 강요받게 됩니다. 그 결과는 엄청난 실업률 증가, 인터넷 방송 도전, 대학원과 공무원 지원이라는 모습으로 표출되었죠. 고학력 인력을 대거 배출한 것은 좋지만, 정작 이들을 수용할 수 있는 시장이 형성되지 않자, 크게 형성된 버블이 곪아 터지고 있습니다.

중국은 여전히 제조업 중심 국가입니다. 대졸자가 공장을 기피하는 현상이 선명해지자, 중국 건설 현장은 만성적인 인력난에 시달리고 있습니다. '세계의 공장'이 삐걱거리고 있는 겁니다. 구직 인구의 상당 부분을 흡수해 온 제조업이 신규 유입이 없어 휘청거리고, 모두가 선망하는 최첨단 IT기업은 당국의 규제를 받아 휘청거리고, 여기에 내수시장의 노른자로 꼽혔던 부동산업계도 깊은 먹구름이 드리웁니다.

몇 년 전부터 경고음이 이어졌던 중국의 부동산이 결국은 터졌습니다. 채무불이행 상태로 중국 부동산업계 위기의 진앙인 중국 부동산 개발업체 헝다(恒大: 에버그란데)가 2023년 미국 뉴욕 맨해튼 파산법원에 파산보호 신청을 했습니다. 또한, 대형 부동산 개발업체 비구이위안(碧桂園: 컨트리가든)도 디폴트 위기에 닥치고 도미노 파산의 경고

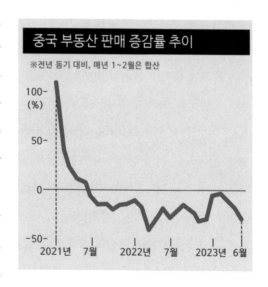

음이 울렸습니다. 중국경제를 떠받쳤던 부동산 시장 부진이 지속되고 해결의 실마리를 찾지 못하면서 경제성장의 가장 큰 암초로 작용하고 있는 것이죠.

부동산은 중국 내수시장에서 가장 큰 부분을 차지합니다. 하지만 집이 팔리지를 않습니다. 전체 수요가 감소하였고, 앞서 언급했듯이 청년 실업자가 증가했기 때문입니다. 참고로 2023년 중국 100대 부동산 기업의 신규주택 판매는 1년 전 대비 33%나 감소했다는 충격적인 결과가 나왔습니다. 중국 부동산은 부채에 부채를 이어가며 확장하고 있었고, 개발업체들은 막대한 차입을 통해 건물들을 늘려나갔죠. 하지만 수요가 감소하자 지금까지의 과정들이 선순환에서 악순환으로 전환되고 엄청난 손실로 다가오는 것입니다. 중국도 우리나라와 비슷하게 부동산이 개인 자산의 절반 이상을 차지하는데, 부동산 가격이 하락하니 보유 자산이 하락하는 결과를 가져오고, 이는 소비 감소로 이어져 디플레이션으로 향해 가는 겁니다.

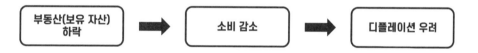

물론 정부 주도로 금리인하·투자장려 등 부동산 경기를 부양할 수 있는 각종 조치를 시행할 수는 있겠지만, 당장 그 효과를 거두기는 어렵습니다. 무엇보다 이는 시진핑 정부의 '공동부유' 정책 방향과 상충됩니다. 당국은 주택이 투기의 대상이어서는 안 된다는 입장을 강력히 어필하면서, 재산세와 양도세를 본격 도입하겠다고 선언했죠. 이는 다주택자들의 부동산 구매 의욕을 약화시키는 결과로 이어졌습니다. 지방 도시에는 수년 전부터 재정 악화로 짓다 만 미준공 아파트가 헐벗은 상태로 방치되어 있는 장면이 흔하게 보입니다. 철근은 그대로 노출돼 붉게 변했고, 방치된 자재는 정리되지 않은 채 한쪽에서 뒹굴고 있어 흉물이 되어 버렸습니다.

부동산의 부채뿐만 아니라 급증하는 중국 지방정부의 부채도 시한폭탄입니다. 2023년 기준 중국 지방정부 부채 규모는 GDP 대비 32% 수준인 40조 위안으로 코로나19 이전인 2019년에 비해 10%포인트나 상승했습니다. 지방정부 융자기구의 부채를 포함하면 놀랍게도 GDP 대비 85%에 달해, EU가 제시한 기준인 60%를 큰 폭으로 상회합니다. 그리고 연체자가 사상 최대치를 찍었습니다. 2023년 12월, 대만 중앙통신사에 따르면 채무 상환을 못 해 블랙리스트에 오른 신용불량자가 약 4년 새 50% 급증하여 900만 명에 육박했습니다. 코로나19 발생 초기였던 2020년 초 570만과 비교하면 약 4년 새 49.8% 급증한 겁니다. 월스트리트 저널은 2023년 12월 공식 통계에 안 잡히는 중국 정부의 '숨겨진 부채'가 약 7조~11조 달러(약 9,100조~1경 4,400조 원)로 추산돼 디폴트 위험이 있다는 분석을 내놓았으며, 국제신용평가사 무디스도 12월 5일 중국 지방정부의 부채 문제 등을 근거로 국가신용등급 전망을 '안정적'에서 '부정적'으로 낮췄습니다.

2024년 1월, 중국 당국은 부동산 개발업체의 줄도산 사태를 막기 위해 '빚으로 빚을 갚는' 부동산 대출 완화 조치와 약 3,000만 개의 대규모 고용 촉진 방안을 내놓았습니다. 악화일로로 나아가는 정세를 더 이상 지켜보고만 있을 수는 없던 것이죠.

경제학자들은 오늘날의 중국이 '부채(Debt)·디플레(Deflation)·디리스킹(De-Risking·인구통계(Demographics)'라고 불리는 '4D' 위험에 직면하였고, 과거 일본과 같은 '잃어버린 30년'에 처할 수 있다고 경고했습니다.

이유를 살펴보면, 우선 중국의 공공부채는 2022년 GDP의 95%를 기록했는데, 일본의 1991년 부채 비율은 62%였습니다. 중국의 부채가 월등히 많죠. 다음 요인은 소비자신뢰지수 하락입니다. 코로나 이후 중국 소비자신뢰지수가 급락하면서 사람들이 소비를 멈추고 저축에 더 열중하고 있습니다. 시장에 돈이 돌지 않으니 경제 활성화에 제동이 걸려버렸죠. 국제관계 악화도 문제입니다. 과거 일본도 당시 교역국들과 무역 갈등을 빚긴 했지만, 그래도 미국의

동맹이었습니다. 반면 지금의 중국은 미국과 그의 동맹국들이 첨단 기술에 대한 중국의 접근을 차단하고 중국 공급망 의존도를 줄여나가고 있습니다. 대외적 견제는 비교할 바가 아니죠. 이는 중국의 장기적 성장 잠재력을 크게 떨어뜨리는 요인이 됩니다. 마지막으로 중국의 인구는 정점을 찍고 하락세에 접어들었습니다. 반면 당시의 일본은 거품이 꺼진 뒤 약 20년 후인 2008년에야 인구 증가율이 떨어졌죠. 종합해보면 과거 일본의 전례를 그대로 답습, 혹은 그것을 넘은 더 큰 수렁으로 빠질 수도 있다는 분석입니다.

이에 반박하는 주장도 있습니다. 모건스탠리에 따르면 중국의 GDP 대비 부동산 가치 비율은 2020년 기준 260%로 정점을 찍은 다음 소폭 하락합니다. 반면 일본의 경우 GDP 대비 부동산 가치는 1990년 무려 560%로 치솟았다가 1994년이 되어서야 394%로 떨어집니다. 도시화 비율도 1988년 일본이 77%였던 데 비해 중국은 2022년 65%를 기록해, 지금의 중국이 과거의 일본보다 성장 잠재력이 크다고 볼 여지도 있습니다. 자본 시장에 대한 통제력 부분에서도 중국 정부의 힘이 막강하여 과거 일본에서 엔화 가치 급등으로 발생한 문제를 답습할 가능성은 적습니다.

이처럼 과거의 일본과 비슷한 상황이 펼쳐지는 것은 분명하지만, 일본에게는 없었던 중국만의 장점도 있고, 단점도 있기에 전례를 답습한다는 표현은 사용하기 어려울 수 있지만, 중국이 침체기에 들어선 것은 분명해 보입니다.

좋지 않은 분위기가 이어지자, 중국 국가통계국은 2023년 7월 이후 청년실업률 통계 발표를 중단해 버렸습니다. 반면 2023년 11월, 〈신화사〉를 비롯해 모든 관방매체는 '2023년 3분기 거시경제정책과 재정정책 분석 보고'와 관련해 이구동성으로 "1~3

분기 중국 경제는 여러 가지 요인으로 인한 경기 쇠퇴 압력을 견뎌냈고, 전반적으로 지속적인 회복과 상승세를 보여왔으며, 중국의 경제회복과 활력은 불확실한 세계 경제에 귀중한 확실성을 제공했고, 전 세계 비즈니스 업계에 폭넓은 기회를 제공했다.”고 보도합니다. 그리고 2023년 12월, 중국 국가안전부는 ‘경제 안보를 위협하는 말의 흉계’를 단호히 단속할 것이라는 성명을 발표합니다. 간단히 말씀드리면 중국 내에서 자국 경제위기에 관련된 내용을 언급하면 ‘국가안보 위협’ 명목으로 처벌받을 수 있다는 겁니다.

제20기 공산당 중앙위원회 3차 전체회의(3중전회) 개최도 미뤄집니다. 3중전회는 신임 지도부의 경제정책 방향을 결정하는 대단히 중요한 회의로, 1978년 3중전회에서는 개혁·개방 노선이 공식화됐고, 1984년에는 중국식 사회주의 시장경제 청사진 제시, 1988년에는 가격·임금 개혁 방안, 2003년에서는 후진타오 정권의 모토 중 하나인 지속가능발전관, 2008년에는 농촌 개역 방안 등이 각각 결정됐던 것으로 보아 그 중요성을 알 수 있죠. 이번 3중전회는 본래 2023년 10~11월에 열렸어야 했지만, 해를 넘기고 2024년 7월로 날짜가 잡혔습니다. 이는 현재 경제 상황을 둘러싼 중국 당정의 고심을 그대로 드러내고 있습니다.

유명 외신들은 끊임없이 ‘중국 경제 위기설’을 보도하고 있습니다. 경제잡지 〈이코노미스트〉는 2023년 5월 발행한 글에서 ‘중국 경제의 피크 시대는 갔다’라는 글을 기고했고, 투자은행 골드만삭스는 2023년 중국 경제성장률은 5%를 넘길 수 있지만, 2025년부터는 성장률이 다시 4%를 하회하면서, 2027년에는 3% 성장률을 기록할 것이라고 예상했습니다. IMF 역시 중국 경제가 구조개혁을 하지 않으면 2023년부터 2027년까지 5년간 4%대 중반에서 성장이 정체될 것으로 전망했습니다.

민간 기업도 유사한 의견을 보이고 있습니다. 중국 시장에 적극적으로 투자했던 월스트리트 큰 손들이 중국에 대한 투자를 줄이고 있습니다. 중국의 경기둔화와 시진핑 국가주석 장기 집권에 대한 우려로 외국 자본이 계속 이탈하는 것이죠. 투자 정보업체 프레퀸과 월스트리트 사모펀드의 발표를 참조하면 지난 10년간 중국 투자를 위해 모집한 자금은 매년 평균 1,000억 달러에 달했으나, 2023년 11월 말까지 조성된 자금은 고작 43억 5,000만 달러에 불과했다고 합니다. 이탈한 자금은 '대안 투자처'로 떠오른 인도를 비롯한 동남아시아로 이동하고 있습니다.

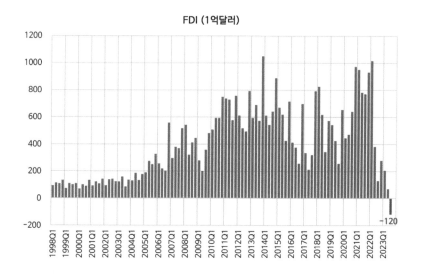

중국의 FDI(외국인 직접 투자)는 꾸준히 호조를 보여왔는데, 2023년 3분기에는 약 −120억 달러가 찍히는 충격적인 결과가 나타납니다. 참고로 중국의 FDI가 마이너스를 찍은 것은 1998년 통계작성 이후로 처음 발생한 일입니다. 단 한 번도 마이너스인 적이 없었던 중국에게 있어서 이는 엄청난 충격으로 다가왔죠. 가장 심각한 것은 하락세가 꾸준히 이어질 것이라는 전망이며, 현재로서는 뚜렷하게 반등할 기미가 보이지 않는다는 점입니다.

과거 2000년대 시절 중국은 매력적인 투자처였습니다. 당시 중국에 투자하지 않는 기업은 바보라는 소리를 들을 정도였죠. 중국 입장에서는 매년 매년이 언제나 축제 분위기였습니다. 하지만 지금은 완전히 분위기가 바뀌었습니다.

　미중 대결이 가장 큰 요인이겠죠. 바이든 대통령은 2023년 8월, 미국기업 중국 투자제한 조치를 발표합니다. 반도체와 AI 관련 투자에 엄격한 제한을 걸어버렸고, 자신의 동맹에게도 이를 직간접적으로 시행할 것을 요구하고 있죠. 2023년에는 미국의 최대수입국이 중국에서 멕시코로 바뀌었습니다. 다음으로는 정책적으로 국영기업을 밀어주면서 외국기업이 소외되는 현상이 있습니다. 2023년 중국은 5.2%의 경제 성장률을 달성했지만, 주중 외국기업들의 산업 생산은 전년 대비 1.4% 증가하는 데 그쳤습니다. 반면 국영기업은 5% 성장했죠. 외국 투자 수혜 지역 중 하나인 장쑤성에서 2023년 외국기업 산업 생산은 전년 대비 0.8% 증가에 그쳤지만, 현지 국영기업은 6.4% 증가했습니다. 국영기업 몰아주기는 비단 2023년뿐이 아닌, 미중 갈등이 본격화된 2018년부터 계속 이어진 모습입니다. 게다가 중국 내에서 얻은 데이터는 중국 외부로 가지고 나갈 수 없다는 '데이터 안전법'도 있습니다. 요즘같이 데이터 주권이 대단히 큰 경쟁력으로 떠오른 상황에서 그것을 모조리 독점하겠다는 겁니다.

　그리고 공산당이 인민은행을 직접 관리·감독하는 등 금융 부문에 대한 당 통제가 강화되고 있는 점도 중국 경제에 대한 외국인들의 불안감을 증폭시키는 요인입니다. 1997년 시작돼 5년 주기로 열려온 중국 금융공작회의는 금융산업의 리스크를 점검하고 중장기 목표를 설정하는 대단히 중요한 회의로, 금융산업 각 분야 경영자들과 인민은행 등 규제 당국 고위급 인사들이 참석합니다. 시진핑 주석은 2017년 열린 5차 회의에 이어 이번 6차 회의도 직접 주재했습니다. 이는 61조 달러 규모의 중국 금융에 대한 통제력을 더 강하게 가져가겠다는 의지를 내비친 것이죠.

　사람들은 지금의 중국을 스포츠 경기로 비유하곤 합니다. 경기 도중에 심판 마음대로 룰이 생겨나기도 하고 사라지기도 합니다. 그래도 지금까지는 대회에서의 상금이 매력적이라 사람들이 참가했지만, 상금의 가치가 계속해서 하락하자 선수들은 경기판에서 떠나고 있습니다.

외국인 투자자 이탈이 줄줄이 이어지자, 2023년 11월 시진핑 주석은 미국 샌프란시스코에서 열린 아시아태평양경제협력체(APEC) 정상회담에 참가하고 미국 기업인 400여 명과의 만찬 행사에서 "중국은 초대형 시장이며 세계의 엄청난 기회, 중국식 현대화 실현, 외국기업을 중국 기업과 동등하게 대우하는 등 세계 최고의 투자 환경을 제공, 중국은 여전히 세계 경제 성장의 가장 강력한 엔진"이라고 호소했습니다.

GDP 규모로본 세계 10대 경제 강국

2023년	2038년
미국	중국
중국	미국
독일	인도
일본	일본
인도	독일
영국	영국
프랑스	프랑스
이탈리아	브라질
브라질	한국
캐나다	캐나다

투자자의 이탈 행렬은 중국에게 있어서 적지 않은 타격이기 때문입니다.

영국 싱크탱크인 경제경영연구소(CEBR: Centre for Economics and Business Research)는 코로나가 한창이던 2020년 말, "중국은 다른 선진국과 달리 코로나 팬데믹에도 불구하고 경기침체를 겪지 않았다. 성공적인 초기 방역뿐 아니라 공격적 경제정책, 미국보다 4배 많은 인구 덕분에 중국은 조만

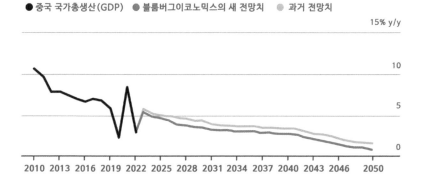

하향 조정된 중국의 경제성장률 전망 (단위=%)

● 중국 국가총생산(GDP) ● 블룸버그이코노믹스의 새 전망치 ● 과거 전망치

15% y/y

10

5

0

2010 2013 2016 2019 2022 2025 2028 2031 2034 2037 2040 2043 2046 2050

간 세계 최고 경제 대국이 될 것"이라고 전망했습니다. 다음 해인 2021년, 중국의 경제규모는 미국의 76% 수준까지 상승해 기존의 전망이 들어맞는 것처럼 보였죠. 하지만 이후 2년 연속으로 격차는 다시 벌어져, 2023년 중국은 미국의 64% 수준으로 하락합니다. 코로나가 엔데믹으로 전환되면 급반등할 줄 알았던 중국 경제는 구조적 침체에 빠진 반면, 강한 소비와 AI 등 각종 신기술을 목표로 세계에서 몰리는 투자 덕분에 미국은 예상을 뛰어넘는 성장을 거듭하고 있죠.

블룸버그 이코노믹스 보고서에서의 그래프를 참조하면, 노란색은 기존의 전망치이고 빨간색은 수정한 전망치입니다. 중국의 성장률이 당초의 예상보다 더 가파르게 하향하고 있습니다. 블룸버그는 중국이 기존 예상인 2030년대 초반보다 늦은 2040년대 중반에 미국을 제치고 잠시 세계 1위를 달성하기는 하지만, 얼마 지나지 않아 다시 재역전당할 것으로 판단했습니다. 심지어 미국 웰스파고은행의 2024년 1월 보고서에는 중국이 미국을 추월할 시기를 더 늦은 2042년으로 전망했죠. 이처럼 대다수 전문기관이 중국이 미국을 추월하기는 쉽지 않고, 설령 추월하더라도 잠시일 뿐, 미국에게 재차 추월당한다고 발표합니다.

2024년 3월 열린 양회에서는 올해 경제성장률 목표치를 해외 주요 기관 전망치보다 높은 5% 안팎으로 제시하며 디플레이션(경기 침체 속 물가 하락) 위기를 돌파하겠다는 의지를 내비쳤습니다. 하지만 경기 부양과 부동산 위기 타개를 위한 뚜렷한 대책을 내지 못했다는 평가를 받았죠. 외신은 중국이 제시한 5.0%는 낙관적인 목표로, 실제로는 2~4% 성장이 이뤄질 것으로 전망했습니다.

중국 후룬연구소는 2024년 1월 기준, 세계에서 억만장자가 가장 많은 도시 순위를 발표합니다. 여기서는 인도의 금융허브인 뭄바이가 92명으로, 중국의 베이징(91명)과 상하이(87명)를 제치고 아시아 선두로 올라섰습니다. 2023년 베이징은 109명으로 세계 1위를 차지했었으나, 올해는 4계단이나 추락한 결과 역시 중국의 현재 분위기가 좋지 않다는 점을 보여주고 있습니다.

Top 10 cities with the most billionaires

RANK ⌃	CITY ⌃	NUMBER OF BILLIONAIRES ⌃
1	New York	119
2	London	97
3	Mumbai	92
4	Beijing	91
5	Shanghai	87
6	Shenzhen	84
7	Hong Kong	65
8	Moscow	59
9	New Delhi	57
10	San Francisco	52

　비관적인 전망이 이어지자, 중국 최고 지도자들이 직접 나서 세일즈를 펼쳤습니다. 아시아의 다보스 포럼이라고 불리는 보아오 포럼에서는 중국 공식 서열 3위인 자오러지 전국인민대표대회 상무위원장이 중국 투자를 적극 권하는 메시지를 내놨고, 시진핑 주석도 다양한 공개 석상에서 중국에의 투자를 호소하고 있습니다.

　세계 경제 1위인 미국과 2위인 중국, 그들이 엎치락뒤치락하고는 있지만, 확실한 것은 둘 모두 성장률이 하락하고 있다는 점입니다. 2강 체제가 막을 내리고 주변국에서 새로운 강자가 출현하지 않을까 하는 기대 섞인 전망이 여럿 등장하고 있습니다. 어쩌면 인도가 그 주인공일지도 모르죠. 여러분은 앞으로의 정세가 어떻게 흘러가리라고 보시나요?

04

우리나라에의 영향

• • • · · • • •

최근 좋지 않은 기조가 계속되고는 있지만, 중국은 여전히 세계
에서 가장 강한 나라 중 하나이고, 지정학적으로 우리나라와 매우 가깝습니다. 중
국을 좋아하든 싫어하든 엮이지 않을 수 없습니다. 그들의 상황을 계속 예의주시하
는 가운데 우리만의 전략을 세울 필요가 있습니다.

중국이 위드 코로나로 막 전환한 2023년 1월 비행기 가격은 상상을 초월할 정
도였습니다. 일반적으로 '북경-인천'행 편도 티켓은 보통 우리나라 돈으로 20만 원
에서 30만 원 사이입니다. 하지만 눌려왔던 통제에서 벗어나고 싶은 욕구, 그리고
중국 최대 명절인 춘절과 시기가 겹치면서 편도 티켓의 가격은 60,000 위안에서
65,000 위안(약 1,100만 원~1,200만 원)으로 약 40배 상승했습니다. 게다가 고작 1시
간 30분 거리였던 것이 대련·심양·청도·홍콩 등을 경유하는 복잡한 노선으로 바뀌
고 시간도 10시간에서 21시간까지 늘어났습니다. 바로 옆 나라인 우리나라조차 이
러했는데, 다른 나라 항공편은 더 심각했죠. 그럼에도 불구하고 엄청난 중국인들이
해외로 물밀듯 쏟아져 나왔습니다.

한국국민 중국 단기비자 발급 중단에 관한 통지

中国驻韩国大使馆 2023-01-10 13:01 发表于韩国

중국 국내 지시에 따라 오늘부터 주한중국대사관 및 총영사관은 한국국민 중국 단기비자 (방문, 상업무역, 관광, 의료 및 일반 개인사정 포함) 발급 중단을 알려드립니다.

상기 사항은 한국이 중국에 대한 차별적인 입국 제한 조치 취소 상황에 따라 조정할 예정입니다.

주한중국대사관
2023년 1월 10일

이 광경을 보고 미국을 비롯한 전 세계 국가들이 중국발 입국자를 겨냥해 방역 장벽을 높였습니다. 위드 코로나 전환 이후 최악의 감염 사태를 겪고 있는 중국에서 3년간 억눌렸던 해외여행 수요가 분출하면 이를 계기로 새로운 변이가 확산될 수 있다는 우려 때문이죠. 또한, 중국 통계에 대한 불신도 한몫했습니다.

호주·인도·일본·영국·캐나다·이탈리아 등이 중국발 입국자 전원을 상대로 PCR 검사를 진행하였고, 만약 양성일 경우 격리 조치를 취했습니다. 우리나라 역시 마찬가지였죠. 모든 국가가 서서히 회복하는 시기에 자국민의 안전을 염려했기 때문입니다.

일반 네티즌은 SNS에 분노 섞인 말들을 쏟아냈습니다. "한국은 늘 중국에 자격지심을 가지고 있다.", "감히 한국이 중국을 막으려 하다니 분수를 모른다.", "아버지 나라에 대한 예의가 아니다." 등의 표현이 올라왔습니다. 중국 당국 역시 마찬가지입니다. 각국의 방역 강화 조치에 중국 정부는 "서방 국가와 언론이 중국의 코로나19 방역 정책 조정을 과장하고 왜곡하고 있다."는 입장을 내놨습니다. 왕원빈 중국 외교부 대변인은 정례 브리핑을 통해 "어느 국가든 코로나19 대응이 정상적인 인적 교류에 영향을 미쳐선 안 된다."며 경제회복과 성장을 촉진하기 위해 국가 간 서로 안전한 여행을 보장하고 산업 공급망의 안정성이 유지될 수 있도록 협력해야 한다고 촉구했죠. 그리고 한국과 일본의 모든 방문 단기비자 발급을 중단합니다. "상기 사항은 한국의 중국에 대한 차별적인 입국 제한 조치 취소 상황에 따라 조정할 예정"이라는 발언으로 양국에 대한 보복 조치임을 분명히 명시했죠.

두 나라는 모두 중국에 항의했습니다. 일본은 중국에 '극히 유감, 철회 요구'를 외쳤고, 이는 비과학적인 보복일 뿐 아니라 '비례성의 원칙'에도 어긋난다는 불만을 제기하였고, 우리나라 역시 채널을 풀가동해 중국과의 소통에 힘썼습니다. 유엔도 이 사태를 바라보며 "여행객 심사 등에 관한 모든 결정은 오직 과학적 근거들에 기반해 내려져야 한다는 것이 매우 중요하다."며 한국과 일본을 대상으로 한 중국의 단기 비자 발급 중단이 과학적 근거에서의 정책이 아닌 보복 조치라는 것을 간접적으로 지적했죠.

비자 사태는 40여 일이 지난 2월 15일 해제됩니다. 코로나 이전 시절 보통 주당 1,160회 항공편이 운항되었지만, 2월에는 고작 70회 미만으로 교류는 제한적이었죠. 4월 18일부터 본격적으로 김해공항과 베이징 직항을 시작으로 다른 지역 항공편도 순차적으로 늘어가게 됩니다. 그리고 4월에 우리나라 명동 등 면세점과 쇼핑가에 한순간 활력이 돌기도 했습니다. 하지만 중국인에게 한국행 단체 비자는 여전히 풀지 않아 중국 고객의 유입은 제한적이었고, 이에 따라 항공사들은 여객 수요가 높은 일본과 동남아권 확대에 집중합니다.

스인홍 베이징 인민대학 국제관계 교수는 일련의 비자 사태가 실제로는 PCR 검사에 대한 보복이 아닌, 실제로는 2022년 12월, 한국 일부 국회의원들이 대만을 방문한 것에 대한 보복이라는 평을 내놓았습니다. 그리고 중국이 이런 보복을 할 수 있는 이유로 "중국은 나라별로 보복의 강도가 명확히 다르다. 가령 상대가 미국일 경우 자국에 아주 적대적인 조치를 할 때만 보복하지만, 한국의 경우 상대적으로 약한 조치를 취해도 강경대응을 한다. 이는 한국 경제가 중국에 크게 의존하고 있기 때문이며, 한국 입장에서 취할 수 있는 대책도 제한적이기 때문이다."라고 분석했죠.

차이나 리스크가 갈수록 커지고 있음은 지표로도 확인이 됩니다. 수출입 중심 국가인 우리나라에게 있어서 중국은 지금까지 최대 교역국으로서 경제 발전의 큰 축을 차지했었습니다. 그러나 무역협회의 자료를 참조하면 중국이 최대 흑자국에서 최대 적자국으로 전환되었고, 2023년 1월 한국의 대중 무역수지는 39억 3,300만 달러로, 이달 최대 무역 적자국으로 기록됐습니다. 참고로 월간·연간 기준 통틀어 중국이 최대 무역 적자국에 오른 적은 지금까지 한 번도 없었습니다. 반면 주변국과의 무역 확대가 눈에 띄며 우리나라도 공급망

최대 무역 흑자국에서 최대 적자국으로 변한 중국

올해 한국 무역 적자 교역국 순위

단위:달러, 2023년 1~2월 기준

순위	국가	금액
1위	중국	50억7000만
2위	호주	48억2000만
3위	사우디아라비아	46억7000만
4위	일본	35억3000만
5위	독일	26억5000만
6위	카타르	25억2000만

지난해 무역 흑자국 순위

단위:달러, 2022년 기준

순위	국가	금액
1위	베트남	342억5000만
2위	미국	280억4000만
3위	홍콩	257억9000만
4위	인도	99억8000만
5위	싱가포르	98억6000만
6위	중국	12억5000만

다각화를 꾀하고 있습니다.

우리나라 경제는 중국 경제에 매우 의존적입니다. 한국개발연구원 KDI 보고서에는 '중국 경제의 침체는 우리 경제에 적지 않은 부정적 영향을 준다'라고 명시되어 있습니다. 보고서에서의 예를 들면, 중국 건설업 생산이 줄면 우리나라 GDP는 약 0.4% 감소합니다. 그 이유는 우리나라가 중국에 판매하는 중간재 수출이 함께 줄어들기 때문입니다. 광업·금속제품·비금속광물을 취급하는 회사들이 어려워지고 운송업도 타격을 받습니다. 그리고 해당 산업에 종사하는 분들의 소득이 줄어들어 돈을 덜 쓰면 국내 시장도 함께 축소됩니다. 이러한 직·간접적 영향을 모두 고려한다면 약 0.4% 감소한다는 것이죠.

심지어 IMF는 2023년 10월, 더 암울한 분석을 내놓았습니다. 미국 주도로 글로벌 공급망과 투자를 비롯한 경제 분야에서 중국 의존도를 낮추는 디리스킹(Derisking: 탈 위험)이 본격화하면 한국의 GDP는 4% 가까이 줄어들 것으로 추산합니다. 이는 세계 전체와 경제협력개발기구 GDP 손실이 1% 정도로 잡은 것에 비하면 4배 높은 수치입니다.

〈알아야 보인다〉에서도 언급했지만, 중국과의 관계는 이제 변해야 합니다. 중국이 세계의 공장이던 시절 그들의 인건비는 저렴했고, 우리나라의 기술이 그들보다 훨씬 높았습니다. 따라서 우리는 원자재를 중국으로부터 수입했고, 그것을 가공하여 고부가 가치 상품을 중국에 판매했습니다. 하지만 이제는 중국의 기술력이 우리나라의 핵심 분야인 반도체와 배터리 등 일부 품목을 제외하면 대부분 우리나라를 상회했습니다. 그 결과 우리가 중국에 원자재를 수입하는 것은 여전하지만, 그들에게 판매할 것은 고부가 가치 상품이 아닌 몇몇 중간재만 남았습니다. 그리고 그 중간재조차 중국이 자체적으로 해결할 수 있게 됐죠. 결국 한국과 중국과의 무역 관계에서 원자재 수입만이 남았고, 수출은 없어지고 있습니다. 이제 중간재를 판매하려면 우리나라보다 기술력이 적은 주변국에 해야 합니다. 그중 하나가 바로 베트남입니다.

한국은행 역시 2023년 12월, 중국과의 관계에 변화가 필요하다는 보고서를 내놓았습니다. 중국이 소비와 첨단산업 위주로 성장동력 전환을 꾀하는 '리밸런싱'을 추진하면서 우리 경제가 과거와 같은 이득은 더 이상 누리기 어려울 수 있다는 분석을 내놓았습니다. 이에 대한 단기적 해결책은 사실 없습니다. 당장은 지나치게 의존적인 관계를 탈피하기 위해 공급망 다각화를 하면서 우리의 유일한 장점인 기술력을 더욱 키우는 것입니다. 결국 장기적으로 봐야 합니다.

이제 과거 우리나라가 누렸던 '중국 특수'는 더 이상 없습니다. 우리는 땅도 적고, 자원도 없고, 인구는 훨씬 적습니다. 오직 기술밖에 없는데, 그 기술조차 중국이 엄청난 R&D 투자로 앞지르고 있습니다. 이것이 뒷장에서 언급할 '중국 굴기'입니다.

CHAPTER

05

제5장

반도체 주권

중국 굴기와 반도체

• • • · · • • •

중국이 말하는 '굴기(崛起)'는 '부상'을 의미합니다. 이 용어는 중국
이 세계 무대에서 경제·군사·기술·문화 등 다양한 분야에서 강력한 영향력을 발휘하

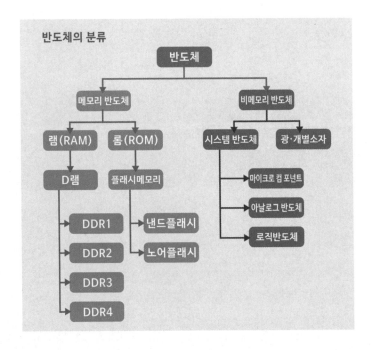

고자 하는 국가적 목표와 야심을 나타냅니다. '굴기'는 시간이 흐르면서 중국이 세계적인 대국으로서 자리매김하려는 전략의 일환이 되었고, 경제적 성장뿐만 아니라 기술 혁신·군사적 강화·문화적 영향력 확대 등을 포함하는 포괄적인 개념이 되었습니다. 이번 장에서는 '굴기'에서의 한 분야인 반도체에 대해 함께 알아볼까요.

우선 '반도체(Semiconductor)'라는 단어에서 알 수 있듯이, 전기가 흐를 수 있는 도체의 성질과 흐르지 못하는 부도체가 되는 두 가지 성질을 동시에 갖고 조절할

디지털화와 연결성의 증가

AI와 머신러닝의 발전

데이터 센터와 클라우드 컴퓨팅

고도화된 제조 공정

소비자 전자 및 모바일 기기의 성장

수 있는 물질을 말합니다. 크게 메모리 반도체와 비메모리 반도체로 나뉘는데 전자는 기억을 담당하고, 후자는 연산을 담당합니다. 요즘 사람들이 데이터 시대, AI시대라는 말을 많이 하는데, 이러한 첨단 기술도 이를 뒷받침할 컴퓨팅 파워가 제공되지 않으면 작동할 수 없습니다. 그 파워를 제공하는 것이 바로 반도체입니다.

4차 산업혁명이 본 궤도에 접어들면서 반도체는 또다시 자타공인 핵심 산업으로

자리 잡았죠. 다섯 가지 이유가 있습니다.

우선 4차 산업혁명은 인터넷·AI·IoT·빅데이터 등 디지털 기술의 급속한 발전과 확산을 특징으로 합니다. 이들의 구현에 있어서 반도체가 반드시 필요합니다. 반도체는 핵심 구성 요소로 연결성·데이터 처리 및 저장·효율적인 에너지 관리 등을 가능하게 하죠.

AI와 머신러닝 알고리즘은 대량의 데이터를 빠르고 효율적으로 처리해야 합니다. 이를 위해서는 고성능 반도체가 필수적입니다. 이러한 기술들은 자율주행·스마트 도시·개인화된 의료 등 다양한 분야에서 적용되고 있습니다.

클라우드 컴퓨팅과 데이터 센터는 대량의 데이터를 저장하고 처리하는 데 필수적인 인프라입니다. 이러한 시스템들은 많은 양의 반도체를 필요로 하며, 그 중요성은 계속 증가하고 있습니다.

반도체는 제조 공정의 자동화와 효율화를 가능하게 하는 핵심 요소입니다. 스마트 팩토리와 같은 첨단 제조 시설에서는 다양한 센서와 제어 시스템이 필요한데, 이들 모두 반도체 기술에 의존합니다.

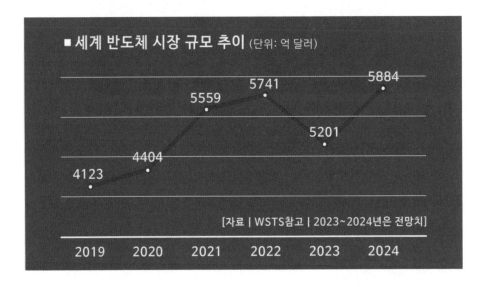

■ 세계 반도체 시장 규모 추이 (단위: 억 달러)

5741
5884
5559
5201
4404
4123

[자료 | WSTS참고 | 2023~2024년은 전망치]

2019   2020   2021   2022   2023   2024

태블릿·스마트폰·웨어러블 기기 등의 소비자 전자 제품은 반도체 없이는 작동할 수 없습니다. 이러한 기기들은 점점 더 강력하고 효율적이며, 다양한 기능을 갖추고 있는데, 이 모든 것이 반도체 기술의 발전에 기인합니다.

이처럼 반도체는 4차 산업혁명의 여러 핵심 기술들을 가능하게 하는 기반을 제공합니다. 이러한 이유로 관련 산업은 계속해서 성장하고 있으며, 전 세계 경제에서 중요한 위치를 차지하고 있습니다.

세계반도체무역통계(WSTS)는 세계 반도체 시장 규모가 꾸준히 우상향을 그리는 것으로 바라봤는데, 유독 2023년은 시장이 축소된 후 2024년부터 다시 성장할 것으로 바라봤습니다. 어째서 이런 결과가 나왔을까요?

반도체 전쟁사

• • • · · • • •

어떤 현상을 살펴보려면 항상 거시적인 시각으로 바라봐야 합니다. 과거를 알면 현재를 이해할 수 있고, 더 나아가 미래를 예측할 수 있는 법이죠.

a. 1950년-1975년, 반도체의 태동

반도체 산업은 원래 미국이 선도하며 시작된 분야입니다. 트랜지스터를 발명한 반도체의 아버지 윌리엄 쇼클리가 1957년 '쇼클리 반도체 연구소'를 세우면서 역사가 시작됩니다. 쇼클리는 반도체 분야에 재능 있는 천재 개발자들을 모아 회사를 키워 가고 있습니다. 하지만 그는 특유의 편집증적이고 괴팍한 성격을 가지고 있었고, 동료 직원들과 불협화

음이 끊이지 않았죠. 결국 8명의 연구원들이 연구소에서 나와 '페어차일드 반도체(Fairchild Semiconductor)'라는 기업을 설립합니다. 훗날 '8인의 배신자 사건'으로 불리는 이것은 반도체 역사에서 큰 획을 그은 사건으로 기록됩니다.

1960년대, 반도체 기술은 급속도로 발전합니다. 페어차일드 반도체는 혁신적인 집적회로(IC)를 개발하여 세계를 놀라게 했죠. 더 많은 트랜지스터를 한 칩 위에 집적하는 이 기술은 컴퓨터의 크기를 줄이고 성능을 더욱 끌어올립니다. 인텔·AMD·모토로라 등의 회사가 설립되어 컴퓨터 산업의 미래를 그려가기 시작했고, 반도체는 이윽고 '첨단 산업의 쌀'로 불리게 됩니다. '페어차일드 반도체' 출신들과 직간접적으로 연관된 기업들을 '페어칠드런(Fairchildren)'이라고 부르는데, 이들 회사가 주로 모여있는 캘리포니아 일대는 이후 반도체의 주재료인 실리콘에서 이름을 따와 실리콘밸리라고 불리게 되죠.

고든 무어 등이 창업한 인텔은 세계 최초로 D램을 개발하고 세계시장을 장악합니다. 1974년 기준 D램 시장 점유율은 무려 90%라는 놀라운 수치를 달성합니다. 그리고 같은 시기에 애플과 마이크로소프트가 창업되어 역사의 무대에 등장합니다.

b. 1975년-1985년, 뒤바뀐 구도

놀라운 성과에도 불구하고 미국 반도체의 전성기는 황금 자본주의 시대가 저물며 하락하기 시작합니다. 미국이 주도권을 잡던 시장에 뛰어든 일본은 제조 기술력을 앞세워 빠르게 치고 올라갑니다.

당시 일본 정부는 반도체 산업을 전략적으로 중요하게 여겼습니다. 일본 기업들은 정부의 강력한 지원을 받으며 연구개발에 막대한 투자를 할 수 있었고, 품질 관리와 생산 기술에 있어 세계적 수준을 갖추는 데 성공합니다. 그리고 일반제품에의 반도체 상업화에 전념했죠. 이때 두각을 보인 기업이 소니와 히타치 등입니다.

반면 기존 강자였던 미국에서의 반도체 사용 용도는 대부분 군사용과 우주 개발

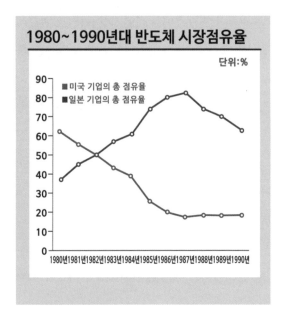

1980~1990년대 반도체 시장점유율

단위:%

■ 미국 기업의 총 점유율
■ 일본 기업의 총 점유율

용이었습니다. 당시의 올드 스페이스 시대에 있어서 구매 고객은 자연스럽게 미국 정부로 한정되었고, 가격 경쟁이 크게 벌어지지 않았습니다. 여기에 오일쇼크가 겹치고 경제불황이 찾아오자, 미국은 R&D에 과감한 투자를 할 여력도, 의지도 사그러지고 맙니다.

반도체 산업의 성장은 결국 R&D에서 이어지는 기술력 증가와 제조 능력입니다. 두 나라의 상황과 전략이 서로 엇갈렸고, 결과는 오른쪽 그래프처럼 일목요연하게 드러났습니다. 1980년 미국의 세계시장 점유율은 60%, 일본은 30%이었습니다. 하지만 고작 7년 후 일본은 80% 이상을 점령하였고, 미국은 간신히 10%대 후반을 유지하는 정도에 그칩니다. 결국 반도체 시장의 주도권은 일본으로 완전히 넘어가고 말았죠.

c. 1986년-1990년, 강자의 횡포와 반도체의 가치

1980년 중반, 미국 기업들은 심각한 위기에 직면했습니다. 한때 세계 점유율 90%에 육박했던 인텔조차도 1985년 D램 사업을 포기해야 할 정도였죠. 이러한 상황은 미국 정부의 개입으로 이어지고 맙니다. 이때 중요한 전환점이 된 것이 바로 '플라자 합의(Plaza Accord)'입니다. 플라자 합의란 1985년 9월 22일에 미국·일본·서독·영국·프랑스 등 주요 5개국(G5) 재무장관과 중앙은행 총재가 뉴욕의 플라자 호텔에 모여 체결한 국제통화 협정을 말합니다. 주요 목적은 달러 강세를 멈추기 위해 일본 엔화 가격을 조정하는 것이었죠. 플라자 합의로 인해 달러가 약세로 돌아서자, 미국 제조업의 경쟁력은 다시 증가합니다.

반면 일본은 엔화 가치 상승, 즉 엔고 현상으로 인해 반도체 가격이 증가하였고, 세계시장에서의 일본의 반도체 산업은 영향력을 잃기 시작했습니다. 1986년, 일본 정부는 미국과의 무역 압력

에 굴복하여 미국산 반도체의 수입을 늘리고, 공정가격 이하의 반도체 수출을 중단하는 '미일 반도체 협정'을 체결합니다. 미국은 이에 만족하지 않고 1987년 '슈퍼 301조' 무역 보복, 그리고 1991년과 1996년에 걸쳐 반도체 협정을 두 차례나 더 반복합니다.

일련의 사건들은 미국이 1990년대에 다시 반도체 시장에서의 영향력을 회복하는 데 기여했습니다. 1992년, 인텔은 일본 NEC에게 빼앗겼던 세계시장 1위 타이틀을 되찾아옵니다. 반면 일본 기업들은 이러한 국제적 압박에 직면하여 점차 쇠퇴의 길을 걷게 되었죠. 그리고 '잃어버린 30년'이 시작됩니다.

반도체가 단순히 하나의 산업 아이템이라고 볼 수도 있습니다. 하지만 어째서 정부까지 나서서 기업과 기업 간의 경쟁에서 영향력을 발휘한 것일까요? 이는 반도체가 전자 산업뿐만 아니라 군사적으로도 핵심적인 역할을 수행하기 때문입니다. 반도체는 그 자체로 하나의 산업 영역을 형성하면서도, 동시에 국가안보 및 경제적 전략의 일환으로 기능하고 있습니다. 단순 기업 비즈니스를 넘어선 국가 비즈니스인 것이죠.

d. 1991년-2015년, 시장의 변화

미국과 일본, 두 나라의 패권싸움에서 또 하나의 경쟁자가 등장합니다. 바로 우리나라죠. 1900년대 후반 이른바 '3저(저금리·저유가·저달러)'로 인해 호황을 누리던 삼성전자는 반도체에 막대한 R&D 자금을 투자해 세계시장에 두각을 보이기 시작합니다.

삼성전자가 최초로 반도체 사업에 뛰어든 시기는 1974년으로, 미국과 일본에 비해 약 30년 가까이 늦은 출발이었습니다. 몇십 년 동안 적자 행진이 이어졌었죠. 여기서 시장이 변화했습니다. 기존의 반도체는 군사/우주 장비, 대형 고성능 컴퓨터 등에 들어갔습니다. 당연히 가격도 높았고 성능도 높아야 했습니다. 하지만 퍼스널 컴퓨터가 등장하고 저가 컴퓨터가 보급되기 시작합니다. 더 이상 컴퓨터가 전문 연구기관만의 전유물이 아니게 된 것이죠. 소수의 고성능 컴퓨터가 아닌, 다수의 저성능 컴퓨터가 선호되기 시작합니다. 삼성은 미일 반도체 협정 1년 뒤인 1987년 이건희 회장이 취임하면서 반도체 산업을 대대적으로 확장하기에 이릅니다.

〈세계 Top 10 반도체 기업 변천〉

Rank	1990		1995		2000		2005		2014		2015F
1	NEC	4.8	Intel	13.6	Intel	29.7	Intel	31.6	Intel	51.4	Intel
2	Toshiba	4.8	NEC	12.2	Toshiba	11.0	Samsung	19.7	Samsung	37.8	Samsung
3	Hitachi	3.9	Toshiba	10.6	NEC	10.9	TI	13.7	Qualcomm**	19.3	Qualcomm**
4	Intel	3.7	Hitachi	9.8	Samsung	10.6	Toshiba	10.0	Micron	16.7	SK Hynix
5	Motorola	3.0	Motorola	8.6	TI	9.6	ST	9.9	SK Hynix	16.3	Micron
6	Fujitsu	2.8	Samsung	8.4	Motorola	7.9	Renesas	8.2	TI	12.2	TI
7	Mitsubishi	2.6	TI	7.9	ST	7.9	Hynix	7.4	Toshiba	11.0	NXP/Freescale
8	TI	2.5	IBM	5.7	Hitachi	7.4	Freescale	6.1	Broadcom**	8.4	Toshiba
9	Philips	1.9	Mitsubishi	5.1	Infineon	6.8	NXP	5.9	ST	7.4	Broadcom**
10	Matsushita	1.8	Hyundai	4.4	Philips	6.3	NEC	5.7	Renesas	7.3	ST

값이 저렴할수록 잘 팔리니까 부품들도 다 값이 저렴해야 했습니다. 그 덕분에 계속 적자만 봐왔던 삼성전자의 저가 D램이 불티나게 팔려나가기 시작합니다. 이제 시장은 수명 25년짜리 반도체가 아닌, 고작 수명 5년짜리 반도체를 선호하게 된

겁니다. 하지만 일본 반도체 기업들은 바뀐 세상을 외면한 채 고품질 반도체 제작을 고집합니다. 일본은 '잘 만든 제품'을 판매했고, 한국은 '잘 팔릴 제품'을 판매한 것입니다. 일본 특유의 장인 정신이 발목을 잡은 형세가 되고 말았죠. 삼성전자는 1995년 세계 6위에 등판했고, 2000년에는 4위, 그리고 2006년부터는 한동안 인텔에 이은 세계 2위 자리를 유지하게 됩니다.

현대전자는 외환위기 직후인 1999년 LG반도체와 합병하여 일 년 동안은 현대전자와 현대반도체라는 두 개의 법인으로 존재하다가, 2001년 3월 '하이닉스 반도체'라는 이름으로 새롭게 사업을 이어갑니다. 그러다 2011년 11월, 하이닉스를 SK텔레콤이 인수하면서 2012년 'SK하이닉스'라는 이름으로 재탄생합니다. 2006년 세계 7위, 2014년에는 5위, 2015년에는 4위에 등극하죠.

기업들이 생산량을 대폭 늘리면서 반도체 초과 공급 현상이 나타나자, D램 가격이 폭락합니다. 이때 일본의 도시바(Toshiba), 샤프(Sharp)와 같은 초거대 기업들이 무너졌죠. 반면 삼성과 SK하이닉스는 감산하지 않고 버텼습니다. 당장 타격을 받더라도 장기적인 관점에서 메모리 우위를 점하기 위해 이 시기를 버텨야 한다는 판단이었던 거죠. 그 결과 세계 메모리 반도체 시장은 삼성·SK하이닉스와 미국의 마이크론(Micron) 세 기업이 대부분을 차지하게 됩니다.

한편 일본이 잘나가던 시절, 그들과의 경쟁에 뒤처져 라인을 놀리게 된 공장이 미국에 우후죽순 등장합니다. 설계 능력이 있는 엔지니어들은 그 라인을 값싼 값에 인수할 수 있었죠. 그 결과 나타난 것이 제작 전문업체입니다. 제작 전문업체가 생겨남에 따라 공장 없이 반도체 설계만 하는 기업들도 생겨나고, 전문 분업화가 태동합니다. 설계만을 전문으로 하는 회사들을 '팹리스(Fabless)', 제작만을 담당하는 반도체 회사를 '파운드리(Foundry)'라고 말합니다.

예를 들어 과거 우리나라에도 각각 중국집이 각자 라이더를 고용해서 짜장면 등을 배달했습니다. 하지만 이제는 음식점은 음식만 만들고, 배민과 같은 배달 전문

팹리스(Fabless)   파운드리(Foundry)

위탁업체가 생겨 음식점은 추가 고용 비용을 절감할 수 있게 되었죠. 이것의 구조
와 유사합니다.

팹리스 산업을 극도로 전문화한 인물이 한때 미국 반도체 회사 텍사스인스트루
먼트(Texas Instruments)에서 3인자의 위치까지 올랐던 모리스 창입니다. 그는 1987
년 반도체 위탁생산 전문업체를 창업하는데, 이 회사가 바로 현재의 대만 TSMC
죠. 미국의 팹리스 기업들은 설계만 하고, 제조는 대만이 하는 시스템 반도체 산업
의 새로운 생태계가 조정됩니다. TSMC는 1988년 인텔과 반도체 위탁생산 전략적
제휴를 맺은 이후 급격히 성장가도를 달립니다. 이후 미국의 많은 반도체 설계 스
타트업은 TSMC에 반도체 생산을 위탁 함으로써 반도체 직접 생산에 대한 기술적
비용적 부담을 덜고 고속 성장하며 상부상조하게 됩니다. 이 과정에서 탄생하게 된
기업들이 바로 퀄컴과 엔비디아 등입니다. 게다가 구글·아마존·마이크로 소프트와
같은 플랫폼 기업들도 AI 시대가 도래함에 따라 각자 필요에 맞는 반도체가 필요해
졌는데, 이러한 확장이 가능한 배경 역시 TSMC가 있었기에 가능했던 것이죠.

e. 2016년-현재. 중국의 등판과 견제

TSMC의 사례를 본 세계는 이제 반도체 산업의 분업화에 주력합니다. 한 회사가 설계부터 제조까지 몽땅 도맡는 팔방미인보다는 특정 부분에 집중함으로써 투자비용을 절감하고 기술력을 최대한 끌어올리겠다는 이들이 늘어났습니다. 서로가 서로를 의지하며 맞물린 톱니바퀴처럼 운영되는 구조입니다.

제작 부분에서 시스템반도체 설계는 구글·아마존·마이크로소프트 등, 시스템반도체 제작은 TSMC·삼성·인텔 등, 메모리 설계부터 제작까지 모두 도맡는 기업은 삼성·SK하이닉스·마이크론 등입니다. 장비와 소재를 살펴보면, 제작 소프트웨어는 미국이, 소재와 구식 노광장비는 일본이, 최첨단 노광장비는 네덜란드가 주로 맡았습니다.

이 상황에 중국이 존재감을 드러내면서 새로운 변화가 찾아옵니다. 중국은 1956년부터 반도체 산업을 시작했습니다. 하지만 초창기의 미국이나 소련과 같이 반도체를 군사적 시선으로만 바라봤기에 별다른 성장을 보이지 못했습니다. 그러다 2000년 이후 WTO 가입과 함께 중국이 본격적으로 산업화 물결을 타게 되고, 여기서 나타난 기업이 SMIC와 화웨이 등입니다.

중국제조 2025 목표

1단계 (2016~2025)
-핵심 소재·부품 70% 자급자족
2단계 (2026~2035)
-제조 강국 일본 · 독일 추월
3단계 (2036~2045)
-미국 꺾고 제조 최강국 달성

'중국제조 2025'에서 선정한 9개 품목별 성장목표 달성률

단위: %, 2020~2030년 사이 성장 목표 기준

농기계
기초 소재
고기술 선박
전기자동차 — 배터리·모터 포함
의료장비 핵심 부품
이동통신장비
고성능 컴퓨터
산업로봇
첨단 의료기기

중국의 권력을 장악한 시진핑 주석은 2015년 '중국제조2025(中国制造2025)'를 선포합니다. 당시 10% 미만이었던 핵심 소재와 부품을 10년 후 70%까지 끌어올리겠다는 원대한 계획이죠. 여기에 반도체가 포함되어 있습니다.

정부가 주도하는 엄청난 자금 투자로 인해 중국 국내에 반도체 기업이 우후죽순 나타나기 시작했고, 중국은 설계부터 개발까지 모두 단독으로 처리하고 압도적인 성능과 저렴한 가격으로 4차 산업혁명에서의 쌀을 독차지하겠다는 야심을 숨기지 않고 있습니다. 2022년 6월, 블룸버그는 지난 1년간 가장 빠르게 성장한 반도체 기업 20곳을 선정해 발표했는데, 이 가운데 19개가 중국기업이라는 놀라운 결과가 나타납니다.

미 반도체법 가드레일 조항 세부안 ●자료 미국 상무부

1. 보조금 수령 시 다른 국가에서 보조금 사용 금지
2. 보조금 수령 후 10년 동안 안보 우려국(중국, 러시아 등)에서 반도체 생산능력 '실질적 확장'시 보조금 전액 반환
3. 첨단반도체, 생산능력(웨이퍼 투입 기준)5% 이상 확장 불가
4. 보조금 수령 시 우려 단체와 국가 안보 관련 기술 공동 연구 제한

미국은 곧바로 견제에 들어갑니다. 이미 소개한 CHIP4 동맹을 비롯하여, 2022년 7월에는 AI에 사용될 그래픽 칩 등은 중국에 수출하지 못하게 막았으며, 시스템 반도체의 경우 16나노 이하, D램은 18나노 이하, 낸드플레시는 128단 이상의 수출도 막았고, 그것을 만들기 위한 장비 수출 역시 막았습니다. 미국 시민 또는 영주권자인 반도체 엔지니어들은 중국 관련 기업에서 일할 수 없습니다. 미국은 중국을 전방위로 압박하기 위해 자신의 동맹에게도 제재에 동참할 것을 강요하고 있습니다. 한 예로, 미국 정부의 보조금을 받은 반도체 관련 기업은 향후 10년 동안 중

국에 투자할 수가 없습니다. 이를 가드레일 조항이라고 합니다. 미중분쟁이 반도체 영역에서도 적용되는 것이죠.

정리하자면 반도체 산업은 미국에서 태동했고, 군사와 우주산업에만 주력했던 미국에서 상업화에 주력했던 일본으로 주권이 넘어갑니다. 위기감을 느낀 미국은 일본에 각종 규제를 가했고 주권을 회복하는 데 성공하죠. 이후 3차 산업혁명이 본격화하고 퍼스널 컴퓨터와 모바일이 개개인에게로 확대되자, 저렴한 반도체가 선호되기 시작했고, 이때 우리나라의 삼성과 SK하이닉스가 흐름의 안착에 성공해 세계시장을 주름잡았습니다. 또다시 시간이 흐르고 4차 산업혁명이 도래했습니다. AI와 자율주행뿐만 아니라 뉴 스페이스 시대에서의 도약 역시 반도체가 필수임이 다시 한 번 입증되자, 전 세계적으로 수요가 또다시 폭발합니다.

반도체를 발명한 미국은 소프트웨어나 알고리즘이 알짜배기 혁신으로 생각했고, 부가가치가 낮은 제조는 분사하거나 아시아로 넘기는 판단을 합니다. 하지만 시간이 지나고 보니 오히려 제조가 혁신임이 증명되었습니다. 4나노에서 3나노로, 3나노에서 2나노로, 점점 작아지고 정교해지는 반도체를 언제든지 직접 만들어 낼 수 있을 것으로 생각했지만, 실제로는 그렇지 못했죠.

가령 Zara는 패션 제품을 빠르게 디자인하고, 아시아 등의 지역에서 저렴한 비용으로 대량으로 생산합니다. 이를 통해 최신 패션 트렌드를 빠르게 반영하며 소비자에게 값싼 옷을 제공하죠. 그들은 언제든지 직접 옷을 생산할 수 있습니다. 해외에서 옷을 생산하는 것은 단지 비용절감과 빠른 배송을 위한 것이죠. 자동차나 핸드폰도 이런 구조를 보이고 있습니다. 하지만 최첨단 반도체는 만들고 싶어도 능력이 없으면 만들 수 없습니다. 한때 10나노가 반도체 미세화의 한계라는 표현이 있었습니다. 하지만 그 벽은 어느샌가 허물어지고 초미세공정의 시대가 열립니다. 제조업체는 꾸준히 기술 개발에 엄청난 투자를 멈추지 않았고, 2023년 12월 기준 극자외선 노광장비(EUV: Extreme Ultra Violet)를 사용해 전 세계에서 10나노 이하 공정이 가능한 기업은 TSMC와 삼성 단둘만 존재합니다. 설계가 을이 되었고, 제조가 갑인 상황이 펼쳐진 것이죠. 그 결과 설계는 여전히 가능하지만, 제조능력이 크게 위축된 미국은 안보에 불안감을 느끼게 됩니다. 그렇기에 세계 패권을 노리며 반도체 자립을 외치는 중국에게 견제를 가하는 것이죠.

지구가 블록화되고 진영 대 진영으로 구분되자, 지난 70년 동안 반도체 산업에 눈부신 발전을 가져왔던 국제분업의 시대는 이제 저물어 가고 있습니다. 미국은 반도체 산업의 주도권을 자국 본토로 이전시키기 위해, 미국 내 반도체 생산 라인을 구축하면 25%의 세액을 감면해주는 칩스법을 통과시킵니다. 설계부터 생산까지 모든 과정을 직접 수행하겠다는 것이죠. 여기에 호응하듯 미국 마이크론은 공장을 신설하겠다고 발표했고, 우리나라 삼성과 SK하이닉스 역시 미국 공장 설립을 발표합니다. 미국뿐만 아니라 일본·독일·영국 등도 각자의 방법으로 자급자족을 외치며 공장을 늘려가고 있습니다. 서로 비효율을 외치며 각자의 생산을 늘려가는 꼴입니다. 지금의 상황은 자유무역을 추구하던 WTO 체제에 정면으로 충돌하고 있습니다.

여기에 코로나19로 인한 금리상승과 글로벌 경기 침체가 나타났고, 더구나 ChatGPT로 시작된 생성 AI시대에서 전력 소비량은 엄청나게 늘어나고, 탈 탄소에 친환경에너지 도입으로 인해 전력 가격도 덩달아 올랐습니다. 이런 추세가 계속되면 머지않아 세계는 반도체 공급과잉에 직면하게 됩니다. 실제로 2024년 1월 국제반도체장비재료협회(SEMI)는 200㎜ 웨이퍼 환산 기준으로 2023년 전 세계 반도체 생산능력이 전년 대비 5.5% 성장한 월 2,960만 장이었고, 올해에는 6.4% 더 성장해 3,000만 장을 돌파할 것이라고 전망했습니다. 서로가 분업이 아닌, 모든 과정을 직접 제작하는 꼴이기에 원가는 높아지는데, 넘쳐나는 공급에 시장가격은 하락하게 됩니다.

최첨단 반도체는 2나노를 넘어 1나노, 그리고 그 너머를 바라보는 시점에 와 있습니다. 이처럼 작게 만드는 기술적 봉착이 눈앞에 다가왔는데 공급망 붕괴에 분업

파운드리 3사 나노 미래 로드맵 단위: nm(나노·10억분의 1m)

	삼성전자	TSMC	인텔	일본 라피더스
2024년 (하반기)			1.8nm	
2025년	2nm	2nm	1.4nm	
2026년 (하반기)		1.6nm		
2027년	1.4nm	1.4nm		2nm

생태계는 사라지고, 원가는 높아지는 등 여러 악재가 겹쳐 반도체 산업에 먹구름이 드리운 시점이 2023년입니다.

중국의 반격

• • • · · • • •

a. 자체 제작

미국과 중국 간의 경쟁은 가전제품 등에 쓰이는 일반 반도체가 아닌, 최첨단 반도체에 있습니다. 최첨단 반도체 제조 기술 확보 여부가 궁극적으로는 얼마나 더 뛰어난 군사 장비를 확보할 수 있는지와 직결되기 때문이죠. 우리는 이미 지난 한 세기 동안 세계 각국의 석유 쟁탈전이 전쟁이나 불편한 동맹, 외교적 갈등을 유발한 것을 확인했습니다. 그리고 강대국은 첨단 컴퓨팅 기술을 확보할 때마다 이를 군사·정보 시스템에 우선적으로 도입합니다. 즉, 미국이 중국 반도체를 규제하는 것은 아시아·태평양 지역의 군비 경쟁과 연관됩니다.

중국은 반도체를 수입에 의존하지 않고 자체 반도체 공급망 구축을 목표로 2015년 '반도체 굴기'를 시작했습니다. 지식재산권 침해·정부 보조금에 따른 불공정 무역 등으로 중국에 대한 불만이 극에 달했던 미국은 결국 결단합니다. 도널드 트럼프 전 미국 대통령은 2018년 중국산 수입품에 고율 관세 부과를 시작으로 화웨이 등 개별 기업에서 산업·공급망을 직접 겨냥하는 방식으로 진화했고, 뒤이은 바이든 정부 역시 중국에 대한 견제를 멈추지 않고 있습니다.

중국은 미국의 행위를 즉시 세계무역기구(WTO)에 제소합니다. 하지만 분쟁 해소까지 몇 년이라는 매우 오랜 시간이 걸리는데, 속도가 생명인 R&D 투자현장에서 미국의 조치는 중국에게 있어서 매우 큰 타격일 수밖에 없습니다. 미국의 대중 견제는 몇 년에 걸쳐 진행 중입니다. 그러면 실제로 중국의 반도체 산업이 미국 의도대로 흘러갔을까요?

2023년 8월 29일, 중국 화웨이가 신제품 '메이트60 프로'를 출시합니다. 화웨이는 휴대전화 부품 가운데 만여 개를 중국 내에서 개발했다고 밝혔죠. 자국 핸드폰 부품을 스스로 만드는 것 자체는 이상하지 않습니다. 하지만 문제는 핸드폰 내에 7나노 반도체가 포함되어 있었다는 점이죠. 미국은 중국에 흘러가는 기술·장비·완제품 모두를 전방위적으로 제재하고 있습니다. 이 와중에 7나노 반도체를 탑재한 핸드폰이 출시된 겁니다. 화웨이는 중국 반도체 기업 SMIC가 직접 개발한 것이라고 발표합니다.

미국은 크게 놀랐습니다. 특히 미국은 국가안보를 이유로 2019년부터 화웨이를 블랙리스트에 올려 자국 기업들이 화웨이와 거래하는 것을 금지했고, 2022년에는 대중국 수출을 막는 통제 조치를 시행했으며, 완제품은 14나노 이하 수출을 엄격하게 막았음에도 불구하고 이런 결과가 나온 겁니다. 이에 블룸버그 통신은 "중국이 미국의 제재를 우회해 자체 반도체 개발에 성공한 것으로 보인다."고 평가했죠.

중국 SNS는 불타올랐습니다. 자신들을 억압하던 미국에게 한 방 먹여주었다

지나 러몬도 미국 상무장관의 사진을 이용한 조롱 섞인 가짜뉴스

는 글이 엄청나게 올라왔고, 그중에는 미국 반도체 정책의 선봉장인 지나 러몬도 미국 상무장관의 사진을 도용해 브랜드 홍보대사로 표현하는 조롱 섞인 가짜뉴스 도 등장했습니다.

전 세계가 7나노 반도체에 대한 진실을 알기 위해 많은 조사를 하였습니다. 화웨이 는 중국 내에서 자체 개발되었다고 말했으나, 중국의 발표를 믿을 수 없다는 의견도 많았고, 그중에는 SK하이닉스에서 흘러 들어간 반도체라는 소문이 돌기도 했습니다. 결국은 중국이 직접 제작한 것으로 인정하는 분위기입니다. 약 3개월 후인 2023년 12월, 미국 IT전문지 톰스하드웨어가 해당 반도체 성능검사 결과를 보도합니다.

Huawei's sanctions-evading Kirin 9000S processor tested: significantly behind its Kirin 9000 predecessor that used TSMC tech

News By Anton Shilov published December 20, 2023

It's tough to beat a 5nm processor with a 7nm chip.

 Comments (23)

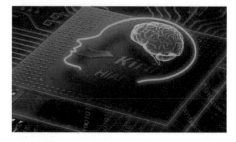

톰스하드웨어는 화웨이 메이트 60 프로에 들어간 '기린 9000S'와 제재 이전의 대만 TSMC에 위탁 생산했던 '기린 9000'과 성능 비교 결과를 보 도합니다. 참고로 테스트는 성능 비 교 사이트 나노리뷰(Nanoreview.net) 에서 진행했습니다. 비교 결과 정보 처리 능력은 전자가 후자보다 비슷하 거나 일부 나은 것으로 나타났지만,

🏠 **Review**

General comparison of performance, power consumption, and other indicators

CPU Performance
Single and multi-core processor tests

Kirin 9000S	57
Kirin 9000	55

Battery life
Efficiency of battery consumption

Kirin 9000S	76
Kirin 9000	84

Gaming Performance
GPU performance in games and OpenCL/Vulkan

Kirin 9000S	52
Kirin 9000	73

NanoReview Score
Overall chip score

Kirin 9000S	59
Kirin 9000	67

그래픽 처리 능력은 검사 프로그램에 따라 작게는 20%, 크게는 33% 정도 뒤처졌고, 전력효율도 10%가량 좋지 않았습니다. 또한, '기린 9000S'와 삼성 갤럭시 S21에 들어간 '스냅드래곤 888'과도 비교했는데, 3년 전 나온 '스냅드래곤 888'이 '기린 9000S'보다 성능이 더 좋다는 결과가 나왔죠. 대중 규제의 허술한 부분을 뚫은 것인지, 아니면 정말로 자체 개발한 것인지는 확인하기 어렵지만, 이전 위탁상품보다 성능이 낮은 것으로 보아 자체 개발한 것으로 보는 시각이 지배적입니다. 그리고 2024년 4월, 화웨이가 선보인 최신 스마트폰 퓨라(Pura)70에는 지난 버전인 메이트 60프로에 탑재된 7나노인 '기린 9000S'의 업그레이드 버전인 '기린 9010'이 탑재되어, 중국이 미국의 기술 제재를 거진 극복해냈다는 평가를 받았습니다.

그러면 이번 사건이 무엇을 뜻하는지 천천히 살펴보죠. 7나노 이하 반도체를 제작하려면 일반적으로 네덜란드 ASML사가 공급하는 EUV(Extreme Ultra Violet, 극자외선 노광장비)가 필요합니다. 이는 실리콘 웨이퍼에 극자외선을 투사해 나노 단위

극자외선 노광장비(EUV)

심자외선 노광장비(DUV)

의 미세한 회로를 새겨넣는 장비죠. 간단히 말씀드리면 DUV(Deep Ultra Violet, 심자외선 노광장비로)는 이전 세대, EUV는 최신 세대로 보시면 되며, 최근에는 High NA EUV라고 불리는 개구수가 더 높은 노광장비까지 등장했습니다. 2나노 이하 공정에서는 이것이 쓰이게 됩니다.

7나노 이하 반도체를 EUV로 제작하는 이유는 효율 때문입니다. DUV로 7나노 반도체를 만들려면 공정이 EUV에 비해 대략 5배 가까이 증가하여 제조 비용이 상승하고, 무엇보다 불량률이 높아져 수율이 굉장히 낮아집니다. 양산성·효율성·생산성 등의 이유로 DUV를 사용해 7나노급 이하를 제작하는 회사는 사실 없습니다. 간단한 비유를 하면, 포크레인으로 구멍을 파는 작업을 삽으로 팠다고 보시면 됩니다.

트럼프 행정부는 2019년 11월, 네덜란드 ASML의 EUV 장비 중국 수출을 금지했습니다. 중국은 이 장비를 구매할 수 없다 보니, 어쩔 수 없이 DUV로 7나노 공정을 진행한 것으로 추측됩니다. 일각에서는 SMIC가 스카우트한 대만 TSMC 출신 기술자들이 이 기술 개발을 주도했다는 이야기도 있습니다.

화웨이는 2023년 12월, 5나노 반도체인 '기린 9006C'가 탑재된 노트북 '칭원 L540'을 출시합니다. 2024년 1월 블룸버그가 조사기관 테크인사이트에 감정 의뢰한 결과, 여기에 탑재된 5나노칩은 2020년 대만 TSMC에서 제작된 제품이라는 결

과가 나왔습니다. 만약 정말로 SMIC가 5나노 반도체를 제조했다면, 이는 수개월 만에 이뤄낸 상당한 기술적 성과로 평가할 수 있겠고, 그것이 아니라면 미국의 규제가 본격화되기 이전 수주했던 칩의 재고를 활용한 것으로, 중국의 기술은 아직 최첨단과는 격차가 존재한다는 결론을 낼 수 있겠죠.

그래도 중국은 폭력적인 투자를 멈추지 않고 있습니다. 설령 제작과정에서 손해가 발생하더라도 중국 당국으로부터 전폭적인 지지를 받으며 보조금을 수령하고 있기에 보완이 가능합니다. 위에서 언급한 반도체 제품은 자국 내에서는 애국심에 호소하여 판매할 수는 있겠지만, EUV가 없는 상태에서 DUV만으로는 2나노 이하로 나아가는 국제 시장에서는 경쟁력이 매우 부족하다는 의견이 많습니다.

그렇다면 '어째서 이런 행위를 한 것인가?'라는 질문에는 크게 두 가지 이유를 들 수 있습니다. 우선 대외적인 퍼포먼스입니다. 정부는 반도체 굴기를 내세우고 있고, 2023년 중국 경기가 침체된 상황에서, 시진핑 3연임 초기에 무언가 반등의 메시지를 보여줄 필요가 있던 것이죠. 실제로 2024년 2월에는 중국 화웨이의 반도체 설계 자회사인 하이실리콘이 자국 파운드리 SMIC와 손잡고 5나노 반도체 생산라인 구축에 들어갔다는 보도가 등장했습니다. 비록 경제성엔 의문이 제기되고 있지만, 성공한다면 미국의 대중 반도체 규제에 맞서 중국의 자립 역량을 보여주는 상징이 될 것으로 보입니다. 둘째는 중국 반도체가 성장하기 위한 시간을 버는 겁니다. 과정이 어찌되었든, 미국의 엄청난 규제 속에서 중국은 결국 7나노를 넘어 5나노를 자체 제작으로의 길을 걷고 있습니다. 가속화하는 제재 앞에서 중국 정부의 국가 집적회로 산업투자 펀드는 2019년 조성했던 2,000억 위안(약 36조 원)을 뛰어넘는 규모의 3차 펀드를 조성 중입니다. 모금은 앞으로 수개월 간 지방정부, 국영기업 등을 대상으로 이뤄질 예정입니다.

2024년 1분기 기준, 세계 파운드리 부문 매출을 살펴보면 대만 TSMC가 62%, 삼성전자가 13%, 중국의 SMIC이 6%로 나타났습니다. 점유율 수치 자체가 낮고,

SIMC의 매출 80% 이상이 중국 내수시장에서 발생했다는 한계가 있지만 그래도 세계 3위입니다. 중국산 반도체의 경쟁력이 아직은 부족하지만, 그것을 따라잡는 것도 결국은 시간 문제겠죠.

관련 전문가의 말을 인용하면 칩 하나, 나사 하나에까지 비용을 절감하는 삼성전자와 같은 기업이라면 막대한 손해를 입어가며 제품을 생산한다는 것 자체가 상상하기 어려운 일이지만, 막대한 보조금을 등에 업은 중국기업들은 이것이 가능합니다. 설령 구형 장비라도 시행을 반복하다 보면 기존업체들이 발견하지 못했던 새로운 노하우를 찾아낼 수도 있겠죠. 당장은 손해가 발생하더라도 풍부한 자금력으로 시간을 벌고, 그 사이 반도체 굴기로 독자적인 자립방법을 찾아내겠다는 의도입니다.

b. 산업스파이

중국은 세계에 '검은 손아귀'를 뻗치고 있습니다. 산업관련 특허나 설계도 등을 빼내서 다른 나라나 다른 회사에 넘기는 산업스파이를 만들어내고 있습니다.

국가 핵심기술 유출은 해마다 조금씩 증가하는 추세입니다. 참고로 국가 핵심기술은 해외 유출 시 국가의 안전 보장 및 국민경제 발전에 중대한 악영향을 줄 우려가 있는 기술로, 정부는 산업기술보호법에 의해 특별 관리하고 있습니다.

구분	2019	2020	2021	2022	2023	합계
반도체	3	6	5	9	15	38
전기전자	3	1	2	2	1	9
조선	-	2	1	-	-	3
디스플레이	3	3	5	2	3	16
정보통신	1	1	2	-	-	4
자동차	2	2	2	-	3	9
생명공학	1	-	-	-	1	2
화학	-	-	-	-	-	0
기계	1	-	1	5	-	7
기타	-	2	4	2	-	8
합계	14	7	22	20	23	96

산업기술 유출국가별 검거 현황

단위:건, ※2017~2023년 4월

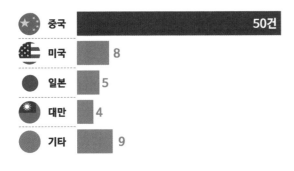

중국 50건
미국 8
일본 5
대만 4
기타 9

우리나라가 반도체 분야 세계 톱 수준이기에 특히 표적이 되고는 합니다. 산업통상자원부가 제공한 그래프를 참조하면, 반도체의 건수가 매년 가장 많으며, 2023년에는 전체 23건의 적발 건수 중 절반 이상인 15건을 차지하고 있습니다. 그리고 유출 국가별 검거 현황 상위 5개국을 살펴보면, 중국의 숫자가 압도적으로 많습니다.

삼성전자의 자회사 '세메스'는 연 매출 3조 원에 이르는 기업으로, 액체도 기체도 아닌 상태의 초임계 이산화탄소로 반도체 기판을 세정하는 '초임계 세정 장비'를 세계 최초로 개발했습니다. 오직 삼성 반도체에만 납품했던 저 기기를 퇴직한 연구원이 중국에 그대로 넘긴 겁니다. 삼성에는 협력사에서 제작한 각 부품을 세메스가 최종 조립하여 넘기는 방식을 사용했는데, 이 방법 그대로 중국에게 넘겨버렸죠.

2022년 9월에는 아예 기업을 통째로 구매해버리는 수법도 나타났습니다. '코윈디에스티(CowinDST)'는 유기발광다이오드(OLED) 리페어 장비 제조 기술뿐 아니라 LCD 리페어 장치 원천 특허를 다수 보유한 기업으로, 2019년 우리나라 정부로부터 한국 디지털 경제를 이끌 소부장(소재·부품·장비) 강소기업으로 선정될 정도로 높은 기술력과 가능성을 인정받은 기업입니다. 중국의 포커스라이트 테크놀로지에 매각될 예정이었으나, 핵심기술 유출을 우려한 우리나라 정부가 이에 제동을 걸어 무산되었습니다.

2023년 6월, 삼성전자 반도체 공장을 그대로 베껴 중국에다 만들려고 한 전 삼성전자 상무가 구속기소 됩니다. 그는 2018년 8월부터 2019년까지 영업 비밀인 반도체 공장 BED(Basic Engineering Data)와 공정 배치도, 설계도면 등을 부정 취득·부정 사용한 혐의를 받았고, 중국 시안에 있는 삼성전자 반도체 공장과 불과 1.5km 떨어진 곳에 삼성전자 복사판인 또 다른 반도체 공장을 건설하려 했으나 무산된 혐의가 있습니다.

2024년 2월에는 국내 반도체 공정용 진공펌프 전문기업의 기술정보를 중국으로 유출한 전직 연구원 등 일당이 재판에 넘겨지는 사건도 나타났습니다.

이와 같은 기술 유출뿐 아니라 중국으로 인력이 빠져나가는 것도 큰 문제입니다. 고임금을 미끼로 핵심인력 영입을 시도하는 것은 공공연한 비밀입니다. 한국 기업이 지급하는 연봉의 몇 배·주택·학비·생활비 등을 전폭적으로 제공할 테니 중국 쪽으로 이직하라는 유혹이죠.

기술 유출은 미국의 대중제재 시점과 맞물려 최근 계속 증가추세입니다. 하지만 이를 잡는 것도 쉽지 않습니다. 최첨단 기술을 다루는 기업은 보안과 고객에의 신뢰가 가장 중요합니다. 아무리 수사인력이라도 기업 입장에서는 그들이 내부에 들어오는 것 자체가 불안요소입니다. 내부정보가 유출될 가능성을 고려하지 않을 수 없겠죠. 그리고 이러한 사건이 벌어졌다는 것이 외부에 공표되면 브랜드 이미지가 실추되고 경쟁업체에 고객을 빼앗기고 마는 등의 요소가 있어 신고율이 비교적 낮습니다.

주요범죄 형량 어떻게 달라지나

			최고 권고 형량
기술 유출	국가 핵심기술	해외 유출	신설 → 18년
	산업기술	해외 유출 9년 →	15년
		국내 유출 6년 →	9년
	영업비밀	해외 유출 9년 →	12년
		국내 유출 6년 →	7년 6개월
스토킹	흉기 등 휴대	신설	5년
	일반	신설	3년
마약	미성년자 대상 매매·수수	신설	무기징역
	대량범	신설	무기징역

대법원 양형위원회는 2024년 3월 기술유출·스토킹·마약에 대한 새로운 기준을 최종 의결합니다. 앞으로는 국가의 핵심기술을 해외로 유출할 경우 기존 형량의 두 배에 달하는 최대 징역 18년이 선고될 전망입니다. 그리고 5월에는 특허청이 국가정보원·경찰청과 같은 수준의 방첩기관으로 지정됩니다. 이에 따라 특허청 소속 기술 경찰들의 권한이 대폭 확대돼 '유출 모의'만 있어도 수사에 착수할 수 있게 되었습니다.

하지만 지금의 처벌을 솜방망이에서 쇠몽둥이로 바꾼다고 해도 이 문제가 해결될까요? 기후재앙도 그렇습니다. 세계 각국에 화석연료 사용을 금지하라고 모두가 외치고 규제를 늘려가는데 과연 개선되고 있나요? 변심한 연구원도 마찬가지입니다. 중국은 섭외대상 나름대로의 아픈 부분을 사전에 철저히 파악하고 정확히 찔러오는데, 여기서 우리나라 모두의 미래를 위해 당연히 거절해야 한다는 명분은 깃털만큼 가볍습니다.

변심한 이들을 옹호하는 것이 결코 아닙니다. 처벌이 아닌 자발적으로 거절하는 환경을 조성해줘야 합니다. 그들의 제안이 달콤한 유혹으로 비춰지지 않고 '내가 왜 그런 미련한 짓을 하나?'라고 인식되어야 합니다. 그러기 위해서는 전폭적인 지원과 지지가 필요합니다. 우리나라는 땅도 작고, 자원도 없고, 인구도 적고, 오직 기술만이 있습니다. 기술자를 모두가 인정해 주고, 보호해 주어야 하지 않을까요?

c. 자원통제

미국이 기술로 중국을 옥죄고 있다면, 중국은 자원통제로 이에 대응하고 있습니다.

반도체 관련 대표적인 자원은 희토류입니다. 희토류는 한자어 의미 그대로 '드문 흙 종류'입니다. 실제로 그렇게까지 희귀한 금속은 아니지만, 여러 가지 광물에 조금씩 흩어져 있기 때문에 이를 추출해 비슷한 종류끼리 모으기가 어렵습니다. 희토류 원소는 화학적으로 안정돼 있고, 열전도율이 높아 첨단 제품의 핵심 소재로 쓰입니다. 하드디스크, 반도체, 전기차, 풍력 터빈 등 오늘날 우리 생활에 없어서는 안 될 자원입니다.

희토류는 석유처럼 특정 지역에 매장량이 높습니다. 2022년 USGS(미국 지질조사국: United States Geological Survey)의 조사에 따르면, 중국이 매장량과 세계시장 점유율이 가장 높고, 베트남·러시아·브라질·인도·호주 등이 뒤를 잇고 있습니다. 또한, USGS가 지정한 54개 핵심 광물 중에서 중국이 공급사슬에서 적어도 한 단계 이상

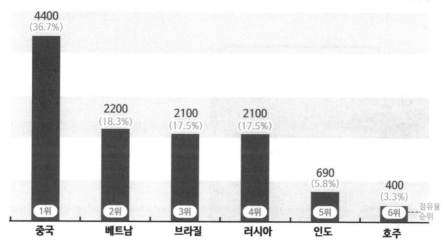

전세계 희토류 매장량 순위

단위: 만톤, 괄호 안은 점유율(%)

- 중국: 4400 (36.7%) — 1위
- 베트남: 2200 (18.3%) — 2위
- 브라질: 2100 (17.5%) — 3위
- 러시아: 2100 (17.5%) — 4위
- 인도: 690 (5.8%) — 5위
- 호주: 400 (3.3%) — 6위

점유율
순위

을 장악하고 있는 광물은 35개에 이르며, EU가 사용하는 핵심 원자재 51종 가운데 중국의 점유율이 가장 높은 광물은 무려 33종에 달합니다. 단순 계산으로 서방 국가들이 필요로 하는 전략 자원들의 약 65%가량을 중국이 지배하고 있습니다.

중국은 2019년 미국의 화웨이 제재에 맞서 수출통제법을 제정합니다. 이후 희토류·갈륨·게르마늄 등 희귀 광물들의 수출제한을 산발적으로 발표했죠. 그리고 2023년 9월, 중국 상무부가 주최한 '전국 수출통제업무회의'에서 앞으로는 체계적이고 통합적으로 무기화할 자원들을 엄격히 관리하겠다는 의도를 명확히 드러냅니다.

첨단 반도체 및 장비 수출금지 조치를 내린 미국은 2023년 12월 중국산 저가 범용 반도체까지 규제에 들어갑니다. 중국은 이에 맞서 금속·합금 재료의 생산기술, 일부 희토류 자석 제조기술을 금지했죠. '중국 수출 금지 및 제한 기술 목록'을 새로 발표하고 희토류의 채굴, 제련 등의 가공기술을 수출금지 목록에 포함시킵니다. 참고로 희토류는 중국뿐만이 아닌 다른 나라에서도 채굴이 가능하지만, 가공 및 정제 산업에의 중국 세계시장 점유율은 90%에 육박합니다. 이는 세계 각국이 설령 중국이 아닌 다른 루트로 희토류를 구하더라도 사용할 수 없게 기술을 통제하는 것입니다. 이 역시 미국 행정부의 대중국 무역 제한 조치 확대에 맞서는 정책입니다.

중국의 자원 무기화는 앞으로 더욱 격화될 것으로 보입니다. 2023년 10월, 중국 원자력공업 지질국은 매장량 최대 10만 톤 규모인 우라늄 광산을 발견했다고 보도했고, 중국 관영 신화통신은 12월 간쑤성에 약 1억 톤 이상의 석유가 매장된 대형 유전이 발견되었고, 네이멍구에서는 약 37톤의 금광이 발견되었으며, 약 1,000억 입방미터급 가스전이 개발 단계에 진입했다고 발표합니다. 정말 자원의 혜택을 받은 나라가 아닐 수 없습니다.

과거 자원 확보전은 석유·가스 등 화석연료에 초점이 맞춰져 있었습니다. 하지만 서서히 리튬·니켈·구리 등 4차 산업혁명에서의 핵심 산업과 이른바 '그린메탈'을 확보하는 것으로 변화하고 있습니다. 반도체에 사용되는 희토류뿐만 아니라 전기자동차와 에너지저장장치(ESS) 등에 쓰이는 배터리와 신재생에너지 인프라(태양광·풍력·수소), 원자력발전소 등에는 리튬·갈륨·니켈·코발트·흑연·구리·우라늄 등의 광물 자원이 대량 소모됩니다. 아무리 기술력이 있어도 자원이 없으면 아무것도 할 수 없습니다. 프로게이머도 일단 CS부터 먹고 봐야죠.

각국은 중국의 통제에 공급망 다각화를 시도합니다. 일본은 희토류가 전혀 채굴되지 않는 나라입니다. 2010년까지만 해도 우리나라와 마찬가지로 자신들이 사용하는 약 90%를 중국에 의존했죠. 하지만 2010년 중국과 일본이 센가쿠 열도를 둘러싼 영토 분쟁이 가열되면서 중국은 2010년 희토류 가운데 하나인 네오듐의 일본 수출을 금지합니다. 네오듐은 일본의 주력 수출 차종인 하이브리드차 모터의 필수 원료였는데, 이것이 막히자 생산에 차질을 빚었고 차량 가격이 한때 10배 가까이 치솟았습니다. 이후 일본은 중국에의 과도한 공급을 피하고자, 의존도를 60% 정도로 줄였습니다.

미국과 유럽 등도 일본처럼 공급망 다각화를 꾀하고 있습니다. 그 와중에 광물 매장량이 풍부한 남미·인도·베트남·아프리카·인도네시아와 아프리카와 같은 중견국이 '키플레이어'로 부상합니다. 그리고 이들 역시 중국과 같이 광물 수출을 통제하고, 채굴권을 독점하며 원자재 주도권을 잡는 데 힘을 쏟는 모습이 나타납니다. 최첨단으로 나아가는 오늘날, 로우테크가 하이테크를 압도하는 현상이 벌어지고 있습니다.

04

동맹의 파열음

· · · · · · · ·

올레그 이츠코키 경제학 교수는 지난 2023년 10월 열린 스탠퍼드 경제정책연구소(SIEPR) 포럼에서 "경제정책이 지정학적 갈등에서 우위를 점하기 위한 무기로 사용되고 있다."고 말했습니다. 미중 갈등으로 촉발된 신냉전 구도는 이미 자본과 재화의 자유로운 흐름을 제한하고 무역을 위축시키며, 동맹 간의 블록에 따라 파편화한 모습이 펼쳐지고 있죠.

미국 연맹이 다각도로 중국과 러시아를 압박하고 있지만, 연대가 조금씩 흔들리는 모습이 나타나고 있습니다. 단기간에 결과가 나오면 그것이 꾸준히 이어지는 원동력이 되는데, 시간이 길어지면 피로감이 덮쳐오기 마련입니다. 우크라이나에 대한 지원이 적극적에서 소극적으로 변화한 것과 같이 말이죠.

유럽 국가들이 미국에 불만을 토로하기 시작했습니다. 우크라이나 전쟁으로 함께 러시아에 각종 제재를 하는 것은 좋은데, 그 대가로 러시아산 자원줄이 완전히 끊겼습니다. 그러자 매번 겨울에 구매할 가스가 러시아산에서 미국산으로 바뀌었죠. 유럽 입장에서 시간이 흐르고 나니 전쟁에서의 직간접적인 영향은 자신들이 몽땅 받고 있고, 저 멀리 있는 미국이 배를 채우고 있는 것 같은 형국이 펼쳐진 겁니다. 무릇 동맹이라면 이와 같은 시기에 다소 저렴하게 판매하는 등의 편의를 봐주어야 할 텐데, 자본주의를 수호하는 미국은 철저히 시장 경제에 따라 값을 올려 받았고, 유럽은 이에 분노한 것이죠.

이 과정에서 떠오른 것이 바로 2장에서 언급했던 대의를 위한 행동과 경제적 실리와의 갈등입니다. 바이든 대통령은 중국을 독재국가라고 규정하며 자유민주주의와 다른 노선을 걷는 국가라고 말했습니다. 그리고 국제질서를 해치는 국가에게는 규제를 시행하고 무너진 공급망을 동맹끼리 강화해야 한다고 주장했죠. 하지만 이는 모두의 공급망이라기보다는 '미국 중심의 공급망'에 가깝습니다.

반도체 관련해서는 2022년 8월 통과된 IRA(인플레이션 감축 법안: Inflation Reduction Act)는 미국 국내 또는 북미에서 제조된 상품에 대해서만 정부 보조금과 세금공제의 혜택을 제공한다는 내용을 담고 있습니다. 이것 자체가 노골적으로 미국에 각종 공장 유치를 유도하고 있으며, WTO 자유무역을 역행하는 행위입니다.

공급망이 박살나고, 물가가 오르고, 경제가 꾸준히 기울자, 이득을 보는 이는 먼 발치에서 상황을 지켜보는 자원 수출국, 즉 미국과 중국입니다. 유럽 입장에서는 같은 동맹인 미국이 자신들을 통해 이득만 보고 혜택을 주는 퍼포먼스가 보이지 않는다고 판단한 겁니다. 그러자 2022년 11월, 독일 올라프 숄츠 총리가 중국행 비행기를 탑니다. 시진핑 주석 3연임 직후 G7 서방 국가 지도자로서는 최초였죠. 독일은 경제적 유대가 방문의 목적이라고 발표하여, 미국 연맹의 움직임과는 엇박자를 보였습니다. 그리고 같은 해 12월에는 프랑스 마크롱 대통령이 중국을 방문하여 경제적 소통을 취합니다.

불협화음은 다른 곳에서도 터져 나옵니다. 2023년 10월, 미국반도체산업협회(SIA)와 중국반도체산업협회(CSIA)가 미국의 중국에 대한 반도체 제재에 반기를 들고 나섰습니다. 미국의 수출통제 등이 무리하게 진행되면서, 양국 반도체 기업들이 모두 공멸의 위기에 빠질 수 있다는 우려를 표명한 것입니다. 반도체 업계를 대변

하는 양국 단체가 함께 미국 정책에 이의를 제기한 것은 대단히 이례적이라는 평가입니다.

반도체 주요 기업도 미국의 IRA 법안에 열 받았습니다. 네덜란드 무역부 장관은 2022년 11월 반도체 장비업체 ASML이 미국을 위한 일방적인 희생을 할 수 없다는 입장을 밝혔다가, 2024년 1월 일부 중국 수출 품목(DUV)에 제동을 거는 것으로 철회합니다. 대만 전 입법위원 궈정량은 2023년 3월 "TSMC의 미국 반도체 생산 라인이 이제 겨우 삽을 떴는데 벌써부터 조건이 주렁주렁 달린다. TSMC가 미국에 두 번째 생산 라인을 지을 이유가 없다."라는 발언을 했죠.

이들이 반발하는 이유는 미국이 '백지수표는 없다'며 내건 조건들이 '반도체 생산시설 접근 허용, 재무 계획서 제출·초과 이익 환수·자사주 매입과 배당 금지, 10년간 중국 투자 금지'라는 독소 조항이 있기 때문입니다. 저 법안으로 인해 우선 핵심 공정 및 기밀 유출이 우려됩니다. 또한, 반도체는 글로벌 시황에 따라 실적이 오르락내리락하는 특성상 예상 수익을 미리 산출하기 어려운 특징이 있습니다. 수익이 날 것을 전제로 조 단위의 막대한 투자를 단행해야 하는데, 보조금을 받으면 예상보다 높은 실적이 날 때마다 미 정부에 반납해야 하여 경쟁력에 심각한 타격을 입을 수 있죠. 그리고 6개월만 투자가 늦어도 조 단위 손해가 나는데, 10년간 투자를 하지 말라는 것은 사실상 중국공장을 폐쇄하라는 뜻과 같습니다.

결국 미국과 중국 간의 대결인데, 그들의 패권을 유지하기 위해 '어째서 동맹국이 희생해야 하는가?'라는 인식이 표면으로 드러납니다. 특히 반도체와 같은 안보와 직결된 분야에서는 모든 국가가 스스로 반도체 제작을 원하지, 특정 국가에 과도한 의존을 피하고 싶기 마련입니다. 미국과 같은 논리라면 EU도 그들 영토에서 제작된 상품에만 보조금과 세금공제를 제공할 수 있어야 하고, 다른 나라들도 같은 패턴으로 나아가면 결국 세계는 모두가 각자도생으로 더더욱 작을 블록들로 쪼개져 비효율로 나아가게 되겠죠.

중국도 이 모순을 꼬집습니다. 2022년 11월, 시진핑 주석은 CIIE(중국 국제수입박람회: China International Import Expo) 연설에서 "중국은 세계에 대한 개방이라는 국가 기본 정책에 전념하고 있으며, 개방의 생산전략을 추구한다."라는 발언을 합니다. 자유주의 국가의 대명사인 미국은 자국 우선주의에 폐쇄를 부르짖고, 권위주의 국가의 대명사인 중국이 오히려 개방을 외치는 놀라운 현상이 벌어지고 있습니다.

어느 나라든 자국을 우선하는 것은 너무나 당연합니다. 하지만 그것에 상대방도 동참하게 하려면 그만한 메리트를 제공해야겠죠. 하지만 미국은 현재까지의 상황으로 판단하면, 동맹에게 경제적 페널티를 제공하면서 참여를 강요하고 있습니다. 한편 중국은 일대일로 산업을 통해 주변국의 힘을 흡수하고 있고요. 여러분은 신냉전의 결과가 어떻게 흘러갈 것으로 보시나요?

우리나라의 방향

● ● ● ● · · ● ● ●

반도체는 우리나라 주요 핵심 산업입니다. 2023년 우리나라 경제가 침체된 것에는 반도체 시장이 축소된 영향이 컸습니다. 삼성은 2022년 세계 반도체 1위 타이틀을 TSMC에 뺏겼고, 2023년 12월에는 반도체 사업부인 디바이스 솔루션 부문의 성과급이 '0%'로 나타나 모두를 충격에 빠뜨렸습니다. 성과급은 사업부 실적이 연초 목표를 넘으면 초과 이익의 20% 한도 안에서 개인 연봉의 최

대 50%까지 매년 한 차례 지급하는 급여인데, 역사상 최초로 성과급이 없는 한 해가 되었고, "수원(모바일·가전)은 갈빗집, 화성(반도체)은 빵(0%)집"이란 웃픈 농담도 등장했습니다.

하지만 글로벌 반도체 시장이 2024년부터 상승세에 접어들 것이란 기대감이 커지고 있습니다. 세계반도체무역통계는 반도체 시장이 2024년에는 13.1% 성장할 것으로 전망했고, 시장조사업체 트렌드포스는 2024년 1분기(1~3월) D램 고정거래가격은 전 분기 대비 13~18% 상승, 같은 기간 낸드플래시 가격은 18~23% 상승한다고 분석했습니다. 이러한 전망을 증명하듯 SK하이닉스는 2023년 4분기 3,460억 원의 영업이익을 기록합니다. 모바일 제품 수요가 늘고, 평균 판매단가(ASP)가 상승하는 등의 요인으로 메모리 시장 환경이 개선되었기 때문입니다. 삼성전자 역시 2024년 1분기 영업이익 6조 6,100억 원을 기록하며 전년 대비 10배라는 놀라운 수치를 보이며 길었던 한파를 거치고 흑자 전환에 성공합니다.

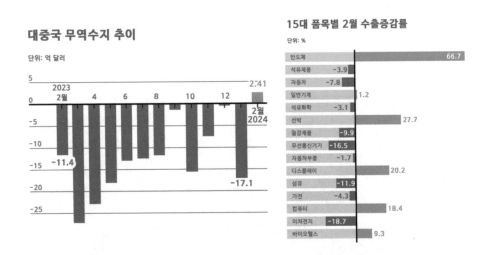

그리고 대중 수출이 적자 터널을 벗어나 17개월 만에 흑자로 전환되었습니다. 2024년 3월, 산업통상자원부가 공개한 2월 수출입 동향을 참조하면 15개 품목 중

반도체의 수출 증가가 두드러지게 나타남을 알 수 있습니다. 특히 삼성이 스타트를 끊은 AI가 모든 제품에 탑재되는 움직임은 'XaaS(산업 + as a Service)'의 불씨를 크게 지폈습니다.

결국 우리나라는 기술로 가야 합니다. 미국이나 중국처럼 자원이나 에너지 부국도 아니며, 블록화와 공급망 다각화에 제 목소리를 내려면 누구도 무시할 수 없는 기술을 만들어 내는 수밖에 없습니다.

CPU와 GPU 비교

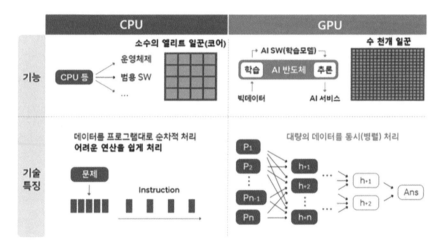

무엇보다 가장 큰 관심을 받는 것은 최근 화두가 되고 있는 'AI 반도체'입니다. AI 반도체란 AI의 작업 처리에 최적화된 반도체를 말합니다.

기존 AI 서비스는 게임 그래픽용으로 개발된 GPU에 의존해 왔습니다. GPU가 CPU에 비해 비용이 상대적으로 저렴하고 대규모 데이터 처리에 적합했기 때문이죠. GPU는 본래 그래픽 요소 처리장치인데, 이것이 병렬연산에 특화되어 대량의 데이터를 빠르게 처리해야 하는 AI에 응용했던 겁니다. 그 결과 GPU 세계시장을 주름잡는 엔비디아의 주가가 하늘로 치솟았습니다. 그리고 2024년 2월, OpenAI

가 Text to Video 모델인 'Sora'를 공개하며 세계는 더더욱 높은 사양의 특화형 반도체를 갈구하게 됩니다.

문제는 말씀드렸다시피 GPU는 AI를 위해서 제작된 것이 아니며 임시로 사용한 것뿐입니다. 그러다 보니 속도도 충분히 빠르지 못하고, 전력낭비도 발생하는 등의 문제점이 제기되었죠. 특히 최근 생성 AI 시대에 접어들면서 여기에 특화된 부품 제작 필요성이 제기되었고, 그 결과 등장한 것이 AI 반도체입니다.

이전과 비교할 수 없을 만큼의 사양이 요구되고 있습니다. 이전까지 인공지능은 훈련할 때 많은 연산력이 필요하고, 실사용 단계인 추론에서는 상대적으로 낮은 컴퓨팅 파워로 이용할 수 있다는 것이 정설이었죠. 그 말이 틀린 것은 아니지만 생성 AI가 등장하고부터는 요구치가 폭발적으로 증가하면서 기존 컴퓨팅 역량을 아득히 뛰어넘어 버린 것입니다. 피크타임에 ChatGPT 응답이 느려지는 현상 역시 여기서 오는 것이죠. 누구나 알고 있지만, 현실적으로 빅테크 기업이 아니고서는 서버를 증설하기가 쉽지 않습니다. 하지만 AI 반도체를 탑재하면 적은 비용으로도 이를 개선할 수 있습니다.

반도체 제조 과정은 크게 전공정(Front-end)과 후공정(Back-end)으로 나눌 수 있습니다. 전공정은 실리콘 웨이퍼 위에 미세한 회로를 형성하는 과정이며, 후공정은 이렇게 만들어진 웨이퍼를 패키징하여 제품화하는 과정이죠. 세계는 지금까지 전공정에서의 최대한 작은 나노를 실현하는 데 주력했습니다. 하지만 1나노를 바라보는 지금, 크기를 작게 만드는 것의 한계에 곧 봉착할 예정이죠.

최근에는 후공정을 개선하는 방향으로 나아가고 있습니다. 작은 나노의 반도체를 여러 개 쌓아 속도 증가, 대용량 데이터 처리, 전력소비 감소 등의 패키징을 통해 해결하는 방법입니다. 똑똑한 놈 하나 있으면 충분했던 시절에서, 똑똑한 놈 여러 명이 필요한 시대가 도래한 겁니다. 위 그림처럼 칩을 여럿 쌓아 제작한 결과물을 고대역폭메모리(HBM)라고 부르며, AI 반도체의 필수 부품으로 여겨지게 되었습니다.

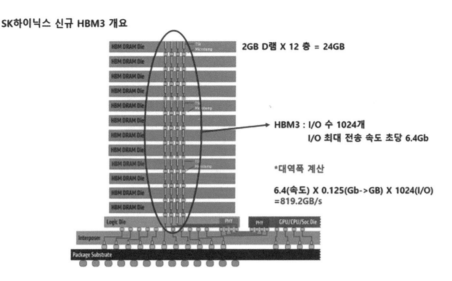

SK하이닉스 신규 HBM3 개요

2GB D램 X 12 층 = 24GB

HBM3 : I/O 수 1024개
I/O 최대 전송 속도 초당 6.4Gb

*대역폭 계산

6.4(속도) X 0.125(Gb->GB) X 1024(I/O)
=819.2GB/s

　　SK하이닉스는 2013년 세계 최초로 HBM을 개발하고 가장 많은 노하우를 보유하고 있으며, 삼성전자도 일찌감치 이에 주목하여 뒤를 바짝 쫓고 있습니다. 삼성전자는 업계 최초로 D램 칩을 12단까지 쌓은 5세대 HBM인 HBM3E 12H를 2024년 상반기에 양산하고, 출하량도 2023년 대비 최대 2.9배로 늘린다는 계획을 발표합니다. 참고로 AI 반도체 시장을 사실상 독점하고 있는 엔비디아의 젠슨 황 CEO는 2023년 3월 업계 최초로 SK하이닉스의 5세대 HBM 공급을

한국 HBM
베리 굿~

결정했으며, 삼성전자의 HBM3E 12H 제품에도 승인 서명하며 큰 화제를 모으기도 했습니다.

　　현재 HBM 시장을 독점하고 있는 국가가 바로 우리나라입니다. 2022년 기준 세계시장 점유율은 각각 SK하이닉스가 50%, 삼성이 40%이며, 나머지 10%는 마이크

론이 차지하고 있습니다. '대체 불가' 입지를 다진 우리나라에 있어서는 큰 기회입니다. 삼성전자는 2024년 4월, "올해 HBM 공급 규모는 전년 대비 3배 이상 지속적으로 늘려갈 것이며, 해당 물량은 고객사와 공급 협의까지 완료했다."라고 말했으며, SK하이닉스는 한술 더 떠 "우리는 이미 2025년 HBM 물량까지 완판됐다."라며 원조의 품격을 보여줬습니다. 한편, 2024년 5월, 중국 대표 D램 제조업체 창신메모리는 중국 반도체 패키징 회사 통푸마이크로와 협력해 HBM 샘플을 개발해 고객사에 제공했습니다. 만약 검증을 통과하면 양산과정에 돌입하게 되어, 미래 HBM 생태계에 큰 파문이 나타날 것으로 예상됩니다.

새로운 판이 펼쳐지고 있습니다. OpenAI의 CEO 샘 알트먼은 자체 AI 반도체 생산을 위해 7조 달러(약 9천 300조 원) 규모 투자 유치에 나섰습니다. 그리고 2024년 1월 높은 기술력을 보유하고 있는 우리나라를 방문해 삼성전자 및 SK하이닉스 경영진과 면담을 가졌죠. 알트먼이 AI 반도체 제조공장을 설립한다면 저전력 메모리 반도체, 파운드리, AI 반도체 펩리스 및 디자인하우스 업체들과 전략적 협력이 이뤄질 전망입니다. 2024년 2월에는 META의 CEO 마크 저커버그가 한국을 방문해 LG전자 및 삼성 경영진과 회동을 마쳤습니다. XR을 통한 메타버스 활성화와 범용 인공지능 구축을 목표로 양질의 AI 반도체 수급을 노렸던 것이죠.

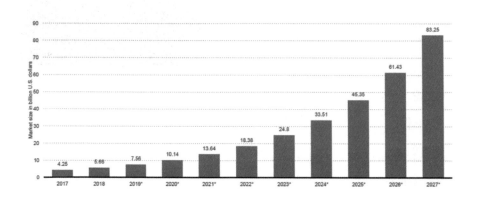

인사이트 파트너스(The Insight Partners)는 AI 반도체의 매출액이 2017년 42억 5,000만 달러에서 2027년 832억 5,000만 달러로, 11년 사이에 20배에 가까운 매출액 증가가 발생하는 것으로 전망했습니다.

저전력·저비용·고사양 AI 반도체가 중요해질 것은 명백한데, 반도체와 AI 모델 설계 관점에서 상이한 부분이 있을 수 있어, 이들 모두를 설계단계부터 함께 가는 풀스택 솔루션으로 가야 한다는 의견이 많습니다. 실제로 삼성전자와 네이버가 이러한 관점에서 협업 중입니다. 삼성은 AI 반도체를 개발하고, 네이버는 그것에 특화된 모델을 개발하는 것이죠.

AI 반도체 시장은 미국과 유럽이 큰 규모를 선점하고 있고, 아시아에서는 중국이 선두를 달리고 있습니다. 안타깝게도 우리나라는 기술 경쟁력 측면에서 이들과의 격차가 조금씩 벌어지는 실정입니다. 위에서 언급했다시피 단순히 인공지능과 AI 반도체를 따로 제작해서 결합하는 개념이 아닌, 초기 설계단계부터 특화형으로 제작해야 성능이 극대화되기에 산학협력이 필수입니다. 한 예로, 인텔은 2023년 기준 약 100여 개 기업·연구소·대학과 협력하며 사람의 뇌를 닮은 '뉴로모픽 칩' 개발과 적용을 위한 최적화 작업을 진행 중입니다.

우리나라 정부도 매우 적극적입니다. 2023년 12월, 과학기술

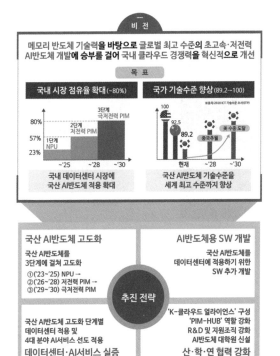

정보통신부는 '국산 인공지능 반도체를 활용한 K-클라우드 추진방안'을 발표합니다. 그리고 '인공지능 반도체 최고위 전략대화'에서는 지난 3차 대화 결과와 'K-클라우드 얼라이언스' 운영 현황이 보고됐습니다. 이 자리에서는 삼성전자와 네이버클라우드가 지난 1년간 공동 개발한 AI 반도체를 처음으로 외부에 선보였는데, 높은 전력효율과 경량화 기술로 엔비디아 등 경쟁사의 AI 반도체보다 성능이 무려 8배 이상 높아 지구상에서 가장 효율적이라는 고무적인 내용도 있었고, 2024년 3월 카이스트는 AI 반도체 핵심기술인 '상보형 트랜스포머'(Complementary-Transformer)를 세계 최초로 선보였습니다. 사람의 뇌를 모방하여 전력 소모량을 최소화함과 동시에 LLM을 0.4초라는 초고속으로 처리할 수 있는 칩으로 상용화가 될 경우 AI 반도체 생태계에 막대한 영향을 줄 것으로 평가되었습니다.

국 가	정 책	내 용
🇺🇸	반도체 지원법 (Chips and Science Act)	제조시설 보조금: 총 390억 불 규모, 설비투자액의 5~15% 지원 직접 보조금, 대출, 대출 보증 형태로 총합 최대 35% 지원 세액공제: 반도체 제조시설 및 장비 투자에 25% 세액공제
🇨🇳	국가 반도체 펀드	반도체기업 보조금: 총 3,440억 위안 규모로 반도체 제조·설계·장비·소재 기업 대상 투자펀드 조성
🇪🇺	유럽 반도체법 (EU Chips Act)	제조시설 보조금: 약 320억 유로 규모, 회원국이 보조금 책정 후 집행위의 심사를 거쳐 보조금 승인
🇯🇵	5G 촉진법, NEDO법	제조시설 보조금: 총 1조엔 규모, 특정반도체 기금으로 설비투자액의 30~40% 지원
🇮🇳	세미콘 인도 프로그램 (Semicon India Program)	제조시설 보조금: 설비투자액의 최대 50% 지원 - 28나노 이하 ~50%, 28~45나노 ~40%, 45~65나노 ~30%

세계 각국이 자국 우선주의에 열중하면서 반도체를 전략적 안보 수단으로 바라보고 있으며, 리쇼어링에 진심을 보이고 있습니다. 2024년 4월 미국 정부는 미국에 대규모 반도체 생산시설을 투자하는 삼성전자에 반도체법에 의거해 보조금 64억 달러(약 8조 9천억 원)를 지원하기로 결정합니다. 미국의 이번 투자는 외국기업을 대상으로 한 역대급 투자사례 중 하나로 기록되었죠. 삼성전자는 이에 맞춰 텍사스주 테일러시에 170억 달러(약 23조 5천억 원)를, 오는 2030년까지 총 약 450억 달러(약 62조 3천억 원)를 투자할 계획이며, 텍사스 공장에서는 2~4나노 반도체를 생산할 예정입니다. 미국에 이어 유럽도 반도체법을 발의하였고, 2024년 5월 대만은 2027년까지 20조 원 이상을 투자해 주변 TSMC 공장들과 연계해 반도체 생태계를 조성한다는 계획을 세웠으며, 일본과 최근 급격하게 떠오르는 인도도 파격적인 지원을 내세웠습니다. 중국은 '과학기술 자립·자강'을 강조하며 반도체 국산화 의지를 불태우는 중입니다. 실제 중국 반도체 기업들은 지난 4년간 연평균 27%씩 매출 증가율을 보이고 있죠.

2023년 3월에 통과된 우리나라 'K칩스법'은 국가전략기술 설비 투자액의 15%(대기업 기준)를 법인세에서 공제해 주는 구조입니다. 그러나 24%의 높은 법인세율(미국 21%, 대만 20%)과 최저한세 17%를 고려할 때 기업이 얻게 되는 공제 효과는 매우 미미합니다. 주요 반도체 경쟁국과 달리 국내 투자 유인책은 세액공제에 집중돼 있으며, 직접지원은 거의 없어 경쟁국에 비해 부족해 유인 효과가 떨어질뿐더러 국내 반도체 생태계가 허약해질 것이라는 평가가 많았죠. 이에 2024년 5월, 정부는 반도체 산업에 총 26조 원에 달하는 추가 지원책을 내놓았습니다. 금융 지원을 대폭 늘려 설비 투자를 지원하고, 클러스터 인프라 조성은 국가가 책임지고, 특히 이번 계획의 70% 이상은 중소·중견기업으로 향해 '반도체 생태계 펀드'를 조성해 지속적인 발전을 계획하였습니다.

세액공제는 수익이 난 뒤에야 세금을 차감해주는 장치라 글로벌 기업을 유인하기에는 선제적으로 지급하는 보조금이 더 효과가 좋습니다. 특히 반도체 생태계는 초기 적지 않은 투자가 필요한데 국내 소부장·팹리스 기업은 현금이 부족하여 보조금 지원이 매우 절실합니다. 이러한 관점에서 본다면 이번 추가 지원은 가뭄의 단비임은 분명하지만, 아쉬운 부분 역시 존재한다고 볼 수 있겠죠.

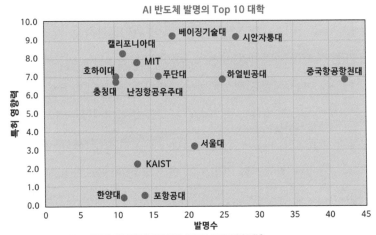

AI 반도체 발명의 Top 10 대학

● 2011~2022년 사이 AI반도체 특허 출원을 통해 최소 10건 이상의 발명을
보유하고 있는 대학들 중에서 특허 영향력이 높은 전세계 Top 10 대학 (Blue color)
● Global Top10에 포함되지 않은 한국 대학들의 성과 (Orange color)

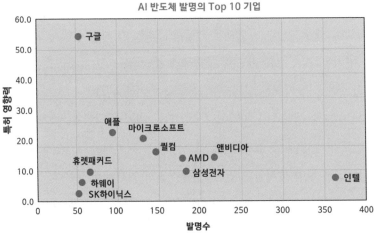

AI 반도체 발명의 Top 10 기업

● 2011~2022년 사이 AI반도체 특허 출원을 통해 최소 50건 이상의 발명을 보유하고
있는 기업들 중에서 특허 영향력이 높은 전세계 Top 10 기업 (Blue color)
● Global Top10에 포함되지 않은 한국 기업들의 성과 (Orange color)

2023년 2월, 카이스트가 발표한 '2023 글로벌 AI반도체 혁신경쟁: 현재와 미래' 보고서를 참조하면 AI 반도체 발명 상위 10개 대학에 중국이 대다수로 포진하고 있으며, 상위 10개 기업에는 미국 기업이 다수입니다. 그래도 그곳에 우리나라의 영향력도 분명히 있으며, 노력하면 충분히 따라잡을 수 있는 격차입니다. 정말 많은 R&D 투자가 절실한 시점이죠.

인재양성도 대단히 중요합니다. 반도체 업계는 수년 전부터 만성 구인난에 직면한 상태입니다. 2023년 2월, 우리나라 정부는 AI 산업 시장에 일어날 대격변에 앞서 AI 반도체 산업 고급 인재양성을 위한 대학원 사업 공고를 시행하였고, 같은 해 11월, 과기정통부는 서울대학교, 한국과학기술원(KAIST), 한양대를 AI 반도체 대학원으로 선정했으며, 향후 연 30억 원 수준을 최대 6년간(2023~2028년) 지원해 글로벌 최고급 인재 495명을 양성할 계획입니다. 삼성전자는 반도체 한파에도 불구하고 최근 2년 새 직원 1만 명을 추가 채용하였고, R&D에 28조를 투자하였습니다.

대만의 TSMC는 반도체 시장을 석권하여 중국과의 갈등에서도 당당히 목소리를 내고 있고, 네덜란드의 ASML은 세계 유일의 EUV 장비 생산 기업으로 슈퍼을(乙)로 불립니

다. 매년 출하되는 장비 수가 고작 40~50대에 불과하여, 세계 각국이 이것을 구매하기 위한 경쟁이 대단히 치열합니다. 참고로 2023년 12월, 우리나라 윤석열 대통령을 비롯한 이재용 삼성전자 회장과 최태원 SK그룹 회장이 직접 ASML을 방문하

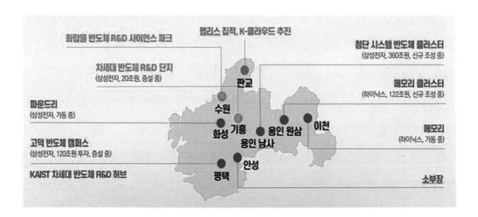

여 장비 확보에 힘을 쏟았죠. 그리고 '한국·네덜란드 첨단 반도체 아카데미'를 개설하였습니다. 양국의 반도체 석·박사 과정 학생 약 60여 명(한국 50명, 네덜란드 10명)이 ASML, IMEC, NXP 등 글로벌 첨단반도체 기업 현장에서 7개 기관 약 20여 명의 글로벌 전문가들과 함께 진행하는 기업 연계형 교육과정입니다. 이 과정을 통해 향후 5년간 양국 총 500명의 고급인재를 양성하게 됩니다.

우리나라 자체 경쟁력도 앞으로 크게 강화됩니다. 2024년 1월, 경기도 남부 일대 '반도체 메가 클러스터' 계획이 발표되었습니다. 총면적이 여의도의 7배에 달하는 반도체 메가 클러스터는 2030년이면 월 770만 장의 웨이퍼 생산이 가능한 세계 최대 생산기지로 거듭나게 됩니다. 정부지원과 민간투자가 함께 어우러져 '인프라·투자 환경, 생태계 강화, 초격차 기술, 인재 확보'라는 4대 중점 과제가 실현되는 것이죠. 이처럼 인력 육성과 반도체 생태계 조성은 정부나 기업 혼자 할 수 있는 게 아니라 국가와 학계, 산업계 모두가 협력해 풀어가야 합니다.

기술력은 그 누구도 무시할 수 없는 강력한 경쟁력이자, 외교이자, 안보입니다. 새롭게 떠오르는 AI 반도체 영역에서 전 세계가 우리나라를 앞다퉈 방문하여 손을 내미는 그 날을 기대해 봅니다.

CHAPTER

06

제6장

전기차 1위 중국

01

전기차의 역사와 오늘

• • • · • • •

최근 모빌리티 시장에는 전기차가 빠르게 상승하고 있습니다. 전기차의 등장은 최근만이 아닙니다. 1900년대 초반 미국에서는 증기기관 자동차가 40%, 전기차가 38%, 가솔린이 22%로 전기차의 강세가 매우 두드러졌었죠. 당시 전기차가 선호되었던 이유는 엔진의 진동이 없어 운전이 조용했고, 승차감이 좋았고, 무엇보다 냄새가 없었기 때문입니다. 당시 내연기관 자동차는 서스펜션 기술도 부족했고, 환경규제라는 단어는 존재하지도 않던 시절, 정화도 안 된 매연이 그대로 운전자를 덮쳐, 특히나 여성 운전자는 내연 자동차를 싫어했다고 합니다. 전

기차는 당시 상류층 구매자들에게 '고급'이라는 이미지를 등에 업고 불티나게 팔렸습니다.

하지만 컨베이어 벨트가 등장하면서 분위기가 반전됩니다. 포드(Ford)는 컨베이어 벨트 시스템을 공장에 도입함으로써 자동차 대량생산을 이룩해냈고, 내연기관의 생산 단가를 크게 낮추는 것에 성공합니다. 당시 전기차 가격이 1,800~2,000달러였다면 내연기관의 가격은 600~800달러로 고작 1/3 수준에 불과했죠. 그리고 텍사스 지역에 대량 유전이 개발되어 원유 공급이 원활해지자, 주유소가 미국 전국에 확대되기 시작합니다. 가격 차이가 크게 벌어지자, 전기 공급망과 같은 인프라가 열악하다는 점, 당시의 기술로는 배터리 용량이 작아 주행거리도 짧고, 충전 시간도 오래 걸린다는 본연의 단점이 재차 조명되자 전기자동차는 시장에서 자취를 감추고 맙니다.

약 100년이 지난 지금 전기차는 재조명받고 내연기관의 자리를 넘보기 시작했습니다. 여러 가지 이유가 있는데, 우선 1970년 4차 중동전쟁으로 인해 산유국이 일제히 감산을 했고, 석유가격이 순식간에 4배 가까이 상승하는 오일쇼크가 벌어집니다. 이에 미국은 내연기관 시장을 계속 유지한다면 산유국들에 의한 자원의 무기화가 또다시 나타날 수 있다고 판단하고, 1976년 전기자동차 기술을 촉진하자는 '전기

자동차 연구개발 및 실증에 관한 법률(Electric Vehicle Research, Development, and Demonstration Act)을 통과시킵니다.

다음으로는 우리에게 익숙한 환경보호입니다. 〈알아야 보인다〉에서 전기차 구동

원리를 자세히 기술했듯이, 전기 자체를 생산하는 방법에는 아직 많은 개선이 필요하긴 하지만, 전기차는 주행 시 이산화탄소가 아닌 물을 배출하여 기후재앙 완화에 도움이 됩니다. 미국은 1990년 '공기 청정법(Clean Air Act Amendment)', 1992년 '에너지 정책법(Energy Policy Act)'을 통과시켰습니다. 국가가 환경보호 관련 법안을 연달아 내놓자, 자동자 회사들도 이에 맞춰 전기차로 서서히 선회하기 시작한 것이죠.

2003년 우리에게도 익숙한 테슬라가 등장합니다. 설립한 사람이 일론 머스크라고 생각하시는 분이 많은데, 테슬라는 리튬 이온 배터리 연구자인 마틴 에버하드(Martin Eberhard)와 마크 타페닝(Marc Tarpenning)에 의해 설립된 자동

자 제조회사입니다. 참고로 회사명은 발명가이자 물리학자인 니콜라 테슬라(Nikola Tesla)의 이름에서 따온 것입니다.

두 명의 설립자는 전기자동차 시제품을 만들기 위해 700만 달러라는 거액이 소요될 것으로 예측했습니다. 이를 위해 투자자를 다방면으로 물색했고, 그때 만난 이가 바로 일론 머스크입니다. 전기차에 관심이 있었던 머스크는 그들의 제안에 응했고, 2004년 테슬라에 635만 달러를 투자하여 약 98%의 지분을 보유한 최대 주주이자 회장이 됩니다.

테슬라의 사업 초창기 목표는 배터리의 개선입니다. 기존의 전기차들은 모두 별도로 개발된 대형 배터리팩을 사용했는데, 가격이 너무 높아 대중화와 상용화로 나아가는 데 큰 걸림돌로 여겨지고 있었죠. 테슬라는 별도의 배터리가 아닌, 노트북이나 스마트폰에 들어가는 저렴하고 품질 좋은 리튬 이온 배터리로 전기차를 만드

는 것에 주목했습니다. 몇 년에 걸친 수많은 시행착오 끝에 결국 그들은 성공했죠.

　그들은 다음으로 고가 모델 소량 생산에 들어갔습니다. 그들이 제작한 최초 전기자동차 '로드스터'는 미국 엘리트 그룹에 판매를 시작했는데, 결과는 호평 일색이었죠. 오직 100대라는 소량 생산으로 희소성을 주어 고객에게 '특별함'을 안겼고, 무엇보다 남들에게 자신이 '친환경'에 앞장서고 있다는 선한 이미지를 전파할 수 있었으며, '전기차는 투박하다'라는 인식을 날려버릴 정도로 세련된 디자인을 선보였습니다. 그 결과 차를 구매한 상류층은 중요 자리에 항상 로드스터를 끌고 나갔고, 테슬라는 급격히 언론을 타기 시작합니다. 마케팅에 성공한 테슬라는 '중간 가격의 모델 생산', '대량 판매가 가능한 값싼 모델 생산' 목표를 향해가고 있습니다. 전기차의 고질적인 단점으로 꼽힌 '높은 가격' 리스크를 줄이고 대중화를 목표로 나아가고 있는 것이죠.

　테슬라가 잘 나가는 또 하나의 이유는 자율주행입니다. 머스크는 가장 먼저 '전기차 제2막'을 연 장본인으로 자신의 제품을 가장 널리 보급시켰습니다. 전 세계에서 돌아다니는 테슬라 차량은 주변환경 데이터를 차곡차곡 수집하고 있고, 그것을 기계학습에 활용하여 꾸준히 개선을 반복하고 있습니다. 사람들이 테슬라를 자율주행 분야에서 선두로 꼽는 이유는 당장의 모습보다는 방대한 데이터를 선점한 자에게 보내는 기대감 때문입니다.

　게다가 테슬라는 인프라 확대에 매우 진심입니다. 테슬라는 모델S 출시에 맞춰 2012년부터 캘리포니아·네바다·애리조나를 시작으로 고속도로마다 '슈퍼차저 네트워크(Supercharger Network)'를 설치하기 시작합니다. 여기서는 가정에서 충전하는 것보다 훨씬 빠른 충전을 보장하며, 기다리는 시간을 활용할 음식점과 대형 쇼핑몰 등을 유치해 고객 만족도를 극대화하고 있습니다.

　이처럼 테슬라는 과거 1900년 미국 전기차 시장이 해결하지 못했던 문제점과 정면으로 마주치며 해결해 나가고 있기에, 사람들에게 관심과 기대를 한 몸에 받

배터리　　　디자인 및 브랜드　　　자율주행　　　충전 인프라

고 있으며, 기술적 한계로 더 나아가지 못했던 전기차의 연장선을 이어 나가는 중입니다.

　최근 전기차의 아성에 도전장을 내민 이들이 있습니다. 바로 중국입니다. 내연기관차는 오랫동안 축적된 기술력이 필요하기에 산업화가 빨랐던 유럽·미국·일본이 패권을 장악했고 우리나라가 뒤따르는 모양새였죠. 후발주자인 중국은 내연기관 시장에는 자리 잡기 힘들다고 판단, 전기차에 모든 역량을 집중하고 있습니다.

　위 국가별 전기자동차 판매량 그래프를 보시면, 중국의 BYD(Build Your Dreams,

TOP 10 | BEV passenger car sales of global automotive OEMs 2022/23

■ 2022 ■ 2023

GROUP LEVEL

Vehicle Deliveries

	Tesla	BYD	VW Group	SAIC*	Geely*	GAC	Hyundai*	BMW	Stellantis*	MB Group*
2022	1.314.000	911.000	572.000	672.000	381.000	271.000	367.000	216.000	288.000	133.000
2023	1.809.000	1.575.000	770.000	700.000	510.000	480.000	475.000	376.000	370.000	250.000

Source: CAM　　Ann.: SAIC includes SGMW; Geely and MB Group without Smart brand　　* estimated

比亚迪)가 테슬라의 뒤를 바짝 뒤쫓고 있습니다. 전체 판매량은 여전히 테슬라가 높지만, 2023년 4분기에는 BYD가 52만 대 이상을 판매하면서 테슬라를 제쳤습니다. 심지어 테슬라는 자신의 목표치보다 더 많은 전기차를 판매했음에도 불구하고, BYD의 판매 증가량이 그것보다 더 높았습니다.

BYD가 크게 성장할 것이라는 전망은 과거부터 있었습니다. 워런 버핏은 2008년 2억 3,000만 달러를 BYD에 투자하고 지분을 10% 인수했는데, 2021년 기준 3,400% 이상의 수익률을 기록한 것으로 크게 화제가 되었었죠.

BYD가 전기차 시장을 빠르게 점령할 수 있는 원인은 테슬라가 촉발한 할인 전쟁에 중국 업체들이 공격적으로 나선 것이 유효했다는 분석도 있지만, 중국 정부의 전기차 산업 육성 의지와 이에 따른 대규모 재정 지원이라는 굴기가 뒤를 받쳐줬기 때문이죠.

또 하나의 이유는 BYD 창업자이자 회장인 왕촨푸가 있었기 때문입니다. 흔히 BYD를 전기차 기업으로 알기 쉽지만, 설립 초기엔 배터리 기업이었습니다. 창업 초기인 1990년대 후반은 일본이 배터리 시장을 장악하고 있었습니다. 당시 왕 회장은 일본 기업들이 발을 빼고 있던 니켈 카드뮴 전지 분야로 사업을 넓히며 배터리 시장에서 입지를 다졌고, 곧이어 리튬 배터리 분야로 발을 넓혀 모토로라

에 배터리를 납품하기 시작했죠. 이 외에도 일본 산요전기, 소니 등에 배터리를 공급하면서 명실상부한 중국 배터리 대표 기업으로 도약했고, 2002년에는 홍콩 증시에 상장하기도 합니다.

2003년 왕 회장은 시안친촨자동차 인수를 통해 전기차 시장에 뛰어듭니다. 자체 기술력을 확보한 그는 배터리·모터·전자제어 장치를 자체 조달하는 것으로 전기차 단가를 타사의 절반 수준으로 줄인다는 계획을 세웠습니다. 테슬라 등 대부분의 전기차 업체가 외주에 의존하고 있는데, 이를 스스로 해결하면 큰 경쟁력을 갖출 수 있다는 계산이었죠.

스스로를 '배터리에 미친 사람'이라고 표현하는 자부심처럼 왕 회장은 결국 기술적인 목표를 달성했고, 회사를 수직계열화해 생산비용과 판매 가격을 크게 절감했습니다. 중국 정부가 굴기라는 이름 하에 자국 기업에 큰 윤활유를 제공한 것은 분명하지만, BYD의 성장 비결은 결국 끊임없는 연구를 통한 혁신입니다. 실제로 배터리·모터·전자제어 장치 세 가지를 모두 직접 생산하는 전기차 회사는 세계에서

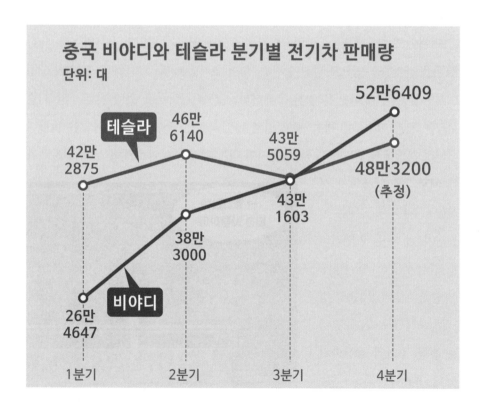

중국 비야디와 테슬라 분기별 전기차 판매량
단위: 대

테슬라

비야디

42만
2875

46만
6140

43만
5059

52만6409

43만
1603

48만3200
(추정)

38만
3000

26만
4647

1분기   2분기   3분기   4분기

BYD가 유일합니다. 버핏의 평생지기 파트너인 찰리 멍거 버크셔 헤서웨이 부회장은 BYD 왕 회장을 발명가 토머스 에디슨과 잭 웰치를 합쳐 놓은 것 같은 인물이라며, BYD의 미래가 앞으로도 밝다는 견해를 밝히기도 했습니다.

게다가 BYD는 내수 시장에만 의존하지 않고 유럽 등 전 세계로의 수출 또한 확대하고 있습니다. 해외로의 수출에는 그들이 직접 건조해 운영하는 세계 최대 자동차 운반선 '비야디 익스플로러 1호'를 사용합니다. 이 운반선은 2024년 2월 첫 출항 기념식을 열었는데, 우크라이나 전쟁으로 세계 물류 가격이 하루가 다르게 치솟는 상황에서 자체 운송 수단을 확보한 BYD는 물류 가격을 절감하여 더욱 강한 경쟁력을 확보할 수 있을 것으로 보입니다. 2023년 BYD의 영업이익은 2022년의 166억 위안에 비해 약 80% 급증한 300억 위안(약 5조 6000억 원)이라는 수치를 기록하였으며, 4분기에는 테슬라를 제치고 세계에서 가장 많은 전기차를 판매한 기업으로 등극합니다.

중국 샤오미도 전기차 시장 진출 포부를 밝혔습니다. 2023년 12월, 베이징에서 개최된 전기차 기술 콘퍼런스에서 향후 15~20년 안에 세계 5대 자동차 제조업체 중 하나가 될 것이라고 발표했죠. 그리고 시간이 아무리 많이 걸리더라도, 핵심 기술 측면에서 업계 최고 수준을 달성할 것이라고 공표했죠. 그들의 포부를 반영하듯이 샤오미가 생산한 첫 전기차 SU7은 판매를 시작한 3월 28일 출시 당일 하루 동안 선주문량이 약 9만 건을 기록했고, 그중 최상급 모델은 차량 인도까지 대략 7개월을 기다려야 했습니다.

미국을 대표하는 자동차 기업 포드는 2023년 6월, CNN과의 인터뷰에서 전기자동차 시장의 미래를 묻는 질문에 '중국의 빠른 기술 개발 속도는 세계시장을 재편할 것'이라고 답했습니다. 유럽운송환경연합은 2023년 유럽에서 팔린 전기차 가운데 19.5%는 중국산이었으며, 2024년에는 25.3%로 증가할 전망이며, 중국 브랜드 비중은 11%까지 증가할 것으로 바라봤습니다.

2024년 4월 중국에서 열린 베이징 모터쇼에서는 80여개 글로벌 완성차 브랜드가 참여해 전기차를 비롯한 신에너지차 278대가 전시되었으며, 이날 세계에서 처음 공개된 신차만 117대에 달했습니다. 홈그라운드인 만큼 BYD와 샤오미가 큰 관심을 끌었고, 우리나라 현대차그룹을 포함한 글로벌업체의 최고 경영진들도 일제히 이번 모터쇼를 찾았습니다. 중국 시장에 얼마나 공을 들이는지 알 수 있는 대목이죠.

다른 분야도 그렇겠지만 전기차는 특히 기술력에 크게 좌우됩니다. 비록 과거 1900년에는 기술력이 뒷받침되지 못해 역사에서 퇴장했지만, 오늘날에는 발전된 기술력을 발판으로 내연기관의 자리를 서서히 대체하고 있습니다. 새롭게 떠오르는 시장의 선도 여부는 언제나 혁신에 있음이 다시 한번 증명된 것 같습니다.

02

CES 2024

••• • •••

모빌리티는 현재 '친환경화·지능화·서비스화' 세 가지를 추구하고 있습니다. 화석 연료가 아닌 전기·수소를 동력원으로 이산화탄소 배출을 억제하고, AI와 결합하여 지능화를 추구하며, 빅블러를 통한 서비스화에 주력하고 있습니다.

2024년 1월, 라스베가스에서 미국 소비자기술협회가 주관하는 세계 최대 규모의 ICT 융합 전시회 CES 2024(Consumer Electronics Show)가 열렸습니다. '모두를 위한, 모든 기술의 활성화(All Together, All On)'라는 주제를 내세운 이번 행사에서 산업통상자원부와 KOTRA는 32개 기관, 443개 기업이 참여하는 역대 최대 규모의 통합한국관을 운영했습니다. '대한민국' 브랜드 마케팅의 적극 활용으로 국내 참가기업의 수출 성과도 증대할 것으로 기대됐죠.

'CES 혁신상(Best of Innovation)' 수상 한국기업도 역대 최대 수준이었습니다. 작년 11월에 발표한 전체 310개 사 수상기업 중 국내 기업이 약 46%인 143개 사로 나타났고, 최고혁신상 27개 중 8개를 우리나라가 차지하면서 2위인 미국을(7개) 따돌리고 1위라는 영광을 차지했습니다. 최고혁신상을 받은 우리나라 기업은 '원콤,

'만드로', '지크립토', '텐마인즈', '로드시스템', '미드바르', '스튜디오랩', '탑테이블'로, 이 중 '원콤'과 '만드로'는 통합한국관에, '지크립토'는 K-스타트업 통합관에

① AI(인공지능)	② 로봇	③ 모빌리티	④ 스마트홈	⑤ 메타버스·Web 3.0
⑥ 디지털 헬스케어	⑦ ESG	⑧ 푸드테크	⑨ 스페이스 테크	⑩ 스타트업

부스를 마련하고 참가자들에게 경쟁력을 맘껏 뽐냈습니다.

150여 개 국가가 참여한 이번 행사에는 전반적으로 열 가지 트렌드가 부각되었는데, AI와 모빌리티를 중심으로 살펴보겠습니다.

기업들은 최근 AI를 다양한 비즈니스에 활용하는 동시에 디바이스에 탑재하는 '온 디바이스' 개발에 열을 올리고 있습니다. 2024년 1월, 이미 우리 곁에 다가온 삼성전자의 세계 최초 'AI폰' 갤럭시 S24를 시작으로 LG도 2024년형 'LG Gram'을 출시할 예정인데, 이것 역시 'AI 노트북'이며, 인텔은 '모든 곳에서의 AI(AI Everywhere)'를 전략으로 내세우며 PC에서부터 서버용까지 모든 자사 칩에 AI 기술 구현을 시작했습니다. 모빌리티 역시 이 흐름에서의 예외가 아닙니다. 모빌리티는 AI와 결합함으로써 운송 수단의 가치뿐만 아니라 이동 및 문화생활 공간으로서의 가치도 함께 지니게 되었죠.

내연기관 시장에서 높은 품질을 자랑해온 독일의 완성차 업체들은 이번 CES에서 생성형 AI와의 결합에 대단히 적극적인 모습을 보였습니다. 폭스바겐은 이르면 2024년 2분기부터 선보이는 차량 일부에 ChatGPT를 탑재할 계획이라고 밝혔습니다. 현재 간단한 명령만 내리는 '음성 어시스턴트'에 LLM 기반 AI를 도입함으로

써 운전자 경험을 극대화하는 것이죠. BMW도 생성형 AI를 탑재한 '개인 음성 비서'를 2024년 출시 차량에 도입한다는 계획을 밝혔습니다.

　자동차에 AI가 도입되면 운전자는 스마트폰에서의 음성으로 주차장에 세워뒀던 차량이 자동으로 운전자 하차 지점까지 이동하는 등의 지시를 내릴 수 있을뿐더러, 타이어 공기압 수준이 적절한지 여부나 엔진오일, 자동차 배터리 교체 주기 등에 대한 운전자 질문에 자동차가 스스로 자가검사 후 대답할 수 있게 됩니다.

　지금까지 차량의 경쟁력을 가늠하는 기준이 가격·연비·디자인 등이었다면, 앞으로는 LLM이 또 하나의 경쟁력 기준이 됩니다. 자동차가 사용자와 대화하는 시대로 나아가는 것이죠.

　미국은 이미 여러 LLM 기반 모델을 구축하고 상용화 단계에 들어섰고, 중국에서는 2023년 8월 Gpt-4와 버금가는 성능을 지닌 어니봇(文心一言)을 개방했습니다. 우리나라도 네이버에서 제작한 하이퍼클로바X를 보유하고 있고, 카카오에서는 직접 구축한 'KoGPT 2.0'을 카카오T 등과 접목하여 모빌리티는 물론 물류, 배송 분야에서 글로벌 AI 플러그인을 구현하겠다는 포부를 밝혔습니다.

여러분께서도 해외여행 중 구글맵을 열고 경로를 검색한 경험이 있으실 겁니다. 구글은 전 세계를 대상으로 서비스를 펼치기에 어디서나 이용할 수 있다는 장점이 존재하지만, 검색 결과나 경로 안내 수준에 아쉬움을 느끼신 분이 적지 않을 겁니다. 반면 네이버나 카카오의 모빌리티 관련 기능(지도·내비게이션 등)은 당장은 국내 서비스에 주력하고 있어 해외에서의 이용은 아직 어려울지라도 국내 이용에서의 만족도는 상대적으로 높습니다.

모빌리티에서의 LLM은 분명 매달 일정 금액을 지불하는 구독 서비스로 나아가게 됩니다. 자신의 나라에 충분한 크기의 LLM이 존재한다면 우리에게 특화된 AI를 사용하고 높은 만족감을 얻을 수 있지만, 그렇지 않다면 해외의 서비스를 이용할 수밖에 없고, 재화가 유출되기 마련이죠. 데이터 주권이 국가 경쟁력과 직결되는 겁니다. 특히 이번 CES의 주제 'All Together, All On'과 같이 LLM은 단순 모빌리티 뿐만이 아닌 모든 분야에 접목될 것이고, 텍스트를 넘어 음악·그림·영상 등 다양한 형태의 데이터를 취급하는 멀티모달로 나아가는 만큼, 우리 모두가 국내 기업을 응원하고, 여러분들께서도 자신 영역에서의 활동을 가능하면 데이터란 형태로 저장하여, 새로운 AI의 구축에 도움을 주셨으면 좋겠습니다.

03

충전 인프라

• • • · · • • •

이번 CES에서는 모빌리티가 표정을 짓고, 외관 색상을 자유자재로 변경하며, 800㎞ 넘게 달리고, 평행 이동(크랩주행)과 제자리 회전(제로턴)도 했습니다. 그뿐인가요. 내부에서는 의자가 돌아가고, 유리창 전체를 창문같이 사용했으며, 운전자가 직접 버튼을 만지지 않고 멀찍이 떨어져 손가락 튕김만으로 제어했고, 무엇보다 내부에서 게임을 즐기는 광경도 선보였습니다.

차에서 게임을 즐기는 서비스(In-Car Gaming)를 가장 빨리 도입한 이는 테슬라입니다. 일찌감치 내부에 대형 디스플레이를 장착했고 인포테인먼트 시스템 내에 게임 메뉴를 만들어 제공하고 있습니다. 혼다는 차 내부에 플레이스테이션5를 탑재한다고 발표했고, 엔비디아는 'GForce-Now' 클라우드 게임 서비스를 현대·폴스타·BYD 등 완성차 업체에 제공하겠다고 밝혔죠. BMW도 유럽 게임 플랫폼 '에어 콘솔'과 손잡고 7시리즈에서 스트리밍 게임 서비스를 선보인다는 계획을 발표했습니다.

차 내부는 점차 게이밍 룸으로 점차 변모하고 있습니다. 미래 모빌리티의 시작이 '타고 다니는 거대한 스마트폰'인 만큼, 자동차용 디스플레이가 커지고 고해상도로 발전하는 것은 너무나 당연하고, 심지어 돌돌 말리고, 좌우로 움직이고, 접히기도 하여 공간 활용을 극대화하고 있습니다. 자동차의 시스템 컴퓨터 역시 전용 게임기나 PC 못지않게 고성능으로 진화하고 있으며, 음향 시설 역시 다시 한 번 도약할 예정입니다.

본래 모빌리티 업계는 자율주행 레벨4가 빠른 시일 안에 상용화될 것으로 믿었습니다. 운전자가 직접 운전할 필요가 없어지면 '차 안에서 즐길(In-Vehicle Entertainment)' 콘텐트가 요구될 것이고, 가장 직관적으로 선호되는 것이 게임이었던 것이죠. 하지만 자율주행 상용화가 예상보다 지지부진한 모습을 보이자, 최근에는 관련 이유가 조금 변화했습니다.

업체의 예상보다 자율주행 발전 속도가 더디고, 이따금씩 들리는 사고 소식은 상용화에 먹구름을 드리웠습니다. 무엇보다 중요한 점은 충전에 애로사항이 많다는 점입니다. 우선, 전기차를 충전하는 데 소요되는 시간이 좀처럼 줄어들지 않고 있습니다. 따라서 게임은 '자율주행과 병행'에서 '충전과 병행'으로 일보 후퇴하였고, 운전자가 차를 충전하는 동안 킬링 타임 콘텐츠로 전환되었죠.

다음으로, 전기차는 기온이 급격히 내려가면 충전속도가 매우 느려지고, 최대 주행거리 역시 짧아지는 단점이 있습니다.

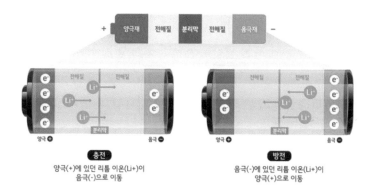

충전	방전
양극(+)에 있던 리튬 이온(Li+)이 음극(-)으로 이동	음극(-)에 있던 리튬 이온(Li+)이 양극(+)으로 이동

　이유는 대부분의 전기차에 들어가는 '리튬 이온 배터리' 때문입니다. 구조를 살펴보면 분리막 사이를 리튬 이온이 이동하면서 배터리가 충전됩니다. 배터리 내부의 저항이 낮아야 리튬 이온이 잘 이동하고 충전 효율이 올라가는데, 겨울철에 기온이 내려가면 전해질이 굳고 저항이 증가하여 리튬 이온의 활동성이 떨어집니다. 결과적으로 충전 속도가 느려지고 동시에 주행거리도 줄어드는 것이죠.

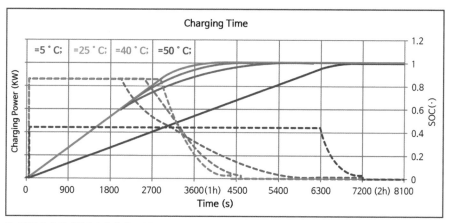

온도별 급속 충전 시 완충까지 걸리는 시간

　위 그래프에서 좌측 세로는 충전 파워(kW), 하단 가로는 충전 시간(S), 우측 세로는 배터리 용량을 전체 용량으로 나눈 백분율(SOC)입니다. 40℃(주황색)에서는

3,600초(1시간)에 완충이 되었는데, 5℃(파란색)는 5,400초(1시간 30분)에 완충됩니다. 반면 50℃(빨간색)처럼 너무 높아도 효율이 좋지 않습니다. 가장 이상적인 온도는 25~40℃가 되겠네요.

관련 사례를 하나 소개해 드리겠습니다. 2024년 1월, 미국 아이오아에 최저기온 영하 40℃라는 엄청난 한파가 불어닥쳤습니다. 그 결과 사람들은 야외 엄동설한에 덜덜 떨며 충전해야 했고, 심지어 고속도로 한복판에서 전기가 바닥나 멈춰서자 운전자가 힘겹게 끌고 가는 사례도 나타났습니다. 평소라면 거뜬히 이동했을 거리인데 배터리 효율이 저하되면서 일찍 방전되었고, 이용자들은 적지 않은 불만을 토로했습니다.

충전과 배터리 문제는 시장에 그대로 반영되었습니다. 2023년 11월, 국토교통부 조사에 따르면 내연기관차, 하이브리드차, 전기차, 수소차 중 구매 의향이 가장 높은 것은 하이브리드차로 나타난 반면, 전기차의 인기는 시들해졌습니다. 중고차 시장을 둘러봐도 전기차 시세가 같은 기간 내연기관이나 하이브리드보다 2~3배 넘는 하락률을 보였습니다.

저온에서의 성능 저하는 주행 전 배터리를 예열하면 됩니다. 하지만 예열기능 자체에도 전기를 소모하기 때문에 완전한 대책으로는 볼 수 없습니다. 산업계에서는 리튬 이온 배터리의 단점을 극복할 수 있는 전고체 배터리와 나트륨 이온 배터리를 꼽습니다. 전고체 배터리는 양극과 음극 사이에서 이온을 전달하는 전해질을 액체에서 고체로 대체한 전지로, 지금의 기온에 따른 성능 저하, 화재에 대한 취약성 문제 등을 해결할 수 있는 차세대 배터리로 각광받고는 있지만, 기술적 문제로 아직 상용화의 문턱을 넘지 못한 상황입니다. 나트륨 이온 배터리는 영하 20도의 혹독한 환경에서도 90%의 방전 효율을 나타내며, 가격도 리튬 이온 배터리보다 저렴하지만, 에너지밀도가 떨어진다는 단점이 있습니다. 꾸준한 R&D로 이를 해결할 날이 오겠죠.

　주차나 충전을 실외가 아닌 실내에서 하면 성능 감소를 막을 수 있습니다. 여기서 고질적으로 제기되는 문제점이 바로 충전 인프라입니다. 국제에너지기구(International Energy Agency, IEA)는 "Global EV Outlook 2022" 보고서에서 충전기 1대당 전기차 대수가 우리나라가 가장 적은 것으로 분석했습니다. 이 말인즉슨 세계에서 전기차 충전 인프라가 가장 잘 구축된 나라가 우리나라라는 말이죠.

　비록 우리나라가 인프라 선진국이지만 정작 전기차 차주들 사이에선 불만이 여전합니다. 가정용보다 공공시설을 중심으로 충전기가 보급되어 있기에, 전 세계에서 가장 많은 충전소가 보급된 나라임에도 불구하고, 늦은 밤 충전소에서 멍하니 시간을 보내다, 집에 들어가 여가 시간도 즐기지 못하고 잠자리에 들어, 바로 다음 날 새벽에 일어나 출근하는 이들이 적지 않습니다. 인터넷 커뮤니티에는 "충전은 전쟁이다.", "집밥을 먹이지 못하면 전기차 구매를 말리고 싶다."와 같은 글을 쉽게 찾아볼 수 있습니다.

　또한, 충전소 사업자마다 정보를 제공하는 플랫폼이 다른 탓에 충전소 위치를 찾으려면 '차지비(ChargEV)', '투루차저(Turu Charger)' 등의 앱을 각각 다운로드하는 번거로움을 감수해야 하기에, 시스템 통합을 외치는 이들이 적지 않으며, 정작 충전소를 찾아가면 오류가 발생하는 경우도 종종 나타납니다. 남은 전력이 얼마 되지 않아 충전소를 방문했는데, 오류로 충전하지 못하면 급히 다른 곳을 찾아가야 하죠. 재차 이동하는 와중에 방전이 되지 않을까 하는 걱정을 해본 경험자가 너무나 많아, '이러느니 기름 넣고 말지.', '차 때문에 아파트 이사 간다.'와 같은 불만이 속출하는 겁니다.

그래도 앞으로 전기차 충전소는 전 세계적으로 계속 늘어가고 불편함은 개선될 겁니다. 여기에서 떠오르는 새로운 시장이 바로 배터리 충전의 표준 선점입니다. 2023년 9월, 미국 제너럴모터스(GM)가 테슬라의 전기차 충전 플러그 표준을 채택했고, 포드(Ford) 역시 테슬라와 충전 시스템 제휴를 진행했습니다. 미국 전기차 시장 1·2·3위 모두가 같은 충전 네트워크를 사용한다는 말이죠.

본래 테슬라는 별도의 충전 규격(NACS)을 고수해 다른 브랜드 전기차가 그것을 이용하는 것이 불가능했었습니다. 하지만 미국 행정부의 정책으로 상황이 일변합니다. 2021년 발효된 인프라법에는 전기차 충전기 네트워크 구축에 75억 달러(약 9

조 8,000억 원)의 보조금을 지급하는 내용을 담았고, 2022년에는 충전기 표준규격을 채택해야 보조금을 받을 수 있도록 했습니다.

이에 테슬라는 2024년까지 미국에 있는 테슬라 차량 전용 충전소 가운데 7,500곳 개방을 결정합니다. 바이든 대통령은 이 광경을 보고 대단히 흐뭇해하며 트윗을 날렸죠. 테슬라·Ford·GM과의 파트너십도 이러한 기조 변화의 연장선으로 볼 수 있습니다.

충전소는 단순 충전만 하지 않고 데이터 축적도 합니다. 테슬라의 NACS 충전기 구멍 5개 중 3개는 전력 공급용이고, 2개는 데이터 수집용입니다. 차종별 배터리의 상태, 충전속도 등의 정보를 모두 테슬라의 충전 스테이션인 슈퍼차저를 통해 수집하죠. 게다가 테슬라 슈퍼차저를 쓰려면 모바일 앱도 필수적으로 깔아야 하는데, 이를 통한 마케팅 정보 획득도 가능합니다. 일론 머스크는 자사 제품 할인을 통해 점유율을 끌어올리고, 완전 자율주행 실현을 위한 빅데이터를 모읍니다. 여기에 NACS 네트워크로 충전기와 앱을 확산시켜 차량과 고객에 대한 각종 정보까지 확보하죠. 빅데이터를 통해 사실상 온·오프라인을 넘나드는 전기차 헤게모니 장악이 그의 목표입니다.

투자은행 파이퍼샌들러는 테슬라가 Ford·GM과 맺은 계약 덕분에 충전소에서만 2024년부터 2030년까지 약 30억 달러(약 4조 원), 2032년까지 54억 달러(약 7조 원)를 벌어들일 수 있을 것이라고 추정했습니다. '테슬라 최고의 히트 상품은 모델3가 아니라 충전소'라는 표현이 나오는 이유가 여기에 있습니다.

"자동차 디자인은 표준화될 수 없지만, 충전 네트워크는 표준화가 가능하다."라는 말처럼 규격 표준 선점은 경쟁력과 직결됩니다. 여러분께서 유럽지역으로 여행할 때 전자제품 사용을 위해 아답터를 챙겨가신 경험 있으실 겁니다. 나라마다 표준이 다르기 때문에 벌어지는 현상이지요. 표준을 선점한다면 자신의 것을 이용하는 이에게 로열티를 받을 수 있으며, 생태계 확장에 큰 탄력을 받을 수 있습니다.

구분	미국·한국	유럽	일본	중국	Tesla(미국)
완속(AC)	Type1(J1772)	Type2(Mennekes)	Type1(J1772)	GB/T	NACS (North American Charging Standard)
급속(DC)	Combo(CCS1)	Combo(CCS2)	CHAdeMO ChaoJi(미정)	GB/T or ChaoJi 또는 GB/T 개정판(미정)	
통신방식	PLC		CAN		CAN
출력범위	150kW 대응기기가 일반적, 350kW 대응기기 설치 시작		50kW 대응기기가 일반적, CHAdeMO 는 90kW 대응기기 설치 시작		250kW 대응

급속충전 표준규격은 미국·유럽·우리나라의 CCS(Combo), 일본의 CHAdeMO, 중국의 GB/T 등이 병존하고 있습니다. 프레세덴스 리서치에 따르면, CCS는 2021년 기준 세계 시장점유율을 38.7% 차지했고, 2025년에는 44.9%, 2027년에는 48.0%까지 늘어날 전망입니다. 반면 CHAdeMO는 2021년 시장점유율이 27.5%였지만 2025년에는 21.5%, 2027년에는 18.5%까지 감소할 것으로 보입니다. 초기에는 가장 먼저 개발된 CHAdeMO의 시장점유율이 높았으나, 일본이 전기차 및 충전기술 개발에 소극적으로 임하던 사이에 현대자동차그룹 등 CCS 충전기를 사용하는 완성차 업체들이 기존 CHAdeMO 사용 업체들보다 시장에서 우위를 점하면서 CHAdeMO 시장이 위축되기 시작했죠.

자동차 강국 일본은 CHAdeMO와 호환가능한 ChaoJi를 중국과 공동 개발하면서 충전시장 점령에 힘을 쏟고 있습니다. 이들은 큰 잠재력이 있는 인도와 동남아시아를 중심으로 보급하는 모습입니다. 특히 중국 BYD의 저가 전기차가 크게 성장하고 있기에 우리로서는 긴장이 되지 않을 수 없는 형국이지요.

단기적으로는 ChaoJi가 표준 판도를 뒤집기는 어려워 보입니다. 하지만 이미 조성된 시장도 중요하지만, 신흥국에서의 충전 인프라의 선점 역시 매우 중요합니다. 특히 신흥국에서 새롭게 설치될 인프라는 장기적인 전망보다는 당장의 가격에 따라 채택될 가능성이 크기에, 상대적으로 저렴한 중국의 ChaoJi 혹은 GB/T의 경쟁력이 높습니다. 이를 극복하기 위해 꾸준한 R&D로 가격을 절감하고, 성능을 개선하고, 국제협력을 꾸준히 강화할 필요가 있겠죠.

표준 이외에 다른 각도로 이 사업에 뛰어든 이들도 있습니다. 이동형 충전기를 개발하는 '에너캠프'와 무선충전을 이룩하겠다는 '와이파워원' 등의 스타트업도 있고, 쌍용자동차는 서울 코엑스에서 '전기차 무선충전 플랫폼'을 공개하였으며, 현대자동차는 로봇을 이용한 충전 기술을 개발 중입니다.

다양한 이들이 많은 노력을 기울이고 있지만, 당장은 인프라 구축도 아직 요원하고, 각 자동차 업체가 사용하는 충전 표준 역시 상이해 운전자 입장에서 불편하다는 점을 부정할 수 없습니다. 우리가 사용하는 핸드폰만 해도 갤럭시 충전기가 다르고, 아이폰 충전기가 다르고, 전화번호도 나라마다 통신사가 전부 달라 국경을 넘으면 로밍해야만 하며, 카카오톡도 국내에서만 국민 메신저이고, 국경을 넘으면 다른 메신저를 깔아 소통해야만 합니다. 전기차 충전 표준 역시 오랜 기간 국제 표준을 차지하기 위한 기술 전쟁이 이어질 전망입니다. 어쩌면 영원히 통일되지 않고 각자 시장점유율을 나눠 먹을지도 모르겠네요.

이러한 단점이 부각되자, 2023년 세계 전기차 판매 실적이 줄어들었습니다. 그리고 그에 대한 대체제로 하이브리드차가 재조명받았죠. 하이브리드는 전기차보다 가격이 저렴한 데다 충전소를 찾아다닐 필요도 없고, 내연기관차보다 연비가 높다

는 장점이 있습니다. 이와 같은 사태에 '전기차 지각생'으로 불렸던 도요타는 "사람들이 마침내 현실을 보고 있다."라는 발언과 함께 하이브리드 전략을 강화하며 함박웃음을 띠고 있습니다.

하지만 하이브리드차는 이산화탄소 배출량이 줄어들었을 뿐, 여전히 환경오염이 나타난다는 단점이 있습니다. 현대차그룹은 현재 오히려 공격적인 R&D로 전기와 수소차 개발에 속도를 올리고 있습니다. 글로벌 완성차 업체들이 완급 조절로 눈치싸움에 들어갔지만, 시장 미래 선점을 위해 더욱 페달을 밟고 있는 겁니다.

여러분은 서로 다른 행보를 보이는 두 그룹 중 추후 웃는 이가 누구라고 생각하시나요?

자율주행은 언제쯤?

• • • • · · • • •

　　　　　　　전기차 경쟁이 주행거리에서 자율주행으로 옮겨가고 있습니다. 주행거리가 기본 400~500㎞에 도달하면서 자동차로서의 기본적인 요건을 갖췄기에, 이제는 차량 자체의 성능보다는 거기에 심어지는 SW에 포커스가 맞춰졌습니다. 그중 가장 중요한 기능이 바로 자율주행입니다.

　글로벌 완성차 업체들은 테슬라가 주도했던 자율주행 기술 경쟁에 본격적으로 도전장을 내밀고 있습니다. 전기 모터와 배터리 용량 키우기라는 경쟁에서 자율주행이라는 기술 경쟁으로 변화하였고, 이는 물밑에서 대단히 치열하게 벌어지고 있습니다. 아직 그럴듯한 모델이 우리 곁에 다가오지 않았을 뿐이죠.

　자율주행은 느리지만 조금씩 발전하고 있습니다. 특정상황에서 운전자가 핸들을 잡지 않아도 되는 조건부 자동화(레벨3)는 이미 상용화되었고, 제한 속도도 60km에서 80km로 올라갔습니다. 우리가 흔히 떠올리는 '자율주행' 개념에 부합하는 '고도 자동화(레벨4)'까지 단 한 단계 남았을 뿐입니다. 개념과 법적 규제는 〈알아야 보인다〉에서 이미 자세히 기술했었으므로 여기서는 최근의 동향에 대해 간략히 언급하도록 하겠습니다.

자동차가 AI와 융합함으로써 시간이 흐를수록 '나'를 학습한 맞춤형 개인 비서로 변모하고 있습니다. 메르세데스 벤츠는 이동하는 전 과정에 있어서 차와 사람이 자유로운 소통을 하게 만드는 것을 목표로, AI가 운전자가 반복적으로 사용하는 편의 기능을 학습하도록 하는 기능을 탑재하여, 차량은 이제 "운전과정에서 최소한의 동작으로 최상의 주행 경험을 제공하는 조력자"라고 정의했죠. 하지만 라디오·시트 열선·에어컨 세기 등의 자동조작은 전부 부차적인 기능이고, 핵심은 역시 주행의 자동화입니다.

자율주행은 2000년 초반 다르파 챌린지에서 태동했습니다. 많은 연구가 있었고, 업계에서는 '2010년 후반에는 상용화되지 않을까?'라는 기대 섞인 전망도 있었죠. 일론 머스크는 2015년 "완전 자율주행 기능을 2년 안에 완성하겠다!"라고 공언한 적도 있습니다. 물론

지켜지지는 않았고, 2021년에 "자율주행 개발이 이렇게 어려운 줄 몰랐다."라며 자신의 발언을 철회합니다. 테슬라가 자체적으로 개발한 FSD(Full Self-Driving)는 허위 광고 및 홍보로 소비자들을 오도했다는 혐의로 집단소송이 제기되었죠.

2023년 5월, 피터 부티지지(Pete Buttigieg) 미국 교통부 장관은 "테슬라는 오토파일럿(Autopilot)이라는 이름을 사용해서는 안 된다. 자동차 스스로 운전할 수 없기 때문이다."라고 언급하며, 그 이유로 "사람들이 오토파일럿이라는 이름을 들으면 '자율주행 기능'이라고 이해하지 '손은 항상 스티어링 휠을 잡고 눈은 도로를 주시해야 하는 기능'이라고 생각하지 않는다는 것"을 들었습니다.

2023년 12월, 테슬라에게 비운의 통지서가 찾아옵니다. 바로 2022년 미국에서 테슬라 차량의 교통사고 비율이 가장 높았다는 통계 결과죠. 이것을 포함한 다양한 문제로 인해 결국 테슬라는 2012년 10월 이후 생산된 전기차 203만 대 전량 리콜을 결정합니다. 참고로 이는 미국에서 판매된 테슬라 차량의 거의 100%에 달하는 규모입니다.

2022년 말 깜짝 놀랄 만한 소식이 들려왔습니다. 자율주행 업계에서 글로벌 선도기업 중 하나인 '아르고 AI'의 폐업이 그것이죠. 아르고 AI는 포드와 폭스바겐으로부터 조 단위 대규모 투자를 받았고, 한때 가치가 10조 원에 육박하기도 했던 기업이지만, 설립 6년 만에 사업을 중단합니다. R&D에 끝없는 자원을 투입해야 하는데, 소비자 눈높이에 걸맞은 상용화에는 한참 멀었고, 수익화는 더더욱 멀었기 때문이죠. 아르고 AI의 폐업 이후 자율주행 업계를 둘러싼 회의론이 다시 고개를 들었고, 한발 더 나아가 '정말 가능하기는 한 건가?'라는 의문이 확산되었습니다.

미국 자동차 기업 GM은 2016년 10억 달러를 들여 자율주행 스타트업 크루즈(Cruise)를 인수합니다. 하지만 이는 경쟁업체에 비하면 너무나 늦은 출발이었습니다. 크루즈는 이를 만회하기 위해 혼잡한 도심 주행이라는 하이리스크 하이리턴 전략을 구사합니다. 2022년 6월, 샌프란시스코에서 세계 최초 '완전 무인 로보택시 유료 운행'을 시작했고, 같은 해 8월에는 24시간 운행 승인도 받아냅니다. 하지만 얼마 지나지 않아 보행자 충돌·소방차 방해·교통혼잡 야기 등의 사고가 연달아 발생하자, 미국 교통당국은 운행 대수를 절반으로 줄이라는 조치를 내렸고, 당해 10월에는 자율주행 차량 운행 중단 명령을 내리고 맙니다. 게다가 2022년 12월에는 샌프란시스코시가 '무인 로보택시 승인을 해서는 안 됐다'라는 명목으로 캘리포니아주를 상대로 법적 다툼까지 벌였습니다. 일련의 사건으로 크루즈 CEO는 결국 사퇴의 길을 걷게 됩니다.

2024년 2월에는 구글 무인택시 로봇 웨이모 차량이 한 교차로에서 트럭을 뒤따라가던 자전거를 미처 발견하지 못해 충돌하는 사고가 발생합니다. 이에 캘리포니아주 의회는 1만 1파운드(4.5톤) 이상의 자율주행 차량에는 훈련된 운전자가 탑승하는 것을 강제하는 법안을 냅니다. 게다가 사람이 운전하지 않는 자율주행차를 허용하지 않는 법안도 함께 요구하였죠.

포브스가 실시한 자율주행차 안전성 조사에 따르면, 미국인 93%는 자율주행차를 우려하고 있고, 이 중 36%는 자율주행 기술을 신뢰하지 않는다는 결과가 나왔습니다. 이러한 인식은 결국 행동으로 표출되고 맙니다. 2024년 2월, 샌프란시스코 차이나타운에서 구글의 웨이모 차량의 방화 사건이 발생합니다. 샌프란시스코가 거대한 자율주행 실험장으로 변모하자, 불안감을 느낀 시민들이 자율주행 차량에 위해를 가한 것이죠. 사람이 내는 사고가 수치적으로 훨씬 많은 것이 사실이지만, 무인택시가 인명사고를 낼 때마다 여론은 급격히 악화되었습니다. 'Stranger is Danger'라는 미국의 격언처럼 낯선 것에 거부감을 느끼는 겁니다.

그와 동시에 인간은 새로운 지평에의 기대감도 동시에 가지고 있습니다. 오른쪽 사진은 테슬라 사이버트럭 차량에 탑승해 자율주행을 사용하는 운전자가 최근 출시된 애플의 비전프로고글을 즐기는 모습입니다.

Secretary Pete Buttigieg
@SecretaryPete · Follow

Reminder—ALL advanced driver assistance systems available today require the human driver to be in control and fully engaged in the driving task at all times.

Continue watching on X

0:06 / 0:13

2:34 AM · Feb 6, 2024

미래에는 분명 이러한 광경이 현실이 될 것이고, 그 열망이 표출된 것이죠. 하지만 아직은 시기상조입니다. 해당 영상이 SNS에서 확산되자, 미국 교통당국은 교통사고 위험이 크다며 자제를 당부하기 이릅니다. 테슬라의 자율주행은 레벨2에 불과해 운전자가 항상 운전에 집중하고 제어할 수 있는 것을 전제로 하기 때문입니다.

기술으로의 해결에 대한 기대감을 독차지한 기업은 애플입니다. 애플카라는 전기차 시장을 배회하는 유령 같은 존재입니다. 아무도 그 실체를 몰랐지만, 운전자와 페달을 없애버린 레벨5를 추구한다는 소식은 이따금씩 들려왔고, 대중을 자극하는 매끈한 컨셉 이미지만으로도 마니아들을 충분히 열광시켰으며, 모든 자동차 기업을 극도의 긴장 상태로 몰아넣었죠. 혁신의 대명사인 애플이 만들면 분명 뭔가는 다를 것이라는 기대가 있었습니다.

하지만 2022년 12월 코드명 '타이탄'이라고 불리는 애플카 개발 계획이 운전대와 페달이 없는 완전 자율주행 구현은 불가능하다는 판단에 따라 운전대와 페달이 달린 모델 개발로 돌아섰고, 고속도로에만 주행이 가능하도록 선회한다는 소식이 전해졌습니다. 이때 관련 수혜주로 불렸던 우리나라 LG전자의 주가가 한순간 6%

급락하는 웃지 못할 사태가 벌어지기도 했죠. 2024년 1월에는 출시 시점을 2028년으로 연기하고 자율주행 레벨을 당초의 5수준에서 4로 하향 조정했다는 소식이 들려옵니다. 그리고 2월에는 2014년부터 약 10년간 개발을 시도해온 전기차 전략을 포기하고 생성 AI로의 전환을 선언했습니다. 혁신의 애플이라면 분명 타사가 이루지 못한 기술이 총집약된 완전 자율주행 제품을 내놓을 것이라고 전망했던 사람들은 낙담을 감추지 않았고, 다른 기존 자율주행 업체들은 반사이익을 얻었습니다. 천하의 애플도 포기한 사업을 선도하고 있다는 뜻이니까요.

중국이 이 분야에서 선두를 달리고 있습니다. 2022년 8월, 바이두는 우한 경제기술개발구 안의 13㎢ 이내 지역에서 오전 9시부터 오후 4시 30분까지 '아폴로 5세대' 모델 무인 로보택시를 운행할 수 있는 허가를 받았습니다. 서울의 약 14배 크기의 규모를 자랑하는 우한은 도시 자체가 거대한 자율주행 실험실이 되었습니다. 2023년 기준 우한의 로보택시 탑승 건수는 약 73만 2000건으로 구글 웨이모의 운행기록(약 70만 건)을 넘어섰습니다. 그리고 2023년 9월에는 수도 베이징의 이좡구에서 자율주행 택시 도입이 허용되었습니다. 세계에서 무인 로봇택시를 처음 허용한 지역은 미국 샌프란시스코이지만 정부 주도로 국가의 수도에서 사업을 시작한 건 중국이 처음이죠. 당시 중국 언론은 '자율주행 굴기'라는 표현으로 자부심을 감추지 않았습니다. 베이징 시민들이 출퇴근에 사용하는 로봇택시는 200대 시범운영

후 안전하다는 판단이 들면 중국 전 지역으로 확대될 예정이며, 우한과 같은 실험을 하는 도시가 베이징·상하이·광저우·선전·충칭·청두·창사·허페이·양취안·우전 등 10개 이상 대도시로 확장 중입니다. 2024년 4월 기준 자율주행 총 주행거리는 1억 km를 넘었고, 방대한 데이터가 지금도 계속해서 축적 중입니다.

한술 더 떠 2024년 1월, 베이징에서는 택시를 넘어 무인으로 주행하는 순찰차가 운행을 시작했습니다. 무인 순찰 차량은 경제개발지역에 한정해 방범 순찰·대규모 행사 보안·홍보 및 경고·긴급구조 등의 임무를 24시간 수행하고 있으며, 중국판 우버로 불리는 '디디추싱(滴滴出行)'은 차량호출 서비스가 가능한 로봇택시를 2025년에 출시할 계획이라고 발표했습니다.

중국이 대대적인 자율주행 테스트 확장을 할 수 있는 이유는 지금까지 '공식 사건 사고 0회'라는 놀라운 기록이 뒷받침되었기 때문입니다. 미국조차 쩔쩔매는 상황에서 일반 시민들에게 서비스를 제공하고 있다는 점, 그리고 국가 공권력의 상징 중 하나인 순찰 차량에까지 접목했다는 점에서 중국의 기술력은 결코 가볍게 치부할 수 없습니다. 그리고 최근 상하이에서는 '산만한 운전'을 하는 이를 포착하기 위해 감시용 드론을 고속도로에 띄웠습니다. 운전 중 담배를 피우거나 핸드폰을 조작하면 바로 벌점과 벌금이 부과됩니다. 참 대단한 나라가 아닐 수 없습니다.

세계는 레벨5를 향해 테스트베드를 멈추지 않습니다. 우리나라 현대모비스도 2024년 4월부터 2025년 상반기까지 인천 송도와 영종도 일대에서 레벨4 시험 운행을 진행하고 있습니다. 인명사고가 나타날 수도 있다는 큰 리스크가 존재하지만, 가장 먼저 기술의 정점에 달한 이는 차량 판매를 시작으로 연쇄적으로 이어지는 사실상 강제 구독 서비스(핸들/시트 열선·하이빔/드라이빙 · 어시스턴트·가속기능·후륜 조향 등)도 독점할 수 있기 때문입니다.

하지만 무인차량이 증가하면서 주행에서의 사고 이외에 또 다른 문제점들이 대두되었습니다. 샌프란시스코에서는 로봇택시가 활성화되자, 남녀가 차량 내부에

서 음주와 애정행위 등 적절치 않은 행동을 하는 경우가 크게 증가했으며, 심지어 마약 거래 장소로도 사용되는 일이 발생했습니다. 로봇택시가 '달리는 밀실'이 되어버린 겁니다. 비록 약관에는 '다른 사람에게 불쾌감을 주거나 무례하고 부적절한 행동을 해선 안 된다.'와 같은 차량 내부에서 타인을 존중하는 행동을 해야 한다는 항목이 있지만 잘 지켜지지는 않습니다.

내부 청결 역시 큰 골치입니다. 택시에 탑승했는데 좌석이 파손되어 있다든가, 누군가의 구토물이 있다든가, 쓰레기가 어질러져 있다든가 등의 민원이 적지 않습니다.

이들을 처벌하려면 차량 내부를 블랙박스 등으로 기록해야 하는데, 이것도 쉽지 않죠. 2023년 9월, 미국의 비영리단체 '모질라 재단'이 포드·도요타·테슬라·BMW 등이 포함된 전 세계 25개 자동차 기업을 대상으로 조사한 결과에 따르면, 자동차 업체들이 필요 이상으로 많은 개인정보를 수집하고 있으며, 25개 브랜드 모두를 '사생활 보장 안 됨(Privacy Not Included)' 등급으로 분류하고, "우리가 사생활 보호 수준을 평가한 제품들 가운데 최악의 범주에 해당한다."라고 강도 높게 비판했습니다.

영국 옥스퍼드대학 연구진은 2019년 자율주행차가 '시간제 호텔'을 대체할 것이며, 차내 성관계와 약물 흡입을 방지하기 위해 자율주행차 내부를 감시하는 시스템이 가동될 것으로 예측했고, 오늘날 그것은 현실이 되었습니다. 지금으로써는 로봇택시 호출과 탑승 시 운영 측이 제시하는 약관에 동의해야만 하고, 내부 데이터는 유출은 하지 않되 문제 발생 시 열람할 수 있다는 조항이 대안으로 거론되고 있습니다.

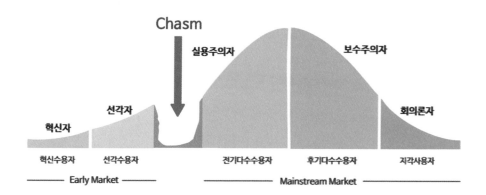

매년 세 자릿수 이상의 성장률을 기록하던 전기차 시장이 정체기에 접어들면서 성장통을 의미하는 '캐즘(Chasm)'에 빠졌다는 진단이 나왔습니다. 캐즘이라는 단어는 원래 지질학 용어로 지각변동 등에 의해 지층 사이에 균열이 생겨 서로 단절된 것을 뜻합니다. 그러다 제프리 무어(Geoffrey Moore)가 1991년 '캐즘'이라는 제목으로 책을 발간하면서, 이는 혁신이 시장에서 뜻대로 성공적인 반응을 얻지 못했을 때나 실패했을 때 초기 마케팅에 주의해야 할 시사점이라는 용어로 자리 잡았죠.

전기차가 새로운 지평을 열 것이라는 생각을 가진 혁신수용자와 선각수용자는 이미 구매를 끝냈습니다. 다음 단계로 나아가기 위해서는 모두에게의 보편화 단계(Mainstream Market)로 넘어가야 하는데, 전기차는 눈앞의 구덩이에 정체된 상황이죠.

인덕션이 가스레인지보다 편한 것은 분명하지만, 겨우 이 정도의 변화로 우리 집의 멀쩡한 조리기구를 '굳이' 돈을 내고 교체하는 사람은 많지 않다는 거죠. 인덕션에 AI가 탑재되어 유명 셰프의 레시피를 줄줄이 꿰고 있고, 게다가 로봇 팔도 부착되어 메뉴명만 말하면 알아서 만들어 눈앞에 대령하는 정도의, 게임체인저라고 불릴만한 혁신이 있어야만 대다수 고객이 스스로 지갑을 열 겁니다.

여러분께서는 저 단계를 어떤 기업이 가장 먼저 뛰어넘을 것으로 전망하시나요?

우리나라의 위치

●●●●··●●●●

그렇다면 세계 속의 우리나라는 어떤 위치일까요? 2024년 1월 25일, 현대차그룹은 2023년 연결 기준 매출액 162조 6,636억 원, 영업이익 15조 1,269억 원을 잠정 기록했다고 공시합니다. 이는 2022년 대비 각각 14.4%, 54.0% 증가한 규모이며, 당기순이익은 12조 2,723억 원으로 53.7% 늘었습니다. 그리고 거의 27년 연속(2008년 제외) 항상 우리나라 영업이익 1위를 지켜온 삼성전자를 제치고 1위를 달성했죠. 기아자동차도 2023년 11조 원이 넘는 영업이익을 내며 역대 최대 실적을 올렸습니다. 연간 판매량도 2022년 대비 6.4% 증가한 208만 7,384대에 달했죠. 2024년 3월, 기아의 EV9는 유럽 친환경 자동차 격전지인 영국에서 '2024 영국 올해의 차(UK Car of the Year)'에 선정되었으며, 동시에 '2024 여성 세계 올해의 차(2024 Women's Worldwide Car of the Year)'도 수상하였고, 현대 아이오닉5N은 '세계 올해의 고성능차(World Performance Car)'로 뽑혔습니다.

2023년 자동차 시장은 주요국들의 환경규제 강화, 친환경 인프라 투자 증가, 친환경차 선호 증가로 전기차와 하이브리드차 중심으로 높은 성장세를 보였습니다. 이와 관련해 현대차그룹은 하이브리드 제품군 지속 확대로 친환경차 판매를 확대하고, 생산 및 판매 최적화를 통해 판매 최대화를 꾀했고, 더 이상 저가 차량이 아닌 품질을 높인 고급 이미지로의 변신을 시도한 것이 북미시장과 유럽뿐만 아니라 인도와 동남아 등 신흥시장에서도 제대로 먹혔습니다. 우호적인 원·달러 환율 영향도 한몫 거들었고요. 현대차그룹은 2024년 도매 판매 목표를 지난해보다 0.6% 증가한 424만 대, 연간 매출액 목표는 전년 대비 4.0~5.0%, 영업이익률 목표는 8.0~9.0%로 세웠습니다.

*연간 누적 글로벌 전기차 인도량 (BEV+PHEV, 상용차 포함)   (단위 : K)

순위	그룹명	2022. 1~12	2023. 1~12	성장률	2022 점유율	2023 점유율
1	BYD	1,821	2,883	58.3%	17.3%	20.5%
2	TESLA	1,314	1,809	37.7%	12.5%	12.9%
3	VW	822	993	20.7%	7.8%	7.1%
4	SAIC	820	908	10.8%	7.8%	6.5%
5	Geely	625	896	43.4%	5.9%	6.4%
6	Stellantis	489	569	16.2%	4.6%	4.0%
7	Hyundai & Kia	507	560	10.4%	4.8%	4.0%
8	BMW	415	527	26.8%	3.9%	3.7%
9	GAC	288	526	82.5%	2.7%	3.7%
10	Changan	275	466	69.5%	2.6%	3.3%
	기타	3,163	3,924	24.1%	30.0%	27.9%
	합계	10,540	14,061	33.4%	100.0%	100.0%

세계로 눈을 돌려보면 우리나라의 위치를 객관적으로 알 수 있습니다. 2023년 전기차 판매량 순위 1위부터 5위까지 기업 중 3곳이 중국 기업입니다. 1위는 BYD, 4위와 5위는 각각 상하이차(SAIC)와 지리자동차(Geely)가 차지했죠. 우리나라는 7위를 차지했습니다.

2023년에는 하이브리드가 선호되었고, 전기차 시장이 잠시 주춤하기는 했지만,

하이브리드   전기   수소

결국은 전기와 수소로 넘어갈 것이라는 분석이 지배적입니다. 이러한 관점에서 현재 전기와 수소에 베팅하고 있는 우리나라 회사의 미래 역시 기대해 볼 수 있겠죠.

하지만 세계시장은 만만치 않습니다. 전기차 시장에 경쟁자들이 하나둘 두각을 나타내자, 테슬라는 가격 인하 공세에 들어갔습니다. 2023년 6월 모델3과 모델Y의 가격을 인하했고, 2024년 1월 중국과 유럽에서 모델Y의 가격을 또다시 인하합니다. 시장을 먼저 선점하고 자본을 축적한 상태에서 공격적으로 가격을 인하하면 경쟁업체는 울며겨자먹기식으로 함께 가격을 내리고 버텨야 합니다. 전기차는 기본적으로 내연기관보다 개발비·생산비용 등이 비싸기 마련인데, 테슬라는 내연기관차의 가격보다 더 내려버렸습니다. 반도체 역사에서도 유사한 치킨게임이 벌어졌는데, 전기차 시장에서도 경쟁업체 죽이기가 나타난 것이죠. 게다가 최근 급부상한 중국의 영향도 큽

천천히 가기   버티며 나아가기   먼저 가기

니다. 굴기라는 이름 아래 폭력적인 R&D와 정부로부터 엄청난 보조금을 받은 중국 업체는 저렴한 가격을 무기로 세계시장을 빠르게 장악하고 있습니다.

현 시장에서의 생존전략은 크게 도요타처럼 하이브리드에 머물면서 자금을 아껴 가격 전쟁이 끝나고 참전하든가, 자사 제품을 타사와 비슷한 가격으로 내리거나 동결하여 점유율을 유지하든가, 경쟁사를 기술력으로 압도하여 시장을 점령하든가 등입니다. 가장 이상적인 것은 3번입니다만, 사실 저 세 가지를 모두 적절하게 운영해야 합니다.

규모가 작은 전기차 업체들이 문을 닫고 있습니다. 월스트리트저널에 따르면 2020~2022년 상장한 전기차·배터리 업체 43곳을 분석한 결과, 로즈타운 모터스, 페러데이 퓨처 등을 포함해 3곳은 이미 파산했습니다. 그리고 한때 테슬라의 대항마로 불렸던 리비안과 루시드 역시 어려운 날을 보내고 있죠. 이들이 생존하기 어려운 이유는 역설적으로 전기차'만' 생산했기 때문입니다. 시장이 앞서 설명드렸던 캐즘 구간에 묶이자 대안이 없고, 자금력이 부족한 그들은 버틸 수가 없었던 거죠. 반면 현대차그룹은 2023년에는 하이브리드 차량 판매로 매우 우수한 실적을 거둠과 동시에, 벌어들인 이득을 전기차·수소차·UAM에의 R&D를 멈추지 않고 있습니다.

지금의 모빌리티는 하드웨어와 소프트웨어의 융합 결과물입니다. 통계 플랫폼 스태티스타(Statista)는 글로벌 자율주행차 시장 규모가 2030년에는 2조 3,000억 달러(약 3,105조 원)에 달할 것이란 전망을 내놓았습니다. 이 말은 앞으로의 자동차 시장에서의 경쟁력을 가늠하는 또 다른 기준이 자율주행 기술이라는 점을 시사합니다.

가이드하우스가 발표한 글로벌 자율주행 업체 기술 순위표를 살펴보면, 미국업체와 중국업체가 1위부터 15위까지 대부분을 차지한 것으로 나타났습니다. 특히 중국 정부는 2023년 9월, "2025년까지 자율주행 표준을 마련하겠다."고 공언했는

순위	2019년	2020년	2021년	2023년
1	웨이모(구글)	웨이모(구글)	웨이모(구글)	모빌아이 (인텔)
2	크루즈(GM)	포드	엔비디아	웨이모(구글)
3	포드	크루즈(GM)	아르고 AI (포드·폭스바겐)	바이두
4	앱티브	바이두	바이두	크루즈(GM)
5	모빌아이 (인텔)	모빌아이 (인텔)	크루즈(GM)	모셔널(현대차 그룹-앱티브)
6	폭스바겐	현대차그룹 -앱티브	모셔널(현대차 그룹-앱티브)	엔비디아
7	다임러-보쉬	폭스바겐	오로라	오로라
8	바이두	얀덱스	모빌아이 (인텔)	위라이드
9	도요타	죽스	죽스	죽스(아마존)
10	르노-닛산 -미쓰비시	다임러-보쉬	뉴로	개틱
11	BMW-인텔 -FCA	도요타	얀덱스	뉴로
12	볼보-베오니어 -에릭슨-제누티	메이모빌리티	오토엑스	오토엑스
13	죽스	보야지오토	개틱	오토노머스 에이투지
14	메이모빌리티	BMW	메이모빌리티	메이모빌리티
15	현대차그룹	르노-닛산 -미쓰비시	테슬라	포니 AI

데, 충전 표준뿐만 아니라 자율주행 표준이라는 새로운 전쟁의 막이 오른 것이죠.

중국의 바이두는 2015년만 해도 자율주행 업계로 분류되지 않았습니다. 그러나 갑자기 2018년에는 14위, 2019년에는 8위, 그리고 2023년에는 세계 3위까지 올랐습니다. 바이두라는 자율주행 신생그룹이 수십 년 노하우를 쌓은 세계의 전통업체를 따돌렸다는 점이 놀랍기 그지없으며, 저 엄청난 성장 속도가 중국의 무서움을 여실히 보여준다고 생각합니다.

2024년 1월, 일론 머스크는 작년의 부진한 실적을 발표하는 콘퍼런스에서 "무역장벽이 없다면 중국 전기자동차 제조업체들은 경쟁사들을 '괴멸'(demolish)시킬 것이다."라며 중국 자동차 업체들이 현재 전 세계에서 가장 높은 경쟁력을 보유하고 있다고 평가했습니다. 이날 테슬라의 주가가 12% 이상 하락하는 과정에서 머스크의 재산이 하루 사이 180억 달러(약 24조 원)가 증발하기도 했죠.

이에 대한 대책으로 머스크는 2024년 테슬라에 기술 투자 등에만 약 100억 달러(13조 3,800억 원)를 투입할 것이라고 공언하였고, 당해 8월 8일 자율주행 로봇택시를 공개할 것이라고 밝혔습니다. 출시날짜에는 머스크가 중국시장을 노리겠다는 의지가 강하게 담겼다고 볼 수 있죠. 또한, 머스크는 2024년 4월 중국을 전격 방문하여 서열 2위인 리창 총리를 만나 중국 당국으로부터 테슬라를 대상으로 한 데이터 안전 검사에서 외자기업 최초로 '적합' 판정을 받아내는데 성공합니다. 중국에서 수집한 광대한 데이터를 본격적으로 미국으로 이전, 분석할 수 있을지는 미지수지만, 만약 가능해지면 FSD 기능을 한 단계 더 발전시킬 수도 있겠죠. 이번 사건으로 테슬라는 실리적인 이득을 취했고, 중국 당국은 격해지는 미중대결 속에서 '중국에 투자하는 외국 기업엔 지원을 아끼지 않겠다'라는 퍼포먼스를 취하는데 성공합니다.

현대차그룹도 비록 2023년에는 하이브리드로 인해 호황이었지만, 2024년에도 고삐를 늦추지 않고 오는 2026년까지 3년간 국내에서 8만 명을 채용하고, 약 68조 원을 투자한다고 밝혔습니다. 구체적으로 연구개발(R&D)투자 31조 1,000억 원, 경상투자 35조 3,000억 원, 전략투자 1조 6,000억 원이며, 이로 인한 일자리 창출 효과는 19만 8,000명을 상회할 것으로 보입니다. 그리고 2024년 4월 현대자동차의 아이오닉 5가 로봇택시 기술을 탑재하고 미국에서 운전면허시험을 통과했다는 희소식도 들려왔습니다. 치열한 세계시장에서 살아남고, 승리하기 위한 본질적 해답은 결국 투자를 통한 발전입니다. 나아가지 않으면 뒤처지고 도태될 뿐입니다.

미국

각국 정부도 자국 업체에의 지원을 이어가고 있습니다. 미국은 IRA 법안을 통과시키면서 미국 내에서 만든 전기차에만 보조금을 제공하여 자국기업을 챙기고 있고, 중국은 앞의 5장에서 소개한 '중국제조2025(中国制造2025)'를 펼치고 있으며, 이에 관해 정부가 지원한 국부펀드의 규모만 2,000억 달러(약 270조 원)가 넘습니다. 바이두는 여기에 힘입어 2021년 221억 위안(약 4조 원), 2022년에는 233억 위안(약 4조 3,000억 원)을 R&D에 투자했습니다. 참고로 매출 대비 R&D 비중은 24%로 구글보다도 약 6% 포인트 높은 수치입니다.

중국

우리나라도 다양한 지원 정책을 내놓았습니다. 2025년까지 전기차 가격을 절반으로 낮추는 것을 목표로 배터리 리스 제도를 도입하고, 친환경 자동차에 대한 세금 혜택을 확

한국

대하고, 충전기 대 전기차 비율을 전국적으로 최소 50%로 높이고, 연간 R&D 예산의 70%를 2차전지, 미래 모빌리티 등 11개 핵심 산업 분야의 40개 프로젝트에 투자합니다.

2023년 8월, 우리나라에 서로가 서로를 보좌하는 '자율주행 어벤져스'가 등장했습니다. 현대차그룹·삼성전자·KT·카카오·스타트업 등이 한자리에 모여 글로벌 자율주행 시장을 석권하기 위해 뜻을 모아 유기적으로 이어지는 연결망을 구축하자는 것이었죠.

현대차그룹은 2020년, 미국 자율주행차 기업 '앱티브'와 함께 '모셔널'을 합작했고, 2022년에는 네이버 출신들이 만든 기업 '42dot'도 인수했습니다. 자체 R&D와 더불어 세계 기술 경쟁 속도를 따라잡기 위해 M&A 방식이라는 투트랙을 시행하는 겁니다. 그리고 2024년 2월, 현대차그룹과 기아는 함께 국내 카이스트 대학과 손잡고 차세대 자율주행 센서 개발에 나섰습니다.

삼성전자는 2023년 8월, 캐나다 AI반도체 스타트업 '텐스토렌트'에 공동 지분

투자를 통해 자율주행에서의 고성능 반도체 기술 확보를 담당했고, KT는 현대차그룹과 지분을 맞교환해 도심 교통망과 실시간으로 각종 정보를 교환할 수 있는 6G 개발 협력을 강화했습니다. 카카오는 서울시와 자율주행 서비스를 공동 개발하고 있으며, LG는 자율주행용 카메라와 차세대 내부 디스플레이 개발에 주력하고 있습니다.

2024년 1월, 차량용 반도체 1위 기업 인피니언(Infineon)은 2030년 이후 글로벌 완성차 1위 자리를 현대차그룹이 차지할 것이라는 '깜짝 전망'을 내놨습니다. 일본 도요타는 하이브리드 전략의 성공이 오히려 전동화 발목을 잡고 있으며, 독일 폭스바겐은 최근 중국 시장에서 내수 기업 약진이 두드러지면서 판매량이 큰 폭으로 감소한다는 것이죠. 반면 현대차그룹은 2024년 현재 전동화 시장에서 선두권에 올라섰으며, 수소차 분야에서도 도요타와 2강 체제를 이루는 등 미래 기술을 선도하는 상황에서 결국 글로벌 1위 자리에 올라설 것이라고 예측했습니다. 저 전망이 반드시 실현되기를 기원합니다.

CHAPTER

07

제7장

우주굴기

01

본격화된 뉴 스페이스 시대

• • • • · · • • •

      우주산업은 지난 수십 년간 거대한 변화의 소용돌이 속에 있습니다. 이 변화의 중심에는 올드 스페이스에서 뉴 스페이스로의 전환을 주도한 몇몇 혁신적 기업들이 있으며, 그중에서도 스페이스X는 가장 두드러진 존재입니다. 스페이스X는 일론 머스크의 비전 아래 2002년에 설립되어 당대의 우주탐사 및 운송 산업의 패러다임을 근본적으로 바꾸어 놓았죠.

   올드 스페이스 시대는 정부 주도의 우주 프로그램이 중심이었던 시기로, 국가 간의 경쟁과 국가안보가 주된 동기였습니다. 높은 비용과 복잡한 관료제, 그리고 제한된 기술 혁신이 이 시대의 특징입니다. 하지만 스페이스X의 등장은 이러한 상황에 혁명적 변화를 가져왔습니다. 그들은 뉴 스페이스 시대의 선구자로 민간 주도의 혁신, 비용의 효율성, 그리고 대중화된 우주의 접근 가능성을 추구하고 있습니다.

   스페이스X의 활약상은 뭐니 뭐니 해도 '재사용이 가능한 로켓'의 개발입니다. 전통적인 소비형 일회용 로켓 시스템과 달리, 스페이스X의 팰컨9은 지구로 돌아와 여러 차례 재사용될 수 있으며, 이는 우주 진출 비용을 혁신적으로 절감했습니다. 참고로 2022년에는 61회, 2023년에는 총 96회 로켓을 발사하며 연간 최다 발사

신기록을 자체 갱신 중이며, 2024년에는 144회를 목표로 하고 있습니다. 이러한 기술적 진보는 우주산업에의 경제적 장벽을 낮추고, 더 많은 기업과 개인이 탐사에 참여하는 기회를 제공했죠.

또한, 스페이스X는 상업적 위성 발사 시장에서도 중요한 역할을 하고 있습니다. 로켓 재활용 기술로 세계 각국의 인공위성을 올려보내는 우주 택시 산업의 선두주자이고, 대규모 위성 네트워크를 구축하는 스타링크 프로젝트 계획은 전 세계적인 인터넷 커버리지 확장을 목표로 하며, 이는 교육, 의료, 비즈니스 등 다양한 분야에 대단히 큰 변화를 가져올 것으로 예상됩니다. 그리고 새롭게 떠오르는 우주관광산업에도 독보적인 위치에 있죠.

남들이 보유하지 않은 새로운 기술 개발로 인한 혁신적 접근 방식은 스페이스X가 더 큰 목표를 향해 나아갈 수 있는 기반을 마련해 주었습니다. 특히 일론 머스크는 2050년까지 100만 명의 지구인을 화성으로 보내는 것을 궁극적 목표로 삼고 있으며, 이를 위한 스타십 프로젝트는 지속적인 발전을 거듭하고 있습니다.

멕시코와 국경을 맞대고 있는 미국 텍사스주 최남단의 작은 해변에는 보카치카라고 불리는 작은 마을이 있습니다. 머스크는 2014년 달과 화성으로 사람을 보내는 로켓을 발사할 우주 기지 '스타베이스'를 이 마을에 세웠죠. 머스크는 스타베이스를 '화성으로 향하는 문(Gateway to Mars)'이라고 불렀으며, 덕분에 어르신들이 모

여 소소하게 거주하던 보카치카 마을은 한순간 '글로벌 우주 마을'로 변모하였고, 기지 근처 거주지는 로켓 발사를 눈앞에서 볼 수 있는 '명당'으로 땅값이 엄청나게 상승했으며, 전 세계에서 많은 관광객이 몰려들고 있습니다. 보카치카 마을에 있어 일론 머스크는 영웅이나 다름없습니다.

미국 정부도 스페이스X에 대단히 호의적입니다. 지금까지 막대한 정부예산으로 진행해왔던 프로젝트를 민간기업이 자발적으로 한다니 그럴 수밖에요. 미국 항공우주청(NASA)은 2022년 9월 스페이스X의 Dragon 우주선(인간 및 화물 우주 수송용 로켓)을 이용해 허블 우주 망원경을 더 높은 궤도로 끌어올리기 위한 가능성을 연구하기 위한 비금융적 우주법 협약을 체결했습니다. 재미있는 점은 NASA는 관련 프로젝트에 필요한 추가 비용을 지불하지 않고, 오직 스페이스X의 자금으로만 진행된다는 점입니다. 실현 가능성 조사에만 연 단위의 오랜 기간이 필요함에도 불구하고 스페이스X가 이를 수락한 것은 자신의 기술력을 세계에 뽐냄과 동시에 성공으로 이끈 경력을 새롭게 추가하며 우주시장을 선점하기 위함입니다.

2000년대 초반 터무니없는 몽상에 불과하다는 평가를 받았던 머스크의 계획은 점차 현실에 가까워지고 있고, 오늘날 우주산업에 독점에 가까운 영향력을 발휘하고 있습니다. 2023년 7월, 월스트리트저널은 실제로 "전 세계에서 우주발사체 수요가 늘어나는 가운데 일론 머스크 테슬라 최고경영자의 우주기업 스페이스X가 시장을 사실상 독점하고 있다."라는 사설을 기고했죠. 팰컨9의 기본 발사 비용은 1회 6,700만 달러(약 880억 원)이고, 대형 로켓인 팰컨헤비는 9,700만 달러(약 1,270억 원)입니다. 게다가 발사수요가 공급을 웃돌게 되자, 예약하고 순번을 기다려야 하며, 가격은 계속 상승하고 있습니다. 우주산업에는 다양한 세부분야가 존재하는데, 단지 '우주로의 진출' 하나만으로 돈을 쓸어 담고 있는 겁니다. 가능성을 눈앞에서 확인한 세계는 각자 수조 원의 예산을 쏟아부어 부랴부랴 우주 개척에 뛰어들기 시작했죠.

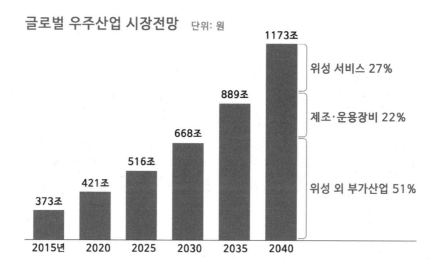

글로벌 우주산업 시장전망 단위: 원

1173조
위성 서비스 27%
제조·운용장비 22%
위성 외 부가산업 51%

889조
668조
516조
421조
373조

2015년 2020 2025 2030 2035 2040

    불과 40년 전까지 우주산업은 미국과 구소련의 양강 체제였는데, 이제는 전 세계 우주개발 기업과 기관이 엄청나게 늘어나면서 춘추전국시대를 방불케 합니다.

    2024년 2월, 세계 최초로 민간우주선이 달에 착륙하는 사건이 일어납니다. 미국 우주기업 인튜이티브머신스가 그 주인공입니다. 착륙하는 과정에서 아쉽게 옆으로 넘어져 5일 만에 임무가 중단되었지만, 달의 남극에 가장 가깝게 착륙해 남극 환경을 둘러봤다는 평가를 받고 있습니다. 민간기업의 수준이 엄청나게 발전했음을 알 수 있는 대목입니다. 또 하나 주목할 부분은 그들의 착륙선 본체에 의류 브랜드 'Columbia' 로고가 새겨져 있다는 점입니다. 민간기업이 직접 착륙선을 제작하는 과정에 개발 자금 지원을 요청하는 대가로 브랜드 홍보를 맡은 것이죠. 그 결과 그들의 착륙선 '오디세우스'가 언론에 노출될 때마다 Columbia는 꾸준히 부각됩니다. 우주광고라는 새로운 시장이 열린 것이죠. 이것 역시 뉴 스페이스 시대가 가져온 새로운 변화입니다.

    우주산업은 국가안보와도 직결됩니다. 우크라이나 전쟁에서 일론 머스크가 스타링크를 무상 제공했기에 러시아의 공격에도 통신망을 유지하며 버틸 수 있었죠.

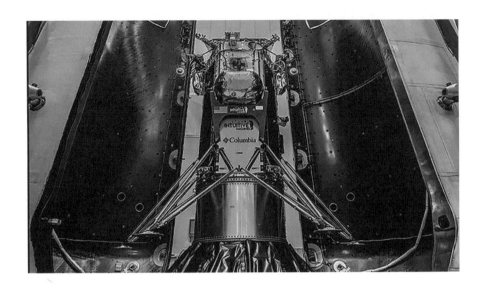

하지만 머스크가 이에 대한 사용료를 중간에 요구했다가 철회하는 사건이 벌어집니다. 급박하게 돌아가는 나라와 나라 간의 전쟁에서 한 개인의 결정이 전황에 큰 변수가 될 수 있음이 확인된 순간이었습니다.

2022년 12월, 아랍에미리트에서 '아부다비 스페이스 디베이트 포럼'이 열렸습니다. 이곳에서 "우주는 전 세계 70여 개국이 참여하는 다자간 공간으로 변모했다."라는 환영사가 있었죠. 각국의 이권이 새로운 무대에서 복잡하게 얽힌다는 의미입니다. 더구나 스타트 라인에 서는 것조차 많은 자금과 기술을 필요로 하니, 서로 간의 격차는 지금보다 훨씬 극명해지겠죠. 미래학자 조지 프리더만은 "제3차 세계대전은 우주에서 일어날 수 있다."라는 말을 남겼습니다. 흐름에 뒤처지면 도태되기 마련입니다.

중국의 우주굴기

● ● ● · · ● ● ●

　　중국의 굴기는 우주산업에서도 벌어지고 있습니다. 가장 대표적인 것은 우주정거장입니다. 중국은 미국과 우주산업에서의 경쟁 관계에 놓여 있기에 ISS(국제우주정거장) 참여가 어렵습니다. 2011년 미국 의회는 미국과 중국 간 우주개발 협력을 금지하고 ISS 참여를 금지했죠. 이에 반발한 중국은 독자적으로 제작한다는 결정을 내렸고, 그것을 실현했습니다. 그들이 건설한 '톈궁(天宮: 하늘의 궁전)'은 우주굴기의 자존심이 되었습니다.

　　톈궁은 중국 유인 우주청(CMSA)에 의해 구축되었으며, 2021년부터 2022년 사이에 톈허(天和: 메인 모듈), 원톈(問天: 실험 모듈), 멍톈(夢天: 실험 모듈)이라고 불리는 세 개의 주요 모듈이 발사되어 조립된 결과물입니다. 여기에 3

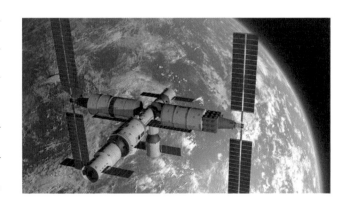

개의 모듈을 또다시 추가하여 총 6개로 운영할 것이라는 계획이 발표된 바 있습니다.

우주정거장을 완성한 중국은 2023년부터 매년 유인우주선 2대와 화물우주선 1~2대를 발사하는 것을 기본 계획으로 세웠습니다. 톈궁은 15년 동안 지구 상공 390㎞ 저궤도에 머물 예정입니다. 여기서는 우주비행사들이 지속적으로 순환 근무하며 우주 의학과 기술 등 40개가 넘는 우주과학 실험 및 기술 테스트를 수행합니다. 다양한 종류의 동식물과 미생물의 성장 및 발달을 연구하는데, 향후 10년 동안 1,000건 이상의 실험이 계획되어 있습니다. 이와 함께 다른 행성으로의 탐사 및 운송, 유인 달 착륙을 위한 인프라 활용 계획도 세우고 있죠.

2023년 10월, 아제르바이잔에서 열린 제74차 국제우주대회(IAC: International Astronautical Congress)에서의 주인공은 중국이었습니다. 개막식이 열리자마자 무대 화면에 톈궁에 거주하고 있는 우주인 3명이 등장하여 축하 인사와 함께 톈궁의 성과를 5분 남짓 설명합니다. 미국이 주도하는 ISS의 우주인의 축전 영상은 개막식이 한참 진행된 뒤에나 등장하여 두 나라의 현 위치를 여실히 보여주었습니다.

지구와 달 사이의 공간을 '시스루나(Cislunar)'라고 부릅니다. 지금은 공간적인 의미보다는 다양한 실험과 동시에 달을 비롯한 더 먼 우주로의 도약을 상징하는 의미로 변화되었죠. 국제협력이 사실상 필수인 우주산업에 있어 '내 편'이 누구인가는 대단히 중요한 문제입니다. 이번 IAC에서는 중국이 파트너 국가를 확장하기 위해서 우주개발 1위 국가인 미국에 맞서 위세를 과시하는 모습이 곳곳에서 펼쳐졌습니다.

우주정거장의 역할은 크게 두 가지로 나눌 수 있는데, 첫 번째는 앞으로 개발할 달 기지와 통신을 원활하게 하기 위한 중계기관, 두 번째는 실제 우주 환경과 유사한 기초 과학 연구 플랫폼 구축입니다. ISS는 구축으로부터 이미 20년이 넘은 낡은 장비이며, 이름에 '국제'가 들어가는 만큼 국가 연합체의 공동운영이 원칙입니다. 특히 최근 러시아가 국제적인 제재로 인해 ISS 탈퇴를 발표함으로써 운영에 경고등이 커졌죠. 미국은 대안으로 본래 2024년까지만 운영할 ISS를 2030년까지 연장하면서 부랴부랴 최신 정거장 건설을 계획하고 있습니다. 반면 중국은 독자적 운영이 가능한 톈궁으로 인해 이미 우주산업 패권에서 크게 앞서갔다는 평가와 함께, 2045년까지 세계 우주 최강국을 달성하겠다는 목표를 조금씩 현실화하고 있습니다.

AI 반도체　　　**우주 반도체**

지금은 '우주 반도체' 산업이 새롭게 주목받고 있습니다. 2023년 12월, 중국 우주기술연구원(CAST)은 중국 학술지 '우주선 환경 공학(Spacecraft Environment Engineering)'에 톈궁에서 100개 이상의 컴퓨터 프로세서를 동시 시험했으며, 16~28나노 공정을 통해 고성능 반도체 20여 개가 이미 테스트를 통과했다는 논문을 발표합니다. 반도체 웨이퍼를 생산할 때 지구에서는 중력 때문에 최대 크기가 300㎜로 제한됩니다. 더 크게 만들면 웨이퍼 표면 위에 화학 물질을 도포할 때 평탄성을 유지하는 게 어려워지고 급격한 수율 저하로 이어지기 때문이죠. 하지만 미세중력 상태인 우주정거장에서는 이와 같은 제약에서 벗어나 웨이퍼를 500㎜까지 키워, 수율을 높일 수 있습니다.

논문에서는 톈궁에서 제작한 우주 반도체를 다른 국가가 우주에서 사용하는 칩보다 훨씬 발전된 기술이며, 설계와 제조, 그리고 관련 소프트웨어 전부 자체적으로 해결했다고 밝혔습니다. 만약 저 논문이 사실이라고 한다면 비록 지구에서의 나노공정은 중국이 상대적으로 뒤처졌지만, 우주에서의 공정은 크게 앞서갔다고 볼 수 있겠죠.

참고로 현재 NASA가 우주에서 사용하는 칩은 30년 전 소련과의 1차 냉전 시절 개발된 기술을 여전히 사용하고 있습니다. 실제로 2021년 12월 우주로 쏘아 올려진 제임스 웹 우주망원경에 탑재된 반도체는 'RAD750' 모델로 256MB NAND 플래시 메모리, SSD 용량은 고작 68GB에 불과합니다. 반도체뿐만이 아닙니다. 지구에선 중력 때문에 불가능하거나 비용이 많이 드는 바이오·제약, 의학 등의 첨단기술은 우주정거장의 미세중력(Micro Gravity) 상태에선 훨씬 더 쉽고 저렴하게 테스트할 수 있습니다. ISS는 공동운영이기에, 모든 적재물에 대한 정보를 참여국들과의 공유가 원칙입니다. 따라서 보안이 핵심인 반도체와 같은 실험이 어렵습니다. 또한, ISS에서는 군사 기술과 관련된 실험도 금지입니다. 반면 톈궁이라는 독자적인 연구 환경을 갖춘 중국은 그 누구보다 빠르게 우주 제조업 시대를 개막한 겁니다.

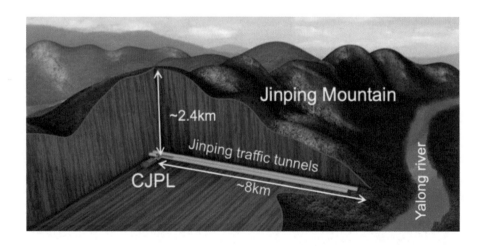

우주연구는 비단 우주에서만 할 수 있는 것이 아닙니다. 2023년 12월, 중국은 우주의 미스터리라고 불리는 '암흑물질'을 파헤치기 위해 세계에서 가장 깊은 실험실을 가동했습니다. 무려 지하 2,400m에 위치한 '진핑 지하 실험실(錦屏地下實驗室)'은 올림픽 수영 경기장의 120개 규모에(33만㎡) 달하는 것으로 전해지며, 초청정 환경을 조성해 변수로 작용할 어떤 요소도 유입될 수 없는 것으로 알려졌죠. 암흑물질은 우주 총 구성 물질의 26.8%를 차지하는 정체불명의 물질로, 전파나 적외선, 가시광선, 자외선, X선 등과 같은 전자기파로 관측할 수 없고, 오직 중력을 통해서만 존재를 가정할 수 있는 가설상의 물질입니다. 연구로 이에 대한 존재와 활용방법을 마련할 수 있다면, 중국은 또다시 크게 도약할 예정입니다.

  미국과 중국의 갈등은 다양한 형태로 나타나고 있습니다. 미국은 2010년부터 최근 2023년 12월의 'X-36B'까지 총 7차례 관련 목적을 대외적으로 공개하지 않는 비밀 우주선을 쏘아 올렸습니다. 중국도 이에 질세라 비밀 우주선을 쏘아 올립니다. 셴롱(神龍)이라고 불리는 이것은 가장 최근의 2023년 12월의 발사를 포함하면 총 3회 쏘아 올려졌습니다. 우주선의 목적이 '탐사'일지, '연구'일지, '군사행동'일지는 공개되어 있지 않으며, 2024년에도 발사계획이 계속 이어지는 것으로 알려졌습니다.

  2023년 5월, 미국은 우주산업에서 리더십을 유지하기 위한 정책 방향을 담은 문서를 발표합니다. '우주 외교 전략 프레임 워크'라고 불리는 이것은 우주에서 규칙 기반의 세계 질서를 확립하고, 우주에서 발생가능한 위협으로부터 미국과 동맹국을 보호하겠다는 것이 골자입니다. 우주굴기로 주변국을 흡수하고 영향력이 강대해지는 중국을 견제하기 위함이죠.

  최근 10년간의 우주산업 투자 예산을 살펴보면, 미국과 중국 모두 진심임을 알 수 있습니다. 아직은 미국이 세계 우주산업을 지배하고는 있지만, 중국은 우주 R&D에서 세계에서 가장 빠른 상승을 보이는 국가입니다. 2016년부터 2021년까

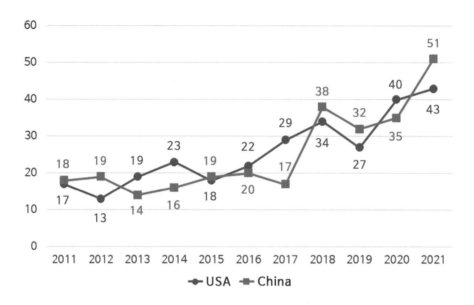

60

51

50

40

40

38

32

30   29

23   22

18   19   19   19   20   17   34   27   35   43

17   13   14   16   18

10

0

2011 2012 2013 2014 2015 2016 2017 2018 2019 2020 2021

━●━ USA   ━■━ China

지 중국은 총 207회의 임무와 400회 이상의 발사를 완료했으며, 장정(長征) 로켓 발사 성공률은 96%에 달하여, 종합 안전 기록 면에서 세계 1위라고 불러도 과언이 아닙니다.

2022년 발표된 우주산업기지 현황 보고서를 참조하면, 미국 국방부는 빠르면 2045년에 중국 우주산업에서의 영향력이 미국을 능가할 것으로 전망했습니다. 과학기술 자립을 강조하는 시진핑 체제는 2045년까지 포괄적 우주 강국으로 올라서기 위한 강력한 우주굴기를 추진하고 있죠. 중국 국가우주국의 발표에 따르면 2024년 2월 기준, 최소 40만 명이 우주 관련 프로젝트에 참여했다고 합니다. 참고로 이는 미국 항공우주국(NASA)에서 일하는 인원보다 15배에 가까운 규모입니다. 또한, 중국에는 민간 우주기업만 약 430곳에 달합니다. 중국은 미국을 제치고 뉴스페이스 시대를 선도하겠다는 목표로 꾸준히 나아가고 있습니다.

03

달로 향한 시선

• • • · · • • •

우주산업에서 최근 가장 뜨거운 지역은 달입니다. 미국 NASA는 동맹국과 함께 아르테미스 프로젝트로 달로의 진출을 꾀하고 있습니다. 우리나라도 그중 하나입니다.

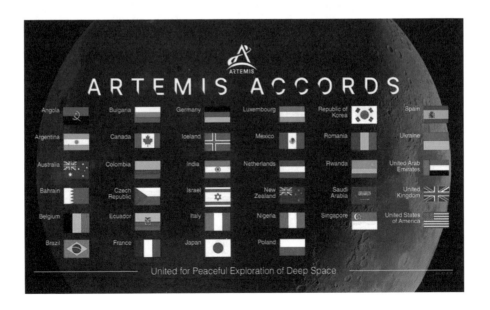

2022년 11월 쏘아 올린 아르테미스 1호는 유인 센서 5,600개, 방사능 감지기 34개가 부착된 인간 모형 마네킹 '무네킨 캄포스'를 로켓에 싣고 발사해 유인 탐사의 안전성과 우주선 기능 검증을 수행했습니다. 아르테미스 2호는 우주비행사 네 명이 달 궤도에서 시험비행 임무를 수행합니다. 착륙 전 달 주변을 비행하면서 관련 데이터 수집이 목적이죠. 본래 2024년 11월 발사 예정이었으나, 2025년 9월로 연기되었습니다. 뒤이어 2026년 9월에는 달 표면에 우주비행사가 발을 디디는 아르테미스 3호, 2028년에는 달 표면에 인간이 상주하는 기지를 건설하는 4호, 2029년에는 달에서 수집한 각종 생물학적, 지질학적 샘플을 지구로 다시 보낼 때까지 안전하게 저장하고 운반하는 '달 냉동고'를 짓는 5호가 진행될 예정입니다.

아르테미스는 여러 나라가 참여하는 국제협력 체제를 추구하고 있습니다. 서로가 서로를 보완하며 미지에의 도전을 반드시 성공시키겠다는 의지가, 지금까지 우리가 여태까지 보아온 각국의 개별적 달 탐사와의 차이점입니다.

아르테미스 외에도 각국의 달 자체 탐사 프로젝트는 여럿 있습니다. 2023년 8월, 인도의 '찬드라얀 3호'는 세계 최초로 달 남극 착륙에 성공합니다. 높은 성장 잠재력은 인정받았지만, 아직은 GDP가 2,300달러(약 308만 원)로 여전히 개발도상국의 이미지를 떨쳐내지 못하고 있는 인도가 날고 기는 강대국들을 제치고 '최초' 타이틀을 거머쥐었고, 동시에 미국·구소련·중국에 이어 사람이 만든 기기를 달에 올려놓은 4번째 국가로 기록되었습니다. 우주강국으로 부상한 인도는 이 기세를 멈추지 않고, 2024년 1월 블랙홀 탐사 위성 'XPoSat'도 발사합니다. 2024년 1월, 일본도 세계 5번째 달 착륙 성공 국가로 등재됩니다. 소형 무인 달 탐사선 '슬림(SLIM)'은 달 착륙 후 지구와의 교신에는 성공했지만, 계획과는 달리 태양전지가 정상 작동하지 못하여 '절반의 성공'으로 기록됐습니다. 이밖에 세계 여러 국가가 달 관련 프로젝트를 쉬지 않고 발표하고 있습니다.

이처럼 지금은 달에 '도착' 자체가 엄청난 성과로 분류됩니다. 과연 이를 넘어서 인류가 정말로 달에서 거주하는 날이 올까요? 한동안 인류의 관심에서 멀어졌던 달의 전략적 가치는 2008년 인도의 달 궤도 탐사선 찬드라얀 1호가 보낸 사진 한 장으로 급등하기 시작합니다. 그동안 황무지처럼 여겨졌던 달에 물과 얼음층이 존재할 가능성이 확인된 것이죠. 여러분께서도 익히 아시다시피 물은 인류의 생존에 필수입니다. 모든 물품을 지구에서 공수할 수 없는 이상, 인류가 달에 상주하려면 현지에서의 자급자족이 필수 조건이 되겠죠.

다음으로는 기지 건설입니다. 건물을 세우려면 건축 자재가 필요한데, 이것 역시 지구에서 벽돌을 나를 수는 없고, 현지에서 해결해야만 합니다. 2023년 4월, 중국 우한에서 '외계 건설 회의(Extraterrestrial Construction Conference)'가 열렸습니다. 여기서는 3D 프린터와 레이저로 달 토양을 벽돌로 만든 후 로봇을 활용해 블록을 조립하듯 이들 벽돌을 쌓아 기지를 짓는 방식이 거론되었습니다. 미국 NASA 역시 같은 결론에 도달했습니다. '달 대장간(Lunar Forge)'이라고 불리는 이 프로젝트는 공모전 형식으로 총 110만 달러의 상금이 걸려 있고, MIT 등 7개 대학교가 참가한 상태입니다. 달 표면에서 조달하는 자원으로 골조·벽체·레일·파이프 등을 만들어내야만 합니다. 이것이 실현되면 다음 행성으로 거론되는 화성에서도 3D 프린터로 같은 작업을 할 수 있겠죠.

그뿐일까요. 지금은 우주로 발사하는 로켓조차 프린터로 찍어내려는 시도가 나타났습니다. 우주 스타트업 랠러티비티 스페이스(Relativity Space)는 그들의 '테란1'

로켓에 3D 프린팅 기술을 활용해 일반 로켓보다 부품 수를 100분의 1 수준으로 줄였고, 제작 기간도 60일 이내로 단축해 가격을 크게 절감했다고 발표합니다. 그리고 2023년 3월 테란1의 발사를 시도했지만, 온도가 기준치를 초과하면서 무산되고 말았죠. 이들은 2024년 다시 도전할 것을 밝혔습니다. 만약 성공한다면 일론 머스크의 로켓 재활용에 이어 새로운 가격 혁신이 될 수 있겠죠. 이처럼 최근 급격히 떠오르는 것이 3D 프린터를 활용한 우주 건설업입니다.

전 세계 주요 국가들이 달 탐사와 기지 건설에 힘을 쏟는 것은 달에 묻혀 있는 희귀자원을 채굴하고 달을 우주탐사의 거점으로 삼기 위해섭니다. 자원이 고갈되어 가는 지구와는 달리 달은 그 자체로 거대한 자원 덩어리이며, 헬륨3과 같이 지구에서는 구할 수 없는 귀중한 자원도 많습니다. 중국이 희토류와 같은 자원을 무기화하자, 2019년 당시 NASA 국장인 짐 브라이든 스타인은 "이번 세기 내에 달 표면에서 희토류를 채굴할 수 있을 것"이라는 해결책을 제시하기도 했습니다.

NASA는 2040년까지 달에 민간 거주용 주택을 짓는 '올림푸스 프로젝트'를 발표합니다. '고작 15년 만에 과연 가능할까?'라는 의문이 들기는 하지만, 빠르든 늦든 언젠가는 실현될 거라 봅니다. 그러면 '달 부동산' 산업이 새롭게 창출되겠죠.

달에서는 지구와 다른 '시간'이 흘러갑니다. 기본적으로 지구의 시계는 달에서 다양한 요인으로 인해 하루 평균 58.7마이크로초(μs·백만 분의 1초)씩 느리게 가는 것처럼 보입니다. 현재 우주 시간은 우주선을 보낸 해당 국가의 시간을 기준으로 하고 있어 통일돼 있지 않고 제각각인데, 지구와의 시차를 반영한 달 표준시가 있어야 지구와 달, 기지 및 우주비행사 간, 우주선 간의 데이터 전송을 안전하게 보장하고 통신을 동기화할 수 있습니다. 이에 2024년 4월, 미국 백악관 과학기술정책실은 NASA에 오는 2026년 말까지 '협정 달 시'를 설정하기 위한 계획을 수립하라고 지시합니다. 이는 현행 세계 표준시인 '협정 세계 시'처럼 달에서 적용할 국제 표준 시간을 만드는 것을 의미하며, 미국이 새로운 기준 설립 경쟁에 앞서갔다는 것을 의미합니다.

현재 각 나라의 영역과 각종 자원 이용을 둘러싼 국제적 합의는 미비합니다. 비록 '모든 국가가 달과 다른 천체를 자유롭게 탐사할 수 있으며, 우주공간은 특정 국가가 주권에 기반해 전용할 수 있는 대상이 아니다'라는 내용을 담은 1967년의 '우주조약'이 있긴 합니다. 하지만 미국은 이 조약이 '달 자원의 개인적 소유권을 배제하지 않는다.'고 말했고, 2015년에는 우주 채굴 사업을 하는 미국 시민이 달이나 소행성에서 추출한 자원을 소유하고 운송해, 사용하고 판매할 권리를 부여하는 법을 만들어 '전용 금지' 조항과 정면충돌하는 형태가 되었습니다.

1980년대 미국인 데니스 호프는 달의 토지를 팔겠다는 독특한 아이디어를 선보입니다. 달이 한 개인의 소유일 리 없지만, 놀랍게도 그의 주장은 미국 샌프란시스코 지방법원에서 인정받았습니다. 승소한 배경은 달을 국가가 소유할

수 없도록 한 국제 규정의 허점을 노려, 국가가 아닌 '개인'이 나서서 최초로 소유권을 주장하는 일은 막을 수 없다고 주장했고, 법원은 호프의 손을 들어 주었습니다. 호프는 봉이 김선달과 같은 사업으로 우리나라 돈 약 100억 원의 수익을 창출합니다. 1980년대에는 1차 냉전이 마무리되는 시기로, 미국과 구소련의 첨예한 대결에서 안정기로 넘어가고 있었습니다. 당시 서로 경쟁적으로 달로 향했던 시선이 거둬지며 호프의 사업은 신기한 해프닝 수준으로 지나갔죠. 만약 오늘날 저 사업을 했다면 분명 누군가의 지적이 강하게 있었을 겁니다.

워싱턴포스트의 '달은 태양계에서 가장 뜨거운 부동산'이라는 표현처럼, 달이 '누구 것?'이라는 물음은 점차 진지해지고 있습니다. 그곳에서 채굴할 수 있는 다양한 자원, 유리한 입지 선정으로 인한 더 넓은 우주로의 도약 등 세계가 절대 양보할 수 없는 과실이 있는 겁니다. 이제 '국제법'이 아닌, 새로운 '우주법'이 필요한 시점입니다. '영토'를 공식적으로 주장하기는 애매하지만, 사실상 막을 방법은 없다는 의견이 많으며, 설령 어긴다고 하더라도 제재를 내릴 기관이 없어 힘의 논리가 나타날 가능성이 큽니다. 이미 선두를 달려나가는 미국과 중국은 누가 먼저 달 기지를 건축하냐에 따라서 영토를 주장하는 '땅따먹기' 양상을 보이고 있습니다. 그들의 힘 싸움과 법적 분쟁은 계속해서 나타날 겁니다.

민간 주도인 뉴 스페이스가 본격화되고, 우주탐사의 주체가 국가가 아니라 기업으로 확장되면서 우주를 포괄하는 법령이 필요하다는 주장이 나오고 있습니다.

2024년 1월, 미국천문학회 제243차 회의에서는 우주개발 환경에 맞는 새로운 우주법의 필요성에 관련된 논의가 나왔습니다. 한국도 2032년 달 착륙선 발사를 포함해 우주탐사에 시동을 걸고 있는 만큼 국제적 기준에 맞는 '우주법'을 마련할 필요가 있습니다.

기술적인 관점에서 바라보면 우주에서의 융복합은 다양한 형태로 나타납니다. 우리에게 너무나 당연한 숨 쉬는 행동조차 그쪽에서는 대단히 많은 연구와 노력이 필요합니다. 산소는 기본적으로 나무가 뿜어내죠. 하지만 달과 화성에는 나무가 없습니다. 나무를 그곳에 심을 것인지, 아니면 NASA의 '산소 추출 기술'처럼 별도의 수단을 강구하여 마련할 것인지도 하나의 과제입니다.

거주가 해결됐으면 다음은 식량입니다. 상대적으로 무게가 덜 나가기에, 단기 체류할 우주인의 식량은 지구에서 공수하겠지만, 기지와 민간주택에 상주하는 인원이 나타난다면 이것 역시 현지에서 해결해야 합니다. 우주공간이 농업 생산성을 높이기 위한 연구의 새로운 무대로 떠오른 것이죠. 세계는 우주에서 작물을 기르기 위해 달 토양으로 작물의 생장력을 높이는 방법을 연구하고 있습니다. NASA가 2020년 쏘아 올린 무인우주선 'X-37B'에는 무·오이·상추·양파 등의 씨앗이 실려, 우주방사능 환경에서의 성장을 관찰하였고, 2023년 5월 우주로 발사된 중국 화물우주선 '톈저우 6호'에는 콩이 우주환경에서 잘 성장하려면 어떤 유전적 변형이 필요한지 연구하는 프로젝트가 포함되었고, 반대로 달 토양을 지구로 가져와 성장을 확인하는 실험, 달에서 활용할 인공토양 제조 등 다양한 연구가 푸드테크와 융합되어 진행 중입니다. 또한, 2024년 4월, 중국은 톈궁에서 물고기를 키우는 실험도 진행합니다.

달로의 진출이 점차 확대될수록 새로운 역할은 계속해서 나타납니다. 여러분의 창의적인 발상과 실행력이 모두 가치라는 형태로 전환될 것입니다.

04

우주항공청

● ● ● · · ● ● ●

　　세계가 우주를 향한 기량을 뽐내고 있을 때 우리나라는 오늘날 어떻게 움직이고 있을까요? 윤석열 대통령은 '110대 국정과제' 가운데 '우주강국 도약 및 대한민국 우주시대 개막' 공약을 이행하기 위해 한국판 NASA인 우주항공청을 만든다고 공약했습니다. 오랫동안 국회에서 표류했던 '우주항공청 설치 특별법'은 2024년 1월 드디어 국회 과학기술정보방송통신위원회 전체회의를 통과했고, 같은 해 5월 경남 사천에 설립될 것으로 보입니다.

설립 목적은 지금까지 분산됐던 항공우주 업무를 하나의 기관에 집중하여 시너지를 내는 것에 있습니다. 구체적으로는 우주항공 분야에 대한 범부처 정책 수립, 산업 육성, 국제협력 등을 담당하게 됩니다. 인재 영입을 통해 지속적으로 규모를 늘려갈 계획이며, 기존의 한국항공우주연구원과 한국천문연구원도 우주항공청 소속기관으로 편입됩니다.

참고로 G20 국가 중 우주 전담기관이 없는 나라는 우리나라가 유일하며, 우주산업 시장에서의 한국 점유율은 고작 1% 정도에 불과합니다. 스타트 라인에의 등판이 상대적으로 늦은 만큼 더욱 모두가 힘을 합쳐 노력할 필요가 있습니다.

어느 분야에서든 핵심은 인재입니다. 유망한 인재가 참신한 아이디어와 행동력으로 혁신을 이끌어야 하죠. 우주항공청도 예외가 아닙니다. 우리나라 정부는 관련 전문가를 두루 모으기 위해 공무원 조직 인사 규제를 대거 풀었습니다. 외국인이나 복수 국적자를 임용할 수 있으며, 연봉 상한선도 없앴습니다. 또한, 임기제 공무원이 직무 관련성이 있는 주식을 보유했더라도 매각 의무 없이 심의를 거쳐 계속 보유할 수 있게 해주는 특례도 마련했습니다. 정부가 세금으로 주도하는 올드 스페이스 형식이 아닌, 상업적인 관점에서 우주 시장을 파악하고 진행하는 뉴 스페이스 방식을 도입하겠다는 의지를 표명한 것입니다. 우주항공청의 특징은 국내외 민간 전문가 중심의 대형 프로젝트를 기획·설계하는 점에 있습니다. NASA는 전문가들이 중심이 된 본부에서 대형 프로젝트를 설계하고, 스페이스X 등 민간에 사업을 맡기는데, 이와 같은 체계를 벤치마킹한 겁니다.

해외의 경우를 살펴보면 2020년 6월, 인도 모디 총리는 우주산업의 전 부문을 민간기업에게의 개방을 발표합니다. 변화를 감지한 젊은 인재들은 속속 창업에 뛰어들면서 2019년 7개, 2020년 11개에 불과했던 우주산업 스타트업이 2021년 47개, 2022년에는 104개, 2023년에는 140개로 기하급수적으로 늘어났습니다. 투자액도 크게 늘어 2020년 2,300만 달러에서 2022년 1억 852만 달러로 4배 이상 증

'우주 산업' 규모

단위:원

480조
2020년

735조
2030년

1370조
2040년

우주전담기관 비교

	미국	유럽	일본	한국
우주 전담기관	항공우주국 (NASA)	유럽우주국 (ESA)	일본항공 우주개발기구 (JAXA)	우주항공청 (KASA)
설립일	1958년	1975년	2003년	2024년
인력	1만7960명	2200명	1600명	300명

가했죠. 2023년 4월, 인도 정부는 '인도 우주정책'을 발표합니다. 기존에의 정부가 주도하고 민간이 보조하는 구조를 탈피하고, 인도우주연구기구(ISRO)의 업무 범위를 첨단기술 개발로 한정하고, 민간업체는 자체적으로 사업을 수행할 수 있도록 허용하는 방식으로 기본 틀을 크게 수정합니다. ISRO가 담당했던 생산 및 발사를 민간 부문에게로 완전히 내려놓은 거죠. 우주산업의 중심축이 관에서 민으로 이동한 결과 다양한 투자와 시도가 나타났고, 뒤늦은 참여에도 불구하고 세계 최초로 달 남극 착륙이라는 영광을 거머쥐게 됩니다. 이 역시 민간의 참여를 독려하는 뉴 스페이스 시대에서의 운영을 살렸기 때문에 얻어낸 성과라고 볼 수 있습니다.

우주청 설립추진단은 곧바로 전문인재 확보를 위한 전담팀을 꾸렸습니다. 2024년 2분기 내로 채용 공고를 띄우고, 인사혁신처의 자문을 받아 채용을 위한 본격 절차에 나설 계획입니다. 그리고 과학기술정보통신부 차관이 직접 미국 NASA를 방문해 한인 연구자 20여 명과 간담회를 갖기도 했습니다.

그러나 여러 가지 난항이 예상됩니다. 일단 인재풀이 적습니다. 과학기술정보통신부의 '2023 우주산업실태조사'에 따르면 국내 우주 분야 인력은 10,125명입니다. 미국은 약 17만 명으로 양적으로 너무나 큰 차이가 있죠. 대우도 문제입니다.

정부에서 파격적인 조건을 내세웠음에도 불구하고 국내 민간 대기업이나 해외 석·박사급 인재가 합류하기에는 부족하다는 평가가 많습니다. 중국 과학원 산하 항공우주정보연구소는 2023년 해외

우주항공청 연봉 수준 단위:원	자료:과기정통부
● 본부장(1급)---------	2억 5000만
● 부문장(2급)---------	1억 4000만
● 임무지원단장(3급)-----	1억 2000만~1억 4000만
● 프로그램장(4급)------	1억 1000만~1억 3000만
● 선임연구원(5급)------	8000만~1억 1000만
● 연구원(6급)---------	7000만~1억
● 연구원(7급)---------	6000만~9000만

연구원 초빙 공고에서 기본 보수 외에 500~1,100만 위안(약 9~20억 원)의 정착 자금과 100만 위안(약 1억 원)의 생활수당을 제시했습니다. 반면 우리나라 정부가 발표한 우주항공청 연봉은 이에 비해 많이 낮습니다. 또한, 비록 연장은 가능하지만 계약직으로 운영되기에, 뉴 스페이스 시대에 자칫 항공청이 3년 임기(간부급은 5년 임기)만 채우는 '스펙 업그레이드' 용도의 단기 코스가 되지 않을지 걱정입니다.

근무지가 경남 사천이라는 점도 걸림돌입니다. 우리나라 정부는 지방소멸 현상을 해결하고자, 핵심 기관을 조금씩 분산하고 있습니다. 경남지역을 '위성특구'로 지정한 것도 그러한 이유죠. 하지만 우수 인력이 아래로 내려가 거주하기에는 생활 인프라가 상대적으로 열악합니다. 문화생활과 자녀 교육 등을 고려하면 결국

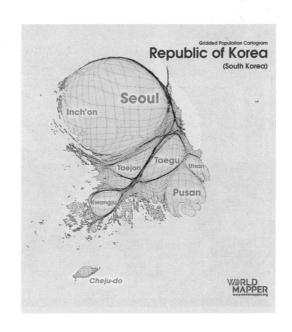

기러기 생활을 각오하고 승낙해야 하는데 그럴만한 메리트가 보이지 않는다는 것이죠. 양질의 교육기관, 문화시설, 병원, 국제공항, KTX 등의 교통시설 등이 모두 서울에 집중되어 있는데, 여기서 기관만 뚝 떼어 옮겨봐야 엄청나게 길어진 출퇴근에 몸만 상하지 누가 내려가고 싶겠습니까? 핵심기관 이전이 지방소멸을 막고 균형적 발전을 위한 정책인 것은 분명하지만, 그러기에는 '서울 공화국'이 이미 너무나 비대해져 버린 것인지도 모르겠습니다. '연봉과 같은 대우도 물론 중요하지만, 지역 인프라 개선이 더 급하다'라는 표현이 나오는 이유입니다.

2024년 3월 열린 우주항공청의 일반임기제공무원(5~7급) 채용에는 50명 모집에 807명이 지원해 평균 16:1의 경쟁률이 나타났으며, 4월 열린 간부급 채용에는 212명이 접수해 11.7:1의 경쟁률이 나타났습니다. 우수인재들이 많은 관심을 보이고 있는 만큼, 이들이 안심하고 연구와 생활에 매진할 수 있는 환경이 조성되기를 바랍니다.

중국은 우주산업 후학양성에 대단히 적극적입니다. 2020년부터 매년 10월 정기적으로 우주정거장에서 학생들을 대상으로 과학 수업을 여는 '톈궁 교실(天宮教室)'을 열고 있습니다. 가장 최근 열린 2023년 10월 네 번째 수업에서는 중국 유인우주선 선저우(神舟)16호 우주인 3명이 직접 교사로 등장하여 모듈 멍톈(夢天)의 생활 환경을 소개하고 신기한 탁구 실험, 운동량 보존 법칙 실험 등을 시연했습니다.

중국 기업도 후학 양성에 힘을 보태고 있습니다. 대표 유제품 기업인 이리(伊利)는 2022년 12월 "우주와 함께하는 아이들의 꿈"이라는 제목의 천문 과학 대중화 공공복지 프로젝트를 칭하이성 11개 초등학교 약 천 명의 학생을 대상으로 진행했습니다. 해당 과정에서는 천문 과학 대중화 과정을 제공하고, 우주와 과학 연구에 대한 아이들의 열정과 열망을 자극하고 과학에 대한 흥미를 크게 높였죠.

우리나라는 결국 우수한 인재를 양성하고 연구와 혁신으로 자금이라는 동력을 얻을 수밖에 없습니다. 돈이 있어야 혁신을 하고, 혁신을 해야 돈이 있다는 말처럼 닭이 먼저인지, 달걀이 먼저인지는 참 어려운 문제입니다만, 그래도 뼈를 깎으면서 할 수밖에 없습니다.

2000년대 초 NASA로부터 우리나라에 ISS 운영과 함께 우주공간에서의 실험 등의 협업을 제안한 적이 있었습니다. 당시 우리나라는 2,000억 원이라는 예산이 부

족하다는 이유로 참여하지 못했습니다. 그리고 2023년 10월 NASA는 한국을 비롯해 아르테미스 계획에 참여하는 국가들에 현재 개발 중인 '아르테미스 2호'를 이용한 큐브위성 수송 프로젝트를 제안했습니다. 큐브위성은 초소형 위성의 한 종류로, 가로·세로·높이가 모두 10㎝인 정육면체 형태로 규격화한 것을 말합니다. 제작 비용이 비교적 저렴해 과거에는 학생 교육용으로 활용됐지만, 최근 위성 성능이 개선되면서 달이나 화성 탐사에도 쓰이고 있죠. 해당 프로젝트는 우리나라 돈으로 약 100억 원 남짓으로 위성을 올려보내는 비용치고는 저렴한 편입니다. 하지만 안타깝게도 과학기술통신부는 예산을 확보할 시간이 촉박하다며 참여가 어렵다고 거절했습니다. 위와 같은 희소한 기회를 하나둘 놓치면 우주 분야 우방국 대열에 합류하지 못할 가능성이 점점 커지기 마련입니다.

이상률 한국항공우주연구원 원장은 "우리나라가 아르테미스 계획 참여 논의를 시작한 시점이 2017년부터였지만 지금까지 별다른 계획이 없는 것이 사실"이라며, 각성하고 더욱 적극적인 행보를 보일 필요가 있다고 말했습니다. 우리나라는 아르테미스의 하위 프로젝트인 '민간 달 탑재체 수송 서비스(CLPS: Commercial Lunar Payload Services)'에 참여한 것이 유일합니다. 다누리 로켓이 있긴 하지만 이는 우리나라의 독자적인 프로젝트이기에, 아르테미스에 분명 기여는 하겠지만 그쪽의 일환으로 보기는 어렵습니다.

CLPS는 달의 과학적 탐사와 상업 개발 등에 관련된 탑재체를 무인 달 착륙선에 싣는 프로젝트로, 이것을 위해 '민간 달 착륙선 탑재체 국제공동연구' 사업에 187억 2,100만 원이 배정됐고, 지금까지는 138억 원, 2025년 예산은 33억 2,100만 원입니다. 반면 미국은 CLPS에 약 26억 달러(3조 3,586억 원)을 투입했습니다. 규모 면에서 공동진행이라고 말하기도 뭣한 수준이죠. 저것 이외에는 특별히 참여하는 사업이 없습니다. 달 궤도 우주정거장 '루나 게이트웨이' 연구에 참여 선언이 있긴 하지만 구체적인 계획은 아직 없는 것으로 전해집니다. 실효성 있는 진행이 필요한 시점이죠.

다른 국가들은 대단히 적극적입니다. 착륙선 강국 인도와 발사체 강국 일본은 이미 협업을 진행하고 있습니다. 일본은 착륙선을 우주로 데려갈 발사체를 개발하고, 인도는 달에서의 착륙선을 만듭니다. 이들은 달에서 물을 찾는 '루펙스(LUPEX)' 프로젝트를 함께 진행합니다. 특히 일본은 2024년 2월, 기존 로켓 H2A보다 추진력이 40% 올라가고, 비용이 50% 저렴한 신형 대형 로켓 'H3' 발사 실험에 성공하여 대단히 고무적인 분위기입니다.

아르테미스는 사업적 측면이 강한 것처럼 보이지만 '우주안보협정'에 가깝습니다. 아르테미스와 대비되는 것에는 '국제 달 과학연구기지(ILRS: International Lunar Research Station)' 프로젝트가 있습니다. 2025년까지 달에서의 건설 후보지를 결정하고, 2035년에는 완공을 목표로 달의 지형과 지질, 내부 구조 등을 연구하고, 달에서 우주와 지구를 관측하는 시설과 장비를 갖추는 계획이죠. 이것은 중국과 러시아가 공동으로 주도하고 있으며, 2024년 2월 기준으로 베네수엘라·남아프리카·아제르바이잔·파키스탄·벨라루스가 가입되어 있습니다. '동맹 VS 동맹' 구도가 우주에

서 다시 한 번 열리는 겁니다. 그리고 동맹국 사이에서도 참여도가 미비하다면 땅따먹기에 뒤처질 수밖에 없습니다.

그래도 우리나라는 전문기관이 없는 상태임에도 불구하고 세계 7번째 우주강국이 되었고, 2024년 1월에는 우주 무선전력전송 거리가 NASA의 1.5㎞를 넘은 1.81㎞를 달성하여 세계기록을 갱신하였으며, 궤도상에 이미 존재하는 위성을 대상으로 A/S와 제거를 담당하는 '포획위성'을 개발하는 등 훌륭한 연구성과가 이어지고 있습니다. 2024년 3월에는 '우주·항공'이 국가전략기술로 지정되고, R&D 세액공제가 최대 50%가 가능해지도록 변경되었으며, 5월에는 미국 NASA가 "실수에서 배우는 과정이 중요하다"며 우주항공청을 향한 덕담과 함께 서로의 꾸준한 협력을 약속하는 등 호기가 계속 이어지고 있습니다. 새롭게 출발하는 우주항공청이 지금의 흐름을 더욱 발전시켜 주시길 기대합니다.

05
__

6G와 위성통신

● ● ● · · ● ● ●

　　　세상은 점차 연결되고 있습니다. 처리속도 및 저장용량을 올려
주는 반도체가 AI를 발전시키고, AI가 실시간으로 구현되어야 자율주행·로봇·UAM
이 구현됩니다. 이를 위해서는 유선이 아닌 무선 통신속도가 중요할 수밖에 없는

데, 이것을 이동통신 기술이
라고 말합니다.

　　KOF나 최근 발매된 철권
8과 같은 격투게임에서 0.1
초는 승패를 결정짓기 충분
한 매우 '긴' 시간입니다. 만
약 여기서 서로의 통신속도
차이로 1초 정도의 렉(지연시
간)이 나타난다면 엄청난 분
노에 휩싸이게 되죠. 게임뿐
만 아니라 자율주행에서도

마찬가지입니다. 서로가 지금의 80km 속도를 넘어 100~150km로 주행하는 과정에서 통신속도가 느리다면 끔찍한 결과를 야기하겠죠.

통신속도는 'G(Generation)'라는 단위를 사용하여 표현합니다. 1G(First Generation)는 1984년 상용화된 최초의 셀룰러 모바일 통신 기술로, 아날로그 음성 통신을 제공했고, 2G는 1996년 도입되어 음성, SMS, 저속데이터가 가능했으며, 2003년 나타난 3G는 스마트폰 사용과 모바일 인터넷, 화상통화, 고속데이터가 실현됐죠. 2011년에 나타난 4G는 LTE로, 우리에게 더욱 빠른 데이터 전송 속도와 향상된 인터넷 경험을 제공했으며, 5G는 2019년에 본격적으로 시작되어 더욱 빠른 속도, 낮은 지연시간, 대규모 기기 연결과 같은 초고속, 초저지연을 특징으로 합니다. 이는 사물인터넷(IoT), 자율주행 차량, 가상 현실 등의 기술 발전을 가능하게 하는 핵심 요소입니다. 참고로 우리나라는 '5G 세계 최초 상용화'라는 영광스런 타이틀을 보유하고 있습니다.

이처럼 각 세대는 약 10년 주기로 출현하여 이전 세대보다 향상된 기술과 서비스를 제공했고, 'G'라는 표현을 통해 사용자들이 통신 기술의 발전 단계를 쉽게 구분하고 인식할 수 있도록 하고 있습니다.

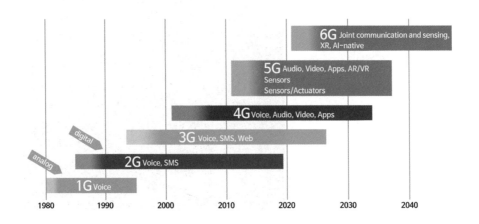

5G가 상용화된 지 고작 5년도 채 안 되어 세계는 이미 6번째 도약을 준비하고 있습니다. 윤석열 정부는 2020년 8월 '6G R&D 추진전략 발표'를 통해 6G를 국가 전략기술로 지정하고 6G 상용화 시점을 기존의 2030년에서 2028년으로 2년 앞당길 것을 천명했습니다. 민간기업도 적극적입니다. 2022년 삼성이 발표한 5년 투자 계획에서는 4차 산업혁명의 핵심기술인 AI와 6G에 대해 글로벌 역량 확보와 표준화를 이끌겠다고 선언했습니다.

해외에서도 기민하게 대응하고 있습니다. 미국은 6G 시장 선점을 위한 '넥스트 G 얼라이언스'를 발족했고, EU는 2021년부터 2027년까지 955억 유로를 투자하는 '호라이즌 유럽'을 시행하고 있습니다. 특히 중국은 기술 굴기를 내세우며 통신 기술을 바탕으로 반도체·IoT·정보보안을 비롯한 4차 산업혁명을 주도한다는 포부를 밝혔습니다. 실제로 화웨이 중심의 막대한 R&D 덕분에 중국은 5G 특허 수 1위에 등극합니다. 미국이 중국을 견제하기 위해 화웨이에 대한 강도 높은 규제를 가했음에도 불구하고 화웨이는 여전히 전 세계 통신시장 점유율을 점령하고 있죠. 중국은 내친김에 6G까지 주도권을 이어갈 계획을 세웁니다. 2019년 11월, 범정부 차원의 조직을 발족하여 6G 기술 연구에 착수했으며, 2020년 3월에는 중국전자정보산업 개발연구소(CCID: China Electronic Information Industry Development Institute) 가 중국어판 6G 개념 및 비전 백서를 발간합니다. 2020년 11월에는 세계 최초 6G 테스트를 위한 인공위성을 쏘아 올려 전 세계의 주목을 받았고, 2024년 2월에는 인공위성의 안테나와 태양전지판을 결합한 차세대 통신위성의 개발을 발표했습니다. 이처럼 세계에서는 6G를 향한 총성 없는 전쟁이 벌어지고 있습니다.

참고로 6G의 글로벌 표준은 아직 확정되지 않은 상태로, 현재 우리 정부를 비롯한 세계 각국이 모여 가이드라인을 만들어 가는 중입니다. 2023년 6월 스위스 제네바에서 개최된 제44차 국제전기통신연합회의(ITU: International Telecommunication Union)에선 6G 목표 서비스와 핵심 성능 등의 개념이 담긴 권고안이 발표되었습니

다. 그리고 해당 기구에 한국인 의장이 두 명이나 배출되어 5G에 이어 6G도 우리
나라가 세계 최초 상용화 타이틀을 거머쥘 가능성이 상당히 높아졌죠.

세계 각국이 통신기술에 집중하는 이유는 데이터 이용자가 사람뿐 아니라 기계
로 확장되고, 우리 주변의 모든 것을 연결하는 '초연결' 시대로 나아가고 있기 때문
입니다. 5,000억 개에 이르는 기기와 사람이 서로 연결되는 시대에서는 지금껏 제
공하지 못했던 경험을 체감하게 됩니다.

6G는 1Tbps(Gbps의 1,000배 속도)급 전송속도, 저궤도 위성통신 기반 공중 10km까지 확대된 통신 커버리지 등 5G를 뛰어넘는 기술적 진화를 통해 실시간 원격 수술, 완전 자율주행·UAM 등 고도화된 융합 서비스의 대중화가 가능한 기술입니다. 예를 들면, 6G로 20GB의 영화 한 편 다운로드에 고작 0.16초밖에 걸리지 않으며, 네트워크의 반응 속도 격인 지연시간은 5G에 비해 약 10배 짧습니다. 이처럼 데이터 전송 기술은 일상생활은 물론 미래산업의 주도권에 직결되어 있어 매우 중요하고, 동시에 전도유망한 분야라고 할 수 있습니다.

6G 시대에는 지상 이동통신과 공중 위성통신이 결합해 통신서비스의 패러다임 자체가 변화합니다. 기존의 지상 케이블을 통한 연결이 2차원이라면, 위성통신은 지상과 위성 네트워크 연결을 통해 하늘과 바다까지 연결되는 3차원으로 공간의 한계를 극복할 수 있다는 장점이 있습니다. 태평양 한가운데에 있는 선박, 하늘을 날아다니는 UAM과 우주공간으로 나아가는 로켓에 지상과 이어지는 케이블로 통신을 시도할 수는 없잖아요?

한국전자통신연구원(ETRI)이 발간한 '융합산업을 가속화 하기 위한 6G 이동통신 기술의 도입 전망' 보고서를 살펴보면, 6G 시대를 열기 위해서는 지구 300km~1500km 상공의 비교적 낮은 고도에서 운용되는 저궤도 위성 확보가 중요하다고 기술되어 있습니다. 저궤도 위성은 지구와 가까운 만큼 전파 왕복시간이 짧아 높은 고도의 위성보다 지연율이 낮아 원활한 통신이 가능하며, 상공에 머물며 지상에서의 케이블이 미치지 않는 지역을 커버하여 사각지대를 없애줄 수 있습니다.

이 분야에서의 선두가 스페이스X의 일론 머스크입니다. 그는 누구보다 일찌감치 위성을 쏘아 올려 위성 인터넷 시대를 연 장본인으로, 최근에는 휴대전화와 직접 연결해 통신서비스를 제공하는 스타링크를 운영하고 있으며, '다이렉트 투 셀(Direct to Cell)'이라는 새로운 프로젝트도 진행하고 있습니다.

2024년 1월, 스페이스X는 휴대전화 연결 서비스를 제공하기 위한 위성 6개를 우주로 쏘아올립니다. 그들은 우주에서 휴대전화 기지국 역할을 하는 첨단 모뎀이 표준 로밍 서비스를 제공하는 통신사와 비슷하게 각 지역의 네트워크를 통합하고 통신이 불가능한 사각지대를 없앤다고 설명했죠. 각 위성이 우주에 설치된 기지국과 같습니다.

지금은 나라별 고유의 통신사가 해당 서비스를 담당하고 있습니다. 우리나라에는 KT, SKT, LGU+가 있고, 2024년 1월 28㎓ 주파수 입찰에 성공한 '스테이지 엑스'라는 네 번째 통신사가 탄생했습니다. 통신사의 서비스 범위는 일반적으로 국내입니다. 국외로 벗어나면 추가적인 비용을 지불해야 사용할 수 있는데, 우리는 이것을 로밍이라고 부르죠. 하지만 스페이스X가 쏘아 올린 위성의 서비스 범위는 지구 전체입니다. 이 말은 저 서비스가 전 세계 통신망을 장악할 수 있는 가능성을 지녔음을 의미합니다. 실제로 2024년 2월 일론 머스크는 "앞으로 수개월 안에 각국 전화번호를 없애고 'X(머스크가 인수한 구 트위터)'로만 통화할 것"이라는 포부를 밝혔습니다.

스페이스X는 2022년 8월 미국 이동통신사 티모바일(T-Mobile)과 함께 사업 계획을 처음 발표했으며, 2023년 12월 미 당국으로부터 위성통신 실험을 승인받았습니다. 게다가 티모바일뿐만이 아닌 캐나다의 로저스(Rogers), 일본의 KDDI, 호주의 옵투스(Optus), 뉴질랜드의 원 엔지(One NZ), 스위스의 솔트(Salt), 칠레와 페루의 엔텔(Entel) 등 8개국의 7개 회사와 제휴를 맺었습니다. 2024년에는 문자서비스, 2025년에는 통화 및 인터넷 등 순차적으로 기능이 열립니다. 우리나라는 기지국이 촘촘하게 깔려 사각지대가 거의 없는 통신 선진국이기에, 다이렉트 투 셀 프로젝트에 참여 가능성은 낮다고 보입니다. 다만 육지가 아닌 하늘(UAM)과 바다(선박)에서의 B2B형 제휴를 꾀할 수는 있겠죠.

다이렉트 투 셀이 본격적으로 상용화되면 이것을 이용하는 통신사는 모든 파트너 국가에서 글로벌 통신망에 접근할 수 있으며, 그들의 고객은 국경을 초월해 음성통화·인터넷·IoT 등의 서비스 상시 연결 상태를 유지할 수 있습니다. 스페이스X가 각국 통신사 상위에 군림하는 것이죠. 그리고 스타링크의 큰 단점으로 지적되었던 단말기 설치라는 제약이 사라지게 됩니다. 게다가 머스크는 2024년 3월, 'X'에서 조만간 스마트 TV용 앱을 출시해 유튜브와의 경쟁을 선포했고, 이는 틱톡과 같이 영상에서의 P2P 결재까지 모든 것이 가능한 슈퍼 앱이 될 것이라고 설명했죠.

위성통신은 안보와도 직결됩니다. 전쟁 초기 러시아군 공격으로 통신망이 파괴된 우크라이나에 스타링크 단말기와 위성통신 서비스를 지원하면서 머스크는 '전황마저 좌우하는 권력자'로 등극합니다. 그리고 스페이스X가 미국 정보기관 국가정찰국에 정찰용 저궤도 위성 네트워크를 구축하여 전 세계 모든 곳을 살피고 잠재적 위험에 대응한다는 스타실드(Starshield) 프로젝트도 수행한다는 사실이 보도되었습니다. 우주의 수많은 CCTV로 인해 이제 아무도 숨을 수 없는 세상이 온 겁니다.

세계는 서둘러 뒤따르고 있습니다. 지난 2016년 약 1만 3천 개의 위성을 쏴 올리겠다'는 포부를 밝힌 중국은 2021년 4월, 저궤도 위성 기반 브로드밴드 구축과 운영을 담당할 중국위성네트워크그룹(CSNG)을 설립하고 궈왕(國网) 프로젝트를 발표합니다. 이것은 육지와 해상에 이은 '우주 일대일로 산업'의 일환으로 지구 육지의 60%를 커버하고, 세계 인구 80%에 서비스 지원을 목표로 하고 있습니다. 이와 별개로 상하이 정부가 추진하는 'G60' 프로젝트도 있습니다. 이것 역시 저궤도에 약 1만 2천 개의 위성을 쏘아 올려 우주 데이터 수집과 분석, 통신·군사용 등으로 활용할 예정입니다. 2022년 유럽에서는 세계 3대 통신위성 기업으로 꼽히는 프랑스 '유텔샛'과 영국의 위성 인터넷 업체 '원웹'이 스페이스X에 필적하는 우주 인터넷 사업자가 되겠다는 목표로 합병하여 다중 궤도 위성을 모두 보유한 독보적인 경쟁력을 얻었습니다.

이처럼 해외 각국에서는 정부 또는 민간기업에 의해 저궤도 위성통신망을 속속 확보하고 있지만, 우리나라는 안타깝게도 아직 부진합니다. 참고로 2024년 5월 기준 우리나라 저궤도 위성 수는 '0개'입니다. 하지만 과학기술정보통신부의 '저궤도 위성통신 기술개발 사업'이 드디어 예비타당성조사를 통과되어 2030년까지 저궤도 통신위성 2기를 발사하게 됩니다. 이것이 꾸준히 활성화되면 우리 역시 독자석인 서궤도 위성망을 확보하게 됩니다. 우리가 전쟁이나 재해 등 국가 재난을 대비하고, 앞선 이들에게 종속되지 않기 위해서는 한국형 위성통신망 확보에 반드시 속도를 가해야만 합니다.

우리나라는 2022년 달 탐사선 다누리에서 BTS의 '다이너마이트' 뮤직비디오 지구전송에 성공하여, 우주 인터넷 실현에 한 걸음 더 다가섰고, 2023년 9월 과기정통부는 '위성통신 활성화 전략'을 발표합니다. 2025년부터 2030년까지 약 4,800억 원을 투자하고, 중장기적 관점에서는 범국가적 민·관·군 협의체인 'K-LEO통신 얼라이언스'를 2024년부터 운영하여, 2021년 기준 세계 최고 기술력 대비 85% 수준이었던 우리나라의 위성통신 기술을 2030년 90% 수준까지 끌어올리는 것이 목

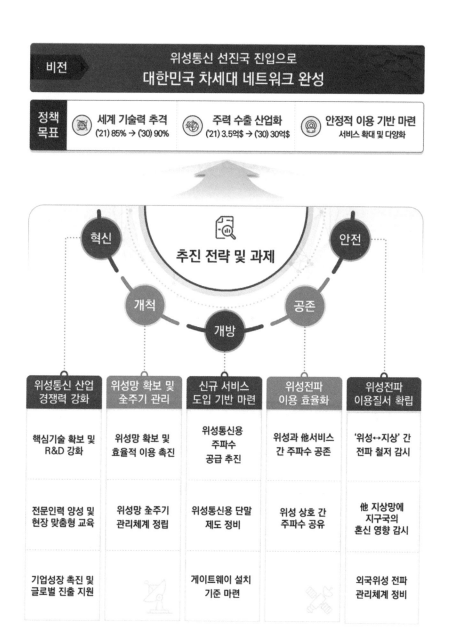

표입니다. 이처럼 다양한 성과와 계획이 속속 등장하고 있는데, 하루빨리 우리만의 생태계를 구축하고, 각국과 어깨를 나란히 하는 그날을 기대합니다.

06

우리의 과제

· · · · · · · · ·

후발주자인 우리나라가 해결해야 할 과제를 정리하면 다음과 같습니다.

6G 표준선점   소부장(소재·부품·장비)   인재양성

6G 시대는 지금까지의 1~5G와는 다른 양상이 벌어질 가능성이 큽니다. 전문가들은 6G를 중심으로 글로벌 기술 패권 경쟁이 심화할 것으로 예측했습니다. 5G 시대가 글로벌 표준 기반으로 더불어 발전했다면, 6G 시대에서는 각국이 고유 기술을 개발하고 이를 국가 발전의 무기로 활용하는 경향이 강해질 것으로 바라본 것이

죠. 우리나라 정부도 앞으로 2~3년이 우주산업 진입 골든타임이라 전망하고 과기정통부와 국무조정실이 협업해 기업과 전문가 의견을 수렴하고 현장 중심의 과제를 발굴, 개선방안을 마련하고 있습니다.

당면한 첫 번째 과제는 6G 표준 선점입니다. 2023년 11월, 국제전파통신회의(WRC: World Radiocommunication Conference)가 아랍에미리트 두바이에서 열렸습니다. 이 회의는 국가 간 주파수 분배를 위해 열리는 협상 올림픽으로 세계 통신 표준을 마련하는 자리이기도 합니다. 총 162개국이 참가한 이 회의에서는 세계 굴지의 단체들이 모여 차세대 통신 경쟁에서 각자의 기량을 뽐냈죠. 이번 회의에서는 6G 주파수 후보를 결정했는데, 우리나라가 제안한 4개 중 '4.4~4.8㎓', '7.125~8.5㎓', '14.8~15.35㎓' 3개가 선택되어 이동통신 분야에서 글로벌 경쟁력을 확보할 수 있는 계기가 마련됐다는 평가를 받았습니다. 우리는 이번 고무적인 결과를 바탕으로 2027년 열릴 차기 회의에서 6G 주파수 기술 개발과 표준화 논의를 주도할 수 있는 기반을 마련하기 위해 노력해야 합니다.

다음으로는 우주산업에 필요한 소부장 생태계 구축입니다. 표준을 마련했으면, 이를 실현할 수 있는 주변 환경이 동시에 조성되어야만 합니다. 그렇지 않으면 관련 단말기부터 장비·부품·모듈 등을 해외로부터 의존할 수밖에 없게 됩니다. 우리나라는 5G를 세계 최초 상용화하며 장비와 기기를 먼저 출시했다는 영광을 보유하고 있지만, 동시에 후발주자인 중국 화웨이 등과의 경쟁에서 밀리면서 글로벌 5G 장비 시장에서 단 한 번도 두 자릿수 점유율을 기록하지 못했다는 오점도 지니고 있습니다. 방승찬 ETRI 통신미디어연구소 소장은 '국산 장비에 해외부품이 대부분'이란 이야기가 나오는 핵심 원인을 국내 중소·중견기업의 부품생산의 부족을 꼽았습니다. 이를 해결하기 위해 중소·중견기업의 산업경쟁력을 강화하는 정책이 반드시 필요하다고 지적했죠.

마지막은 인재 양성입니다. 우주산업은 다양한 전공이 함께 어우러져야만 합니다. 수학과 알고리즘, 컴퓨터 공학을 이해하고 굉장히 빠른 기술 트렌드에 맞춰 스스로 문제를 발굴하고 해결하며 국제적으로 표준화를 주도하는 인재를 양성해야 하는 과제를 해결해야 합니다. 전 세계 인구는 고작 80억을 갓 넘겼을 뿐이지만, 6G가 활성화되면 5천억 개가 넘는 기계들이 이어지는 초연결이 실현됩니다. 이는 인구 대비 60배가 넘는 수치입니다. 이처럼 규모도 규모거니와 특히 6G는 채널 환경이 역동적으로 변화하기에, 여기에 특화된 새로운 머신러닝 기술이 필요합니다. 우주산업이 AI와도 연계되는 것이죠.

통신 시장은 잠재력이 대단히 큽니다. 무형의 주파수로 짠 통신망을 연결 고리로 삼아 콘텐츠, 미디어·커머스·모빌리티 등 다양한 영역으로 확장할 수 있기 때문입니다. 이것이 통신사들이 주파수를 차지하기 위해 끊임없이 경쟁하는 이유입니다. 5G 초창기 통신사들은 디지털 생태계의 주도권을 가질 기회가 분명 있었습니다. 하지만 단순 서비스 제공으로부터의 수익에 만족하고 말아 덤 파이프(Dumb Pipe)라는 오명을 받았고, 그사이 빅테크 기업들은 각종 콘텐츠 개발로 디지털 생태계의 주인이 되었습니다.

혁신적인 아이디어를 제시한 이들은 모두 엄청난 부를 거머쥐었습니다. 넷플릭스와 같은 OTT, 온라인 게임 플랫폼 Steam, 기지국을 지상에서 우주로 끌어올린 스페이스X, ChatGPT를 선보인 OpenAI 등 모두가 연결에서 멈추지 않고 그 너머를 보았습니다. 최근 우리나라 통신사가 모두 인공지능에 통신(CT: Communication Technology)을 결합한 'AICT(AI+CT)'라는 타이틀을 내세우는 이유도 여기에 있습니다. 본업을 더 이상 '통신'이라는 카테고리에 가두지 않고 남들에게는 불가능한 고도화된 시스템을 갖춘다는 목표입니다. 이러한 목표를 실현하기 위해서는 모두 교육이 선행되어야 합니다.

융복합이 고작 '시작점'으로 취급되는 우주산업이기에 인재 양성은 대단히 어려운 문제입니다. 삼성 역시 이런 문제점을 해결하기 위해 포항공대(2021년 7월), 서울대(2021년 9월), 고려대(2022년 1월)와 협약을 체결해 통신 인재 양성에 나서고 있고, 과학기술정보통신부는 2024년 2월 '차세대 통신·클라우드 리더십 구축 사업', '오픈랜(Open-RAN) 인력 양성 프로그램' 세부 과제와 수행기관 선정을 위한 공모를 시작했습니다. 그리고 2024년 3월 산업통상자원부는 첨단 우주항공 부품 생산공정을 혁신하고 항공 제조업체의 수출 경쟁력을 높이기 위해 국비 124억 원을 6개 기업에 새롭게 수혈하는 '항공우주부품공정고도화기술개발사업'을 오는 2028년까지 신규 추진할 것이라고 발표했습니다. 앞으로 더 많은 기관설립과 투자를 통해 일론 머스크와 같은 세계시장을 선도하는 인재를 양성할 수 있기를 바랍니다.

CHAPTER

08

제8장

작아지는 나라

남아선호사상의 결말

• • • · · • • •

      남아선호사상은 말 그대로 부계 혈통을 중시하는 사회에서 여자 아이보다 남자아이를 선호하는 관념을 가리키는 사회용어를 말합니다. 기원에 대해서는 다양한 의견이 있는데 인류학적 관점에서는 원시 수렵기반 시절 외부로부터의 위험에서 자신을 포함, 가족의 안전을 지키기 위해 신체적 능력이 상대적으로 높은 남성의 사회적 직위가 상승했다고 설명합니다. 남아선호사상은 동양과 서양을 불문하고 모두 존재했는데 중국과 우리나라도 예외가 아니죠.

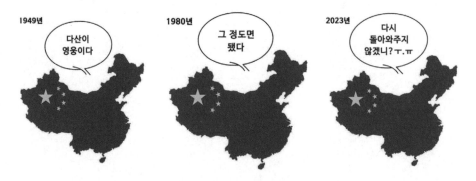

      중국은 국공내전에서 많은 피를 흘렸습니다. 1949년 내전에서 승리한 공산당은

중화인민공화국을 건설합니다. 초대 주석이 된 마오쩌둥은 인민들에게 출산을 장려하죠. 전국이 쑥대밭이 되고 별다른 산업기반이 없었던 당시에는 농업이 최우선이었고, 이를 활성화하려면 젊은 노동력이 많이 필요했습니다. '인구가 많으면 역량도 크다(人多力量大).'라는 구호와 함께 자녀 다섯 명을 낳은 자에게는 '영광엄마', 자녀 열 명을 낳은 자에게는 '영웅'이라는 칭호를 수여하면서 출산을 적극 장려했죠. 중국의 인구수는 꾸준히 늘어가기 시작합니다.

1980년대가 되자, 정부는 급격하게 늘어난 인구를 걱정하기 시작합니다. 그리고 '1가구 1자녀' 산아제한 정책을 실시합니다. 자녀를 2명 이상 출산하면 직장에서의 퇴출, 사회부양비 명목으로 벌금을 지불하는 등 여러 페널티를 부과받았지만, 그래도 사람들은 출산하고자 했습니다. 더구나 남자를 선호하는 분위기에서 단지 1명만 자녀로 인정할 수 있으니 불법 낙태가 성행했고, 출산했음에도 불구하고 출생신고를 하지 않아 호적상 존재하지 않는 아이들이 생기는 등 적지 않은 사회문제가 발생했습니다.

2010년대에 들어서자, 중국에 저출산과 고령화 문제가 대두됩니다. 2015년에는 35년간 유지하던 1가구 1자녀 정책을 폐지하고 1가구 2자녀로 변경합니다. 그리고 2021년에는 1가구 3자녀로 확대함과 동시에 사회부양비가 없어지면서 사실상 산아제한 정책은 폐지됩니다. 2022년에는 인구가 더 이상 증가하지 않고 감소세로 돌아섭니다. 중국정부에 심각한 경고음이 울렸고, 저출산 문제를 겪는 다른 나라들처럼 출산 보조금과 육아휴직 제도까지 정비에 나섰습니다.

중국 인구변화 추이 그래프를 살펴보면, 1950년에는 많은 출생아가 아래를 튼튼하게 받쳐주는 삼각형 모양을 그리고 있습니다. 1980까지는 기존의 모양을 유지하고 있지만 2023년에는 중간이 튼실하고, 2060년에서 2100년으로 갈수록 상단 부분을 제외하면 아래는 잘록하게 변하고 맙니다.

중국의 인구가 줄어드는 것은 다양한 지표로 확인할 수 있습니다.

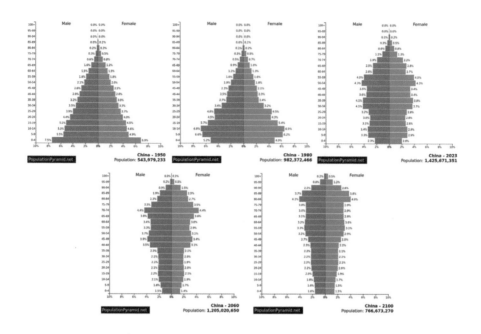

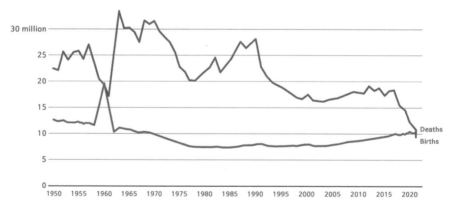

Annual births versus annual deaths, China

위 그래프에서 빨간색은 출생인구, 검은색은 사망인구입니다. 중국 건국 이래 인구가 줄어든 통계가 발표된 적은 단 두 번밖에 없습니다. 첫 사례는 1961년 대약진 운동 실패 이후 수백만 명이 굶어 죽고 인구수가 감소했죠. 그러나 이는 대기근이라는 일시적 현상으로 벌어진 것이고, 최근 벌어진 데드크로스야말로 중국인구의 자연 감소로 볼 수 있습니다.

2023년 11월, 중국 국가통계국이 발표한 '2023 통계연감'에 따르면, 2022년 중국의 초혼자 수가 1,100만 명 밑으로 떨어졌습니다. 이는 1985년 관련 통계 집계 이후 37년 만에 처음 나타난 수치입니다. 싱가포르 연합조보는 신생아 감소가 이어지면서 유치원 5,610곳이 문을 닫았다는 기사를 발표합니다. 유치원이 폐쇄되면 자녀는 거주지 근처가 아닌 먼 곳으로 보내야 할 테고, 시간과 비용이 더 소모되어 부모의 피로를 가중시킵니다. 그러면 육아의 부담 때문에 더더욱 아이를 낳지 않게 되는 악순환이 벌어지는 것이죠.

중국 위와인구연구소의 발표에 따르면, 출생아 수는 끝없는 하향곡선을 그리고 있습니다. 노동자 부족으로 임금이 오르면 중국 경제의 근간인 제조업이 고전하게 되고, 이들이 인건비가 싼 해외로 공장을 옮기는 오프쇼어링에 나설 경우 중국 경제는 심

중국 출생아 수 예상 추이 (단위: 명)
956만 2022
909만 2030
900만 2035
935만 2040
892만 2045
773만 2050
306만 2100년

각한 타격을 입게 됩니다. 이렇게 Made in China는 서서히 저물어 가고 있습니다.

미국 위스콘신 매디슨대 인구 전문학자 이푸셴 연구원은 중국이 지난 수십 년 동안 자녀 수 제한 정책을 시행한 결과, 한국이나 일본의 경우보다 감소세가 훨씬 빠르며, 유엔이 예상한 인구 정점 도달 시점을 9년이나 앞당겼다고 평가합니다. 많은 전문가가 여러 차례 앞으로 인구가 줄어들고 고령화에 직면할 것이라는 인구통계

학적 문제를 지적했지만, 결과적으로 중국 당국의 산아제한 정책 전환은 부진했습니다. 중국 인구학자 허야푸 박사는 현재 1가구 3자녀를 허용했다고는 하지만, 사실상 3자녀를 갖는 가정은 적기 때문에, 실질적 효과는 제한적이라도 무제한 출산을 허용하는 방향으로 가야 한다고 주장했죠.

2023년 12월, 중국 중앙재경대가 발표한 '2023 중국 인력자본 보고'를 참조하면 1985년 중국 노동력인구 평균 연령은 32.3세에 육박했는데, 2021년 말에는 39.2세로 6.9살이 증가했으며, 경제가 상대적으로 낙후한 헤이룽장과 랴오닝, 지린 등 동북 3성은 각각 41.17세, 40.78세, 40.57세로, 중국에서 노동력인구가 가장 높은 지역 1~3위를 차지합니다. 경제가 출산율에 영향을 끼치는 큰 요인 중 하나라는 점을 보여주고 있죠.

또 다른 악재는 바로 남녀 성비 불균형입니다.

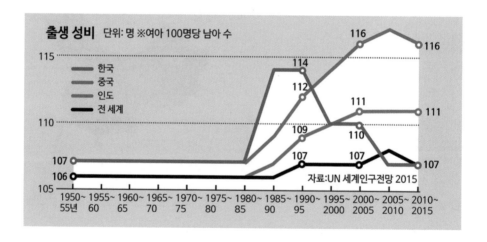

UN 세계 인구전망의 자료를 참조하면, 중국의 출생 성비는 2000년에서 2010년 사이 절정에 달합니다. 여아 100명당 남아 116명이라는 결과가 별 차이 나지 않는다고 느끼실 수도 있는데, 중국의 많은 인구수를 고려하면 엄청난 차이입니다. 10~30대는 남자가 여자보다 어림잡아 4천만 명 많습니다. 거의 우리나라 전체 인구수와 맞먹는 숫자죠. 여성을 해외에서 데려온다고 해도 막막합니다. 단순히 '여성'만으로는 안되고 결혼 적령기인 20대~30대를 찾아야 하는데, 4천만 명 적령기 여성을 찾으려면 세계 모든 나라에서 찾아야만 합니다. 게다가 결혼하지 못하는 남자 중에서는 도시가 아닌 농촌생활권에 있는 이들이 상대적으로 많은데, 그들에게 선뜻 결혼하려는 해외여성을 찾기란 보통 어려운 일이 아니죠. 우리나라도 한때 농촌 총각들이 결혼이 어려워 국제결혼이 유행했던 시절이 있었습니다. 중국에서는 결혼할 의지는 있으나, 하지 못하는 이들을 '피동적 독신'이라고 부릅니다. 이것이 얼마나 심했으면 세계 최악의 성비 불균형 국가 중 하나에 등재되는 명예를 누리게 되죠. 중국은 다행히 2021년 기준 108.5를 기록해 적정 상한선인 107에 근접하는 모습을 보이게 됩니다.

중국 결혼시장에서 여성은 절대적인 우위에 위치하고 있습니다. 중국에서는 '차이리(彩礼)'라고 불리는 결혼할 때 신랑이 신부에게 돈을 주는 풍습이 존재하는데, 성비가 무너지면서 차이리가 기하급수적으로 올라가며 대단히 큰 사회적 문제가 되었습

니다. 위 지도는 인터넷에 돌아다니는 '전국 결혼 차이리 지도'로 지역별 차이리 가격을 보여줍니다. 가장 비싼 푸젠성은 30만 위안으로, 우리나라 돈으로 약 5,500만 원에 달합니다. 물론 저 지도를 곧이곧대로 신뢰할 수는 없지만, 중국의 차이리 제

도가 어떠한지 느끼기에는 충분하다고 보입니다.

심지어 최근에는 암묵적으로 차이리 가격 상한제도까지 등장했습니다. 중국 당국은 2023년 1월, 최우선 추진 과제를 의미하는 '1호 문건'에 차이리를 포함시켜 이를 엄격히 손보겠다며 엄포를 놨지만, 무너진 성비 앞에서 바로잡기가 쉽지 않아 보입니다.

우리나라 역시 한때 대표적인 남아선호 국가였습니다. 특히 80년대 태아 초음파 검사가 보편화되자, 여아만 골라 낙태하는 일이 빈번하게 발생했죠. 1990년만 해도 출생성비가 116.5명에 달해 심각한 불균형을 보였습니다. 이후 여성운동이 활발해지고 정부가 태아 성감별을 엄격히 금지하면서 완화 흐름을 탑니다. 특히 2005년의 호주제 폐지와 여성들의 사회진출 확대 등이 맞물리면서 출생성비는 2023년 104.7까지 떨어지죠. 월스트리트저널은 한국을 성비 불균형 흐름을 되돌리는 데 극적으로 성공한 국가로 꼽았습니다.

우리나라 성비 불균형 정상화 요인으로 연세대 의대 예방의학교실 김소윤 교수는 "출산율이 줄면서 과거에 비해 양육비·교육비 부담이 줄어 남녀 구분 없이 아이를 잘 키우려는 사회 분위기가 형성됐고, 이 덕분에 여성의 교육수준이 높아졌다."며 "여성의 사회진출이 늘고 권리의식이 높아진 것도 남아선호 사상을 약화시키는데 도움이 됐다."고 분석합니다.

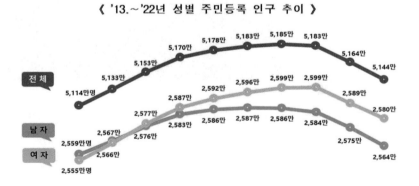

《 '13.~'22년 성별 주민등록 인구 추이 》

성비가 개선된 것은 좋은데 너무 가서도 좋지 않겠죠. 2023년 1월, 행정안전부가 발표한 '2022년 주민등록 인구통계'를 살펴보면, 여자가 남자보다 약 16만 명 많습니다. 이는 여아선호사상으로 전환되었다고 보기는 어렵고, 여성의 수명이 남성보다 다소 많기 때문에 나타난 현상으로 보입니다.

최근 젊은 부부들에게는 남녀 구별 자체에 별다른 의의를 두고 있지 않는 경향이 크게 늘었습니다. 한 명 키우기도 힘겨운데 구별한다는 생각 자체가 사치가 되었죠. 더구나 4차 산업혁명이 본격화되고 더 이상 육체적 능력에 의존해야 하는 시대는 지난 지 오래입니다. 여러분께 찾아온 자녀분이 성별이 무엇이든 따뜻하게 맞

이해 주시고 부모가 함께 행복한 인생 되셨으면 좋겠습니다.

02

주변국의 개선 방향

● ● ● · · ● ● ●

　　　　　　떨어지는 인구수를 끌어 올리기 위해 다양한 정책을 벌이는 중국
과 일본의 상황을 살펴보겠습니다.

a. 중국

　2023년 8월, 중국에서 법정 결혼 가능 연령을 낮춰 저출생과 인구감소에 대응하
자는 의견이 꾸준히 제기되고 있습니다. 중국에서 법적 결혼 가능 나이는 남성 22
세, 여성 20세입니다. 이것을 남녀 모두 18세로 낮추자는 정책이죠.

　2022년 기준 중국의 합계출산율은 1.09입니다. 참고로 인구가 늘지도, 줄지도
않고 안정적으로 유지되는 기준은 2.1명입니다. 즉, 한 가정당 자녀가 2명 이상이
면 인구수가 유지된다는 것이죠. 그리고 2.1보다 낮은 수치를 저출산이라고 말합니
다. 현재 중국은 딱 그 절반으로 일본의 1.26보다도 낮습니다.

　사실 이 의견이 제기된 것이 이번이 처음은 아닙니다. 결혼 연령을 낮추는 문제
는 2019년 중국 민법의 혼인·가정편 초안을 심의할 때도 다뤄졌지만, 실제 법 개정
으로 이어지지는 않았죠. 당시 헌법·법률위원회는 혼인 가능 연령을 바꾸려면 충분

한 조사·연구·분석이 필요하다며 일축했습니다. 그러나 출산율이 지속적으로 하향 곡선을 그리자 또다시 언급된 것입니다. 그중 쓰촨성은 출생신고가 금지됐던 미혼모도 아이를 가질 수 있게 허용하며 일반 부부와 동등한 혜택을 부여하겠다는 발표도 했습니다.

시진핑 주석은 2023년 10월, 중화부녀연합회 간부들과의 간담회에서 "젊은이의 결혼과 연애 관념, 출산과 육아 관념, 가정 관념에 대한 지도를 강화하고 출산 지원 정책을 서둘러 완비·실천하면서 고령화에 적극 대응하라"고 하였고, 같은 해 11월 베이징에서 열린 전국여성대표회의의 폐막연설에서 "우리는 결혼과 육아와 관련해 새로운 문화를 적극적으로 육성해야 한다.", "사랑과 결혼, 출산, 가족에 대한 젊은이들의 시각에 영향을 미치는 것이 정부의 역할"이라는 발언을 했습니다. 뉴욕타임즈는 시 주석의 의도를 '여성이 사회인으로서 직장에 충실하기보다 결혼과 출생을 목표로 삼아야 한다는 의미를 전했다는 것'으로 분석합니다. 그 근거로 이전에는 '일터'와 '가정'을 동일시한 반면, 이번에는 여성의 사회진출에 관한 언급이 현저하게 줄어들었기 때문이죠. 또한, 권력의 핵심인 공산당 중앙위원회 정치국 구성

원 24명 중 여성이 단 한 명도 없다는 점에 주목했습니다. 이는 25년 만에 처음 발생한 사건입니다.

2024년 1월, 시진핑 중국 국가주석이 이례적으로 신년사에 본인 가족사진을 공개하며 출산과 육아 장려에 직접 나섰습니다. 이에 호응하듯 중국 관리들이 앞장서서 주민들에게 아이를 가질 것을 권유하는 전화를 돌리고는 있지만, 별다른 호응은 나타나지 않고 있습니다. 여성이 일찍 결혼한다면 고등교육과 사회진출에 대한 기회가 상대적으로 줄어 여성 인권이 흔들리는 결과로 이어질 수 있음을 염려하는 것입니다. 더구나 앞서 언급했듯이 중국의 남녀 성비가 무너지고 여성이 귀해진 상황에서는 더더욱 받아들여지기 힘들 것으로 보입니다.

이전 정책과 엇박자도 발생했습니다. 중국 SNS에서는 당국으로부터 셋째 아이를 가져달라는 전화를 받았지만, 정작 자기 거주지 주변 유치원은 원생이 부족해 교실 수를 줄여가거나 폐업한 경우가 발생해 아이 계획을 포기한 사연, 이전 1자녀 정책 시절 벌금과 규제 때문에 임신을 방지하려고 3개월마다 자궁 내 피임 장치를 검사받았는데, 이제 와서 출산장려 메시지를 받으니 화가 난다는 사연 등도 올라왔습니다.

2024년 3월 열린 양회에서는 다시 한 번 기존의 결혼가능 나이인 남자 만 22세, 여성 만 20세를 모두 18세로 통일하고, 이를 실현하기 위해 초등학교 6년을 5년으로, 중학교 3년을 2년으로, 고등학교 3년을 2년으로 각각 1년씩 단축하자는 의견도 등장했습니다.

중국 풍토마저 2024년을 돕지 않았습니다. 중국에서는 24절기 중 봄이 시작하는 입춘이 음력 해의 첫날인 설보다 빠르면 과부의 해(寡婦年)라고 부릅니다. 풍요와 탄생을 의미하는 봄이 빠진 해는 결혼이나 출산을 하기에 적합하지 않다고 여기는 것이죠. 2024년이 바로 과부의 해에 해당됩니다. "룽바오바오(龍寶寶: 드래곤 베이비)"에 태어난 아이는 몸이 약하거나, 남편을 잃어 과부가 된다는 글이 SNS에 많이 올라오고 있습니다. 반면 상서로운 용의 해에 태어난 아이는 좋은 팔자와 뛰어난 두 뇌를 갖는다는 믿음 역시 존재합니다. 비혼과 저출산 문제로 고민하는 중국 당국은 '과부의 해'는 비과학적인 주장이라고 홍보하며 결혼을 부추기는 한편, 룽바오바오 출산은 독려하고 있는 상황입니다.

b. 일본

일본은 동아시아에서 가장 먼저 저출산 위기에 직면한 국가입니다.

1950년 3.65를 찍은 이후 1970년 살짝 반등했다가 끝없는 내리막길을 걷고 있습니다. 특히 2022년은 조사 이래 최초로 전체 인구가 80만 명 이하로 줄어드는 모습을 보였죠.

일본 정부는 자녀가 3명 이상인 다자녀 가구에는 소득과 관계없이 오는 2025년부터 자녀들의 대학 수업료를 면제해 주거나 급여형 장학금을 지급한다는 정책을 발표합니다. 지금까지는 연간 수입이 380만 엔(약 3,400만 원) 미만인 다자녀가구에만 수업료 감면 혹은 급여형 장학금을 지급했습니다. 본래는 소득 상한선을 600만 엔(약 5,400만 원)으로 높이기로 했으나, 이것으로는 큰 효과가 없을 것이라는 판단 하에 소득 기준을 아예 없애버렸습니다.

일본 효고현에서는 2020년 10월부터 생후 3개월부터 만 1세까지의 아이를 키우는 집에 기저귀와 물티슈, 우유 등 총 3000엔(2만 7,000원) 상당의 육아용품을 매월 무상으로 배송하는 '무료 기저귀 정기배송 서비스'가 나타났습니다. "육아에 지쳐서 아무것도 할 수 없다."는 주민들의 간절함에 시작된 이 서비스는 택배가 아닌 대면 배송으로 진행하며, 배달원은 육아 경험이 있고, 아동 상담소 직원으로부터 학대 징후를 분별하는 법 등에 대한 교육을 이수한 자만을 고용합니다. 육아 물품을 전달하면서 요청이 있을 시 육아 상담도 응해주고, 아이에게 문제가 생기면 곧바로 시에 연락해 상응하는 조치를 받을 수 있도록 하고 있습니다. 유아 학대 방지, 싱글 맘·대디의 어려움 절감, 경제적 지원 등의 효과를 보이고 있어, 도쿄·히로시마·오사카 등 일본 전역으로 조금씩 확대되고 있습니다.

초고령사회가 전역으로 확대되자, 일본에서는 2017년을 시작으로 치매 노인을 직원으로 채용하는 '느린 카페'가 확대되고 있습니다. 일반적으로 한 달에 한 번 치매에 걸리신 어르신을 직원으로 채용합니다. 나이 지긋한 어르신께서 주문서를 잊어버리고 메뉴를 잘못된 테이블에 전달하는 경우도 많고, 주문한 음료를 10분 넘게 기다려야 할 때도 있으나 손님들은 불평하지 않습니다. 치매 환자가 병원이나 집에 고립되지 않고 정신적, 육체적 활동을 활발히 할 수 있어야 한다는 사회의 목소리를 반영하고 있으며, 그분들의 지인 및 자녀들도 머리로만 이해했던 어르신의 일상 모습을 정면으로 바라보고 이해하는 기회가 되는 것이죠.

03

우리나라의 상황

• • • • ·· • • •

중국과 일본도 심각하지만, 우리나라만 할까요. 우리나라는 2023년 3분기 우리나라 합계출산율은 0.7명으로 OECD 국가 중 최저치이며, 2023년 4분기에는 합계출산율이 0.65명으로 떨어졌습니다. 이로써 분기별 합계출산율은 2019년 2분기부터 19개 분기 연속 1명 아래라는 전무후무한 기록을 다시 한 번 갱신했죠.

오른쪽 그림은 2024년 2월, 한국방송광고진흥공사가 '2023 대한민국 공익광고제' 대상으로 선정한 '멸종위기 1급 대한민국'이라는 그림으로 우리에게 많은 시사점을 제시하고 있습니다. 참고로 제 저서

에서의 그림처럼 AI로 제작했다고 하네요.

OECD 38개 회원국의 평균 출산율은 1.58명(2021년 기준)으로, 한국은 그 절반에도 못 미칩니다. 2002년 처음 초저출산(합계 출산율 1.3명 미만)에 진입한 뒤 단 한 번도 1.3명을 넘지 못했죠. 인구 1,000만 명 이상인 나라 중 20년 이상 초저출산을 기록한 유일한 국가입니다. 2023년 유모차보다 개모차가 더 많이 팔렸다는 소식이 지금 상황을 잘 반영하는 것 같습니다.

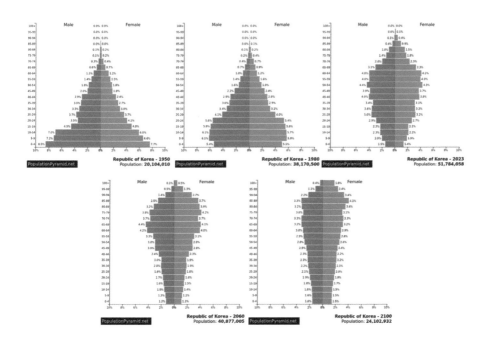

우리나라 인구변화 추이를 살펴보면, 1950년과 1980년까지는 중국과 비슷한 모습을 보이지만, 그 이후부터는 훨씬 잘록한 모습입니다. 과거 한국전쟁 이후 초토화된 전국을 재정비하고 산업을 일으키는 데 믿을 것은 노동력밖에 없었습니다. 엄청나게 늘어나는 출산율을 감당하기 어려워 1960년대부터 세 명 이상은 낳지 말아 달라는 캠페인을 걸었고, 1970년대에는 두 명만 낳자는 표어가 등장합니다. 1980년대에는 국가가 둘도 버거워 한 명 출산을 장려하기에 이릅니다. 그리고 2005년부터는 분위기가 완전히 반전되어, 제발 좀 낳아달라고 호소하고 있죠.

외신은 우리나라를 매우 염려하고 있습니다. 뉴욕타임즈는 '한국은 소멸하는

[표 10] 시·군·구별 장래 소멸위험지역 분석

① 2017년	② 2047년	③ 2067년	④ 2117년

가?(Is South Korea Disappearing?)'라는 제목의 칼럼에서 한국은 선진국들이 안고 있는 인구감소 문제에 가장 두드러진 사례로 연구되고 있다며, 14세기 흑사병이 창궐한 유럽의 인구감소를 능가하는 것이라고 말합니다. 실제로 감사원이 발표한 '인구 구조변화 대응실태' 보고서를 살펴봐도 '지방소멸'이 '나라소멸'로 이어진다는 결과를 알 수 있죠.

South Korea's military has a new enemy: Population math

By Gawon Bae, CNN
7 minute read · Published 7:20 PM EST, Fri December 29, 2023

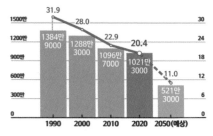

점점 줄어드는 청년 인구 비중

● 청년인구(명) ● 총 인구 중 청년비중(%)

또 다른 위기도 조명됩니다. NYT는 "적대적 노선으로 대남정책을 변경한 이후 북한이 향후 몇 달 내에 한국에 대해 치명적인 군사 행동을 할 가능성이 있다."라고 경고했고, CNN은 한국이 북한의 위협을 경계하기 위해 약 50만 명의 병력을 유지하고 있지만, 지금의 합계출산율을 기록하는 상황에서 '인구 셈법'이 한국의 가장 큰 적이 될 수 있다고 꼬집었습니다. 우리나라 군대가 지금의 병력 수준을 유지하기 위해서는 매년 20만 명이 입대해야 하는데, 2022년 출생아는 고작 25만 명입니다. 줄줄이 문 닫는 신병교육대가 이를 직접적으로 반영하고 있죠. 남녀 성비가 1:1이라고 가정한다면 입대할 남성은 사실상 12만 5천이 최대로 병력 감축이 불가피합니다.

우리나라는 병력을 50만 명 이하로 줄이고 '국방혁신 4.0'에서 추진 중인 '인공지능(AI) 과학기술강군'로 군 정예화를 추진하고 있지만, CNN은 '북한의 위협이 줄어들 것이라는 잘못된 가정'을 전제로 세운 계획이라고 말합니다. 실제로 북한은 2023년에 대륙간탄도미사일(ICBM)을 5번 발사했고, 2024년 1월, 또다시 NLL 인근에서 사흘간 무력시위를 일삼았습니다. 그 결과 지상과 해상, 공중에서의 우발적 충돌을 막기 위한 완충구역을 설정한 '9·19 남북군사합의'는 공식 폐기되고 맙니다.

최근 벌어진 우크라이나 전쟁에서 알 수 있듯이, 기술이 전쟁에서 크게 작용하는 것은 분명하지만, 결국은 젤렌스키를 구심점으로 결집했기에 러시아의 침공에 버틸 수 있었던 것이죠. AI 운영과 감독, 군사계획 설립, 영토 점령과 협상 등은 결국 사람의 역할입니다. '예정된 미래'에의 도달은 얼마 남지 않았습니다. 지금 바로 무언가의 대책을 세워야 합니다.

앞선 외신의 걱정이 미래에의 얘기라면, 당장 눈앞에 닥친 문제점은 바로 경제입니다. 여러 차례 기술했듯이, 국가가 성장하기 위한 요소가 크게 네 가지 있습니다. 국토·자원·인구·기술이 그것이죠. 중국과 한국 모두 내전으로 황폐화된 나라를 일으켜 세운 원동력은 바로 '인구배당효과'입니다. 인구배당효과란 총인구에서 생산할 수 있는 인구 비율이 늘어나면서 경제성장률도 증가하는 현상을 말합니다. 쉽게 표현하면 전체 인구 비율 중 젊은이들이 많으면 생산은 촉진됨과 동시에 부양해야 할 어르신은 상대적으로 적어 경제가 성장합니다. 반면 지금은 생산인구는 확 줄어들고 부양해야 할 어르신은 크게 증가했습니다. 벌어들이는 돈은 줄어드는데 사용할 돈은 늘어나고, 소비 주력층이 줄어들게 되어 돈이 활성화되지 않습니다. 이러니 경제가 꺾일 수밖에 없죠. 2023년 12월 한국은행이 발표한 '초저출산 및 초고령 사회: 극단적 인구구조의 원인·영향·대책' 보고서에서도 "저출산·고령화에 효과적인 정책 대응이 없으면 2050년대에 우리나라 성장률이 마이너스가 될 확률은 68%에 이른다."고 분석했습니다.

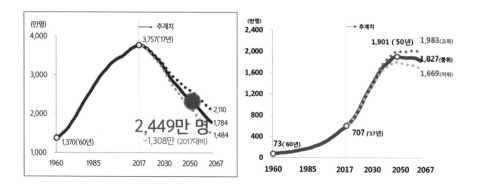

2023년 12월, 통계청이 공개한 장래 인구추계를 살펴보면, 생산연령인구(15~64세)는 2017년 정점을 찍은 후 끝없는 추락을 이어 가는 반면, 고령자 인구(65세 이상)는 가파르게 증가하는 모습을 확인할 수 있습니다. 그리고 우리나라 평균 연령을 의미하는 중위연령은 2022년 44.9세에서, 2072년에는 63.4세로 늘어납니다. 현재 대한민국은 약 45세가 가장 많이 보이고, 먼 미래에는 약 63세가 가장 많이 보이는 나라가 된다는 겁니다.

참고로 인도가 넥스트 차이나라고 주목받는 이유는 여러 가지 있지만, 인구 대국이라는 점이 가장 큽니다. 그리고 UN은 2050년이 된 시점에서는 전 세계 젊은이 3명 중 1명은 아프리카 사람이라며, 아프리카 역시 인도의 뒤를 이어 크게 발전할 것으로 바라봤죠.

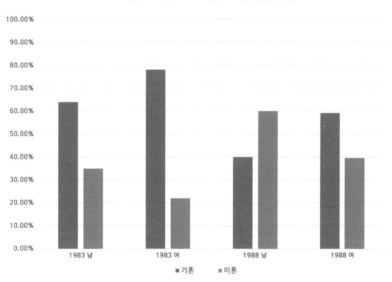

2023년 12월, 통계청은 '2022년 기준 인구동태 코호트 DB 제공'을 공개합니다. 우리나라 1983년생(만 40세)과 1988년생(만 35세)의 혼인 비중을 살펴보면, 1983년생 남자는 35.5%, 여자는 22%가 미혼으로 나타납니다. 반면 1988년생으로 넘어가면 남자는 59.9%, 여자는 40.5%로 미혼율이 거의 2배가 됩니다. 간단히 풀이하면 남자는 35세에 10명 중 6명, 40세에는 10명 중 3명은 미혼이고, 여자는 35세에 10명 중 4명, 40세에는 10명 중 2명은 미혼입니다. 과거 한때 25세가 넘어가면 노총각·노처녀라는 표현도 있었는데, 지금은 우스울 뿐입니다. 너무나 충격적인 결과가 아닐 수 없습니다.

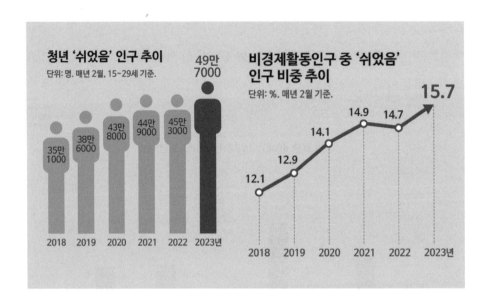

청년 '쉬었음' 인구 추이
단위: 명. 매년 2월, 15~29세 기준.

- 2018: 35만1000
- 2019: 38만6000
- 2020: 43만8000
- 2021: 44만9000
- 2022: 45만3000
- 2023년: 49만7000

비경제활동인구 중 '쉬었음' 인구 비중 추이
단위: %. 매년 2월 기준.

- 2018: 12.1
- 2019: 12.9
- 2020: 14.1
- 2021: 14.9
- 2022: 14.7
- 2023년: 15.7

우리나라 청년들이 결혼을 하지 않는 이유에 관한 설문조사에서 압도적 1위를 차지하는 것이 '돈'입니다. 나 혼자도 살기 벅찬데 어떻게 누군가를 추가로 책임지냐는 것이죠. 하지만 위 그래프를 보면 '쉬었음' 상태인 청년이 꾸준히 늘어가는 추세입니다. 돈이 문제라면 일을 해서 벌면 되는데, 그렇지 않은 청년들이 늘어가는 겁니다. 어째서일까요?

이유는 '취업을 못 해서'가 아닌, '내가 원하는 직종을 구하지 못해서'입니다. 주위를 둘러보면 취업에 실패한 뒤 하향 취업을 선택하는 이는 찾아보기 어렵습니다. 대부분 스펙 쌓기 등으로 구직활동을 연장해서 원하는 직장을 찾을 때까지 매진합니다. 이들이 원하는 직종은 깔끔하고, 복지 좋고, 체면 차리기 좋은, 누구나 이름만 들으면 아는 대기업이죠. 그러나 대기업은 무한정 물을 빨아들이는 스펀지가 아닙니다. 채용인원은 정해져 있고, 경기가 안 좋아지면 줄이기도 합니다. 모두가 위만 쳐다보고 아래는 원하지 않으니, 벌어지는 현상입니다.

하지만 이를 '욕심이 많다', '배가 불렀다'라고 치부할 수도 없습니다. 왜냐하면 눈을 낮추면 생활이 너무 고달픕니다. 기업 규모별 임금 격차가 너무나 확대되어 버렸죠. 최신 IT에 AI를 다루는 것은 여건이 갖춰진 소수 대기업이고, 이곳에 재직한 자는 높은 연봉을 받을 수 있습니다. 2024년 2월, 통계청이 발표한 '2022년 임금근로일자리 소득(보수) 결과'를 참조하면 대기업 근로자는 중소기업 근로자보다 305만 원 더 받은 것으로 나타났습니다. 상대적 격차가 눈에 너무나 선명하게 보이고, 몸으로 직접 체감하고 있는데 어느 누가 하향 조정을 원합니까? 어디에서 일하든 남부럽지 않게 떵떵거리며 사는 것까지는 바라지 않더라도, 참한 배우자 만나 작지만 화목한 가정을 꾸리고 소소한 행복을 누릴만한 희망은 품게 해줘야 하지 않겠습니까? 양극화가 심해지자, 상대적으로 고임금 업종에는 수많은 지원자가 달려들고, 상대적으로 저임금 업종에는 심각한 인력난이 펼쳐지고 있습니다. 이는 비단 우리나라뿐이 아닌, 중국에서도 현재진행형으로 벌어지는 일입니다.

한국의 초저출산에 대해서는 다양한 분석이 있습니다. 2023년 11월, 영국 유니버시티칼리지런던의 학자들로 구성된 연구팀은 기후 파괴에 대한 강한 우려가 사람들이 아이를 적게 낳거나 아예 낳지 않는 것을 희망하는 것과 관련이 있다는 점을 발견했다고 '플로스기후' 저널에 논문을 게재합니다. 해당 논문에 따르면 자신들의 아이를 앞으로 더욱 악화될 기후재앙을 경험하게 할 수 없다는 의견이죠.

경제적 관점에서 분석한 전문가도 있습니다. 우리나라 정부가 약 280조 원의 현금을 사용해 출산장려 정책을 펼쳤음에도 불구하고 출산율이 전 세계 꼴찌인 이유로 '불행의 대물림'을 꼽았습니다. 부모인 자신이 너무나 힘들게 살았고 앞으로의 개선이 보이지 않는데 내 자식에게 비슷한 고통을 주기 싫다는 겁니다.

IMF 총재 크리스탈리나 게오르기에바는 골퍼 박세리 선수를 언급하면서 "한국이 근로시간 성별 격차를 다른 국가들의 평균 수준으로 줄일 경우, 1인당 소득이 18% 늘어날 것"이라고 말했습니다. 한국 여성의 경제활동 참여율은 증가했지만, 여전히 남녀 간 격차가 크게 존재하고, 이것이 경제활동인구 정체와 감소를 유발하

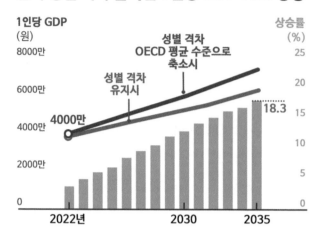

한국 성별 격차 줄이면 1인당 GDP 18% 상승

1인당 GDP (원)

상승률 (%)

성별 격차 OECD 평균 수준으로 축소시

성별 격차 유지시

4000만

18.3

2022년 2030 2035

는 원인이라고 지적합니다.

　노벨 경제학상을 수상한 클로디아 골딘 교수는 직장이 사회변화를 따라잡지 못했기 때문이라고 분석합니다. 경제가 성장하면 여성들이 노동시장에 자연스럽게 유입될 것이라고 생각했지만, 지난 200년간 미국 노동시장 데이터를 들여다본 결과는 그렇지 않았습니다. 1차 산업혁명이 발생하고 여성들은 오히려 노동시장에서 밀려나게 됩니다. 생산 활동이 집에서 이뤄지던 농업사회 때와 달리, 공장 노동과 가정을 양립하기가 훨씬 어려워 남성은 밖에서 일하고 여성은 내조를 담당하는 구조가 고착화되었기 때문입니다. 여성 고용률은 20세기 들어 서비스업 일자리가 늘어나고, 1960년 미국 식품의약국(FDA)이 승인한 피임약 덕분에 여성들이 결혼과 출산을 늦추고 교육에 더 투자하는 형태로 개선됩니다.

　지금까지는 임금 격차를 남녀의 교육 수준이나 직업 선택의 차이로 설명한 경우가 많았습니다. 하지만 골딘 교수는 데이터를 분석한 결과, 실제로는 같은 직종 내에서 격차가 벌어지는 경우가 훨씬 많다고 지적하면서, 그 이유로 '탐욕스러운 일자리(Greedy Work)'를 꼽았습니다. 이것은 '예측 불가능한 장시간 노동을 요구하며, 이를 대가로 높은 임금을 지급하는 일자리'를 말합니다. 퇴근 후 시간이나, 심지어 새벽에도 일이 생기면 언제든지 대응하는 직종으로 일반 회사원이 아닌 전문직에서 주로 나타납니다. 처음에는 부부가 모두 이런 일자리에 종사하더라도, 아이가 태어나면 상황은 일변합니다. 아이가 갑자기 아프거나 학교 행사가 있는 날에는 누군가 달려와야 하기에, 부부 둘 중 한 명의 희생이 불가피하게 되며, 보통 여성이 그 역할을 맡게 된다고 지적했죠. 즉, 남녀임금 격차가 발생하는 핵심 원인은 사회가 여성을 홀대하는 것이 아닌, 육아에서의 희생이라는 겁니다. 여성은 결국 '탐욕스러운 일자리'에서 일과 가정을 양립할 수 있는 직종으로 옮기거나, 혹은 육아로 인해 경력단절 등이 일어나고 임금 격차가 벌어진다는 견해입니다.

2024년 2월 보도된 영국 BBC 방송도 인상적입니다. BBC는 한국 저출산 정책 입안자들이 정작 청년들과 여성들의 필요는 듣지 않는다는 비판을 접수하고, 1년간 전국을 돌아다니며 한국 여성들을 취재합니다. 그들이 보도한 '한국 여성들은 왜 아이를 낳지 않나'라는 제목의 기사에서는 저출산이 나타나는 주요 원인을 '남성육아 분담 부족, 일과 육아 병행 어려움, 여성들의 경력 단절과 자녀 양육에 들어가는 경제적 비용, 높은 주거비와 사교육비'를 꼽았습니다. 한마디로 지금까지 언급했던 이유 '전부 다'라는 것이죠.

출산 적기 연령은 20대와 30대입니다. 따라서 출산정책은 젊은이를 중심으로 진행해야 합니다. 하지만 학력에 능력 인플레이션이 나타나자, 사람들은 자기계발에 많은 시간을 쏟아야만 하게 되었습니다. 사회진출이 늦어지고 스스로에 대한 투자 비용이 늘어나자, 젊은 시절 결혼자금을 모으는 것이 사실상 불가능하게 되었죠. 준비를 하고 결혼을 하려고 하니 결혼시기가 자연스럽게 늦어집니다. 자격증을 따기 위해 학원을 끊고 고군분투하고, 학력을 높이기 위해 대학원에 진학하면 돈이 모일리가 없죠. 집을 장만하기는커녕 본인 생활비도 없어 부모님께 기대야만 합니다.

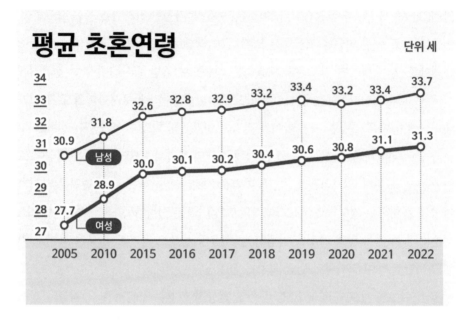

평균 초혼연령

단위 세

	2005	2010	2015	2016	2017	2018	2019	2020	2021	2022
남성	30.9	31.8	32.6	32.8	32.9	33.2	33.4	33.2	33.4	33.7
여성	27.7	28.9	30.0	30.1	30.2	30.4	30.6	30.8	31.1	31.3

여성가족부의 '2023 통계로 보는 남녀의 삶'을 살펴보면, 2015년에 이미 남녀 모두 초혼이 30세를 넘겼고, 갈수록 높아지는 추세입니다. 연령이 높아지자, 아이를 갖는 것이 어려워지고 시험관아기가 당연한 것이 되었습니다. 인구가 늘지도 줄지도 않는 출산율 수치가 2.1인데, 둘째는커녕 첫째도 갖기 어려운 구조가 되어버린 겁니다. 젊을 때는 돈이 없어 결혼을 못 하고, 나이를 먹고 어느 정도 준비를 갖추고 결혼하면 육체적으로 아이를 갖기 어려워집니다.

국가와 모두를 위한 대의명분을 내세웠던 출산정책은 전부 실패했습니다. 현실적으로 피부에 와 닿는 정책을 세워야 합니다. 젊은이들이 힘내 국가 경제를 세우는 것이 아닌, 반대로 국가 경제가 젊은이들이 아이를 낳을 수 있기 위해 존재하는 겁니다. 모두가 알고 있는 논리이지만, 세계 그 어떤 국가도, 그 어떤 전문가도 이에 대한 현실적인 해결책을 내놓지 못했습니다. 뉴욕타임즈의 "일단 저출생 문턱에 들어선 후에 정부 정책으로 출산율 상승에 성공한 국가는 역사에 없었다."라는 표현과 같이, 실제로 선진국으로 나아가는 대부분의 국가가 저출산으로 나아가는 추세이며, 반등에 성공한 사례를 찾아보기 어렵습니다. 다만 우리나라의 진행 속도가 특히 심할 뿐이죠.

여러분은 지금까지의 다양한 분석 중 어떤 것이 옳다고 느끼십니까? 어쩌면 정답은 복수일지도 모르고, 위 내용 중 거론되지 않은 요인도 있을 것입니다. 꼭 모두의 의견과 힘을 모아주셨으면 합니다.

04

우리나라 노년 정책

· · · · · · · ·

이번에는 우리나라에서 진행하고 있는 노년 정책을 살펴보도록 하겠습니다.

a. 부의 이전

최근 '부의 이전'이 화두입니다. 이것은 말 그대로 자산의 이동을 말하는데, 보통 노년층에서 젊은층으로의 이동을 의미하죠. 우리나라를 살펴보기 전, 우선 미국의 경우를 확인하도록 하겠습니다.

미국의 가계 자산은 꾸준히 우상향을 그리고 있습니다. 특히 코로나 시절 가파르게 오른 것으로 확인되는데, 연준은 당시 정부가 막대한 돈 풀기에 나섰고, 그 결과 미 증시와 집값이 동반 고공 행진한 덕분에 가계 자산이 빠르게 불어난 것으로 분석했습니다. 문제는 상승한 자산을 소득 상위 계층과 고령층이 상당수 가져갔다는 겁니다. 주식과 부동산을 건드리기 위해서는 본인의 자산이 어느 정도 있어야 하는데 젊은 나이에 바로 실현할 수는 없겠죠. 따라서 미국의 고속 경제성장 시대를 보낸 베이비부머 세대(1946~1964년생)에게 기회가 많은 것이 당연합니다. 미국 포브스

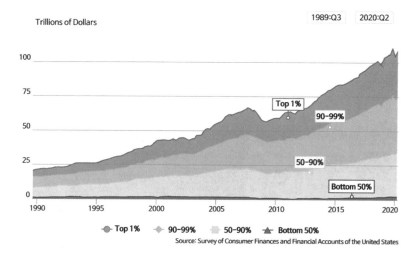

Wealth by wealth percentile group

Trillions of Dollars

1989:Q3   2020:Q2

Top 1%
90-99%
50-90%
Bottom 50%

Source: Survey of Consumer Finances and Financial Accounts of the United States

는 전체 가처분 소득의 약 70%가 이들에게 집중되어 있다고 발표합니다. 워런 버핏이 좋은 예시가 될 것 같네요.

그러나 미국의 베이비부머 세대들이 은퇴 시기를 넘어 점차 사회에서 완전한 퇴장을 준비하고 있습니다. 그들은 자연스럽게 다음 세대 '1965~1980년생'인 자녀와 '1981~1996년생'의 손주들에게 재산을 나눠 주기 시작했죠. 재산을 부모로부터 물려받은 젊은 층은 이제 경제적인 안정성을 얻고 고위험·고수익 상품에 투자할 여력을 갖추게 됩니다. 그들이 직접 주식과 부동산에 투자하거나, 스타트업을 창업함으로써 경제에 활력을 불어넣는 주체가 되는 것이죠.

컨설팅업체 세룰리어소시에이츠는 고령층이 기존 보유 재산을 계속 굴리다가 2018~2042년 시기에 약 70조 달러가 이전될 것이며, 이 중 61조 달러가 순차적으로 자녀와 손주 세대로 넘어가고, 나머지 금액은 자선 활동 등에 쓰일 것으로 전망했습니다. 역사상 최대 부의 이전(Great Wealth Transfer)이 벌어지고 있다는 표현이 나오는 이유입니다.

　미국 정부는 증여 권장 정책을 펼치고 있습니다. 상속·증여세를 면제해주는 재산 기준을 개인의 경우 2010년 100만 달러(약 11억 원)에서 2021년에는 1,170만 달러(약 130억 원)로, 같은 기간 부부의 경우 200만 달러(약 22억 원)에서 2,340만 달러(약 270억 원)로 조정합니다. 다만 면세 구간을 초과하면 40% 세율이 부과되며, 2026년이라는 기간 제한이 있습니다. 이 시기를 넘기면 면제 구간 확대 특례는 이전 수준으로 되돌아갑니다. 즉, '정부가 크게 선심 썼으니 이때 빨리 돈을 풀어라'라는 메시지입니다.

　미국은 전례 없는 재정변화를 느끼고 있습니다. 부모로부터 내려오는 돈이 역사상 최대 규모인 만큼, 그것을 받은 후속세대로 인해 발생하는 무언가의 경제활동이 큰 변화를 일으킬 것입니다.

　다만 부의 이전을 좋게만 바라보기는 어렵습니다. 전체 자산의 대부분이 상위 극소수에 집중되어 있는 만큼, 누구는 대단히 많은 금액을 전달받을 것이고, 누구는 상대적으로 적은 금액을 전달받게 되니, 빈부격차가 더욱 심해지는 요인이 됩니다.

더구나 자본주의 사회에서는 큰 리스크를 감수할수록 더 많은 과실을 얻을 수 있습니다. 투자·창업·부동산 등 모두가 그렇죠. 이러한 생태계에서 본인의 자본이 많은 이가 유리한 것은 당연합니다. 자본이 많은 이는 실패를 두려워하지 않고 과감한 결정을 내릴 수 있는 반면, 자본이 부족한 이는 대단히 신중하고 보수적으로 접근할 수밖에 없습니다. 실패 리스크를 감당하기 어렵기 때문입니다.

세금 감면이 경제 활력 증대라는 긍정적인 효과와 함께 부의 대물림으로부터 나타나는 빈부격차 심화라는 부정적인 면도 있는 만큼, 미국 정부는 현재 양쪽에서의 균형점을 찾아가는 노력을 아끼지 않고 있습니다.

반면 우리나라는 한국전쟁이 있었기에, 베이비부머 출현 시기는 미국보다 약 10년 정도 늦습니다(1955~1975년생). 따라서 현재 진행 중인 미국을 참조하면 10년 후 우리나라에 벌어질 상황에 대비할 수 있겠죠.

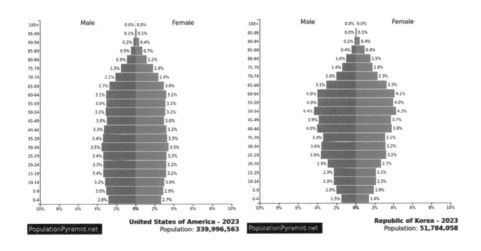

다만 상황이 반드시 같지는 않을 것입니다. 미국은 각 연령층의 비율이 3% 남짓으로 고른 분포를 보여주는 반면, 우리나라는 40~65세 구간이 4%, 그 이하인

20~39세 구간은 3%, 그 이하는 2%입니다. 물려줄 사람이 받을 사람보다 많습니다. 이번에 수여 받는 세대는 형편이 다소 나아질 수는 있겠습니다만, 앞으로는 물려주는 이와 받는 이의 폭 모두 급격하게 감소합니다. 1:1에 가까운 미국과는 큰 차이가 존재합니다. 게다가 국토·자원·인구·기술 모두를 보유한 미국을 그대로 벤치마킹하는 것도 문제가 있습니다. 우리나라에서는 상대적으로 열악한 환경이 조성될 수도 있다는 점을 염두에 두어야 합니다.

2024년 5월, 미국 헤럴드경제가 부모에게 증여받고자 하는 만 39세 기혼자(최근 1년 이내 결혼)을 기준으로 한국·미국·일본의 증여 공제액을 산출한 결과, 한국의 증여 공제액은 총 2억 4000만 원으로 미국(1361만 달러, 약 187억 원), 일본(6790만엔, 약 6억 원)과 비교해 현저히 낮은 것으로 나타났습니다. 심지어 기혼 조건을 제외할 시 증여 공제액은 1억 4000만 원으로 더 줄어 다른 국가와 더 큰 차이를 보인 것으로 확인됐죠. 우리나라에서는 국내 가구 자산의 상당수가 부동산에 집중된 경우가 많은데 부모가 자녀에게 아파트를 증여하게 되면 증여세와 취득세를 합치면 거진 집값의 1/3 가까이 됩니다. 10억 아파트를 증여한다고 치면 약 3억 이상의 세금을 내야만 증여가 가능하다는 얘기입니다. 이에 전문가는 너무나 높은 세금에 부의 이전이 급격히 위축되고, 각종 편법을 고려하는 이가 증가할 것이라는 전망을 내놓았습니다. 증여 권장 정책을 펼치고 있는 미국과는 사뭇 대조되는 모습입니다. 우리나라에서의 부의 이전을 단순한 일부 가정의 증여 이슈가 아닌 자산 이전 패러다임으로 바라봐야 한다는 주장도 많습니다.

그래도 노년층 세대로부터 경제적 지원을 받아 도약할 기회를 얻는 것은 분명 긍정적인 부분입니다. 하지만 동시에 명심하실 부분이 있습니다. 바로 자본에 대한 이해입니다. 이 책을 읽는 독자분들 중에는 이미 경험해보신 분들도 계시겠지만, 주식으로 돈 벌기가 정말 어렵고, 부동산 역시 어렵습니다. 설령 부모로부터 재산을 물려받았다고 해도, 그것을 운영할 줄 모른다면 금방 소진하기 마련입니다. 큰 발전이 있었던 20~30년 전과는 달리 지금은 경제 침체기가 다가왔고, 없던 부동산 규제가 나타나고, 창업 붐이 불어 '테라-루나' 코인과 같이 한 때 세계 10위 안에 들었다가도 하루 이틀 만에 망하는 경우도 비일비재합니다. 남들이 하는 종목을 따라 하는 것은 이미 단물 빠진 정보입니다. 스스로 많이 찾아보고 상승을 예측하지 않는 이상 돈으로 돈을 버는 것은 꿈에 불과합니다. AI가 아무리 발전해도 새롭게 나타나는 부분을 예측하고, 탐구하며, 올바른 지식을 전달하는 교육산업이 중요한 이유가 여기 있습니다. 앞으로 발생할 우리나라 부의 이전에서 전달하는 자와 받는 자 모두의 금융 문해력을 높일 수 있는 교육 플랫폼이 나타나길 바랍니다.

b. 쉬지 못하는 노인

우리나라에서 펼쳐질 부의 이전을 미국처럼 경제가 활성화되는 기대감에 부풀어서는 안 된다는 지적이 많습니다.

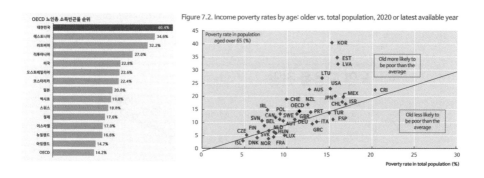

2023년 11월, OECD가 발표한 '한눈에 보는 연금 2023(pensions at a glance 2023)' 보고서에서 우리나라는 회원국 중 평균소득이 중위소득의 50% 미만인 인구 비율을 가리키는 소득 빈곤율이 40.4%로 1위로 꼽혔습니다. 위의 그래프를 살펴보면 X축(가로)은 전체인구 빈곤율, Y축(세로)은 노인 빈곤율을 말합니다. 한국은 전체

인구 빈곤율이 15.3%로 높은 편에 속하는데, 여기서 Y축이 40.4%로 압도적 1위를 나타냄을 알 수 있죠.

위 조사는 2020년을 기준으로 진행한 것으로, 당시 우리나라 중위소득은 2,998만 원입니다. 중위소득의 50%를 넘지 않으면 빈곤으로 보니까 연 소득이 1,499만 원, 월 소득으로 환산하면 124만 9,167원이 넘지 않으면 '빈곤'으로 분류됩니다. 즉, 한 달에 124만 9,167원을 벌어들이지 못하는 노인가구가 전체 노인가구의 40.4%라는 이야기가 됩니다. 이는 '노인'의 범위를 66세 이상으로 잡고 진행한 결과인데(우리나라는 65세 이상을 노인으로 분류하는 반면, OECD는 66세 이상을 노인으로 분류함), 만약 범위를 76세 이상으로 좁히면 노인 52%가 빈곤층이라는 충격적인 결과가 나왔습니다.

OECD는 주요 원인을 빈약한 연금으로 꼽았습니다. 연금 소득대체율에서 OECD 평균은 50.7%였지만 한국은 31.6%에 불과합니다. 반면 네덜란드의 소득대체율은 74.7%에 달하죠. 보고서에서는 한국의 연금 제도가 아직 미성숙하다고 지적했습니다. 참고로 우리나라 모든 국민은 국민연금에 의무적으로 가입해야 하고,

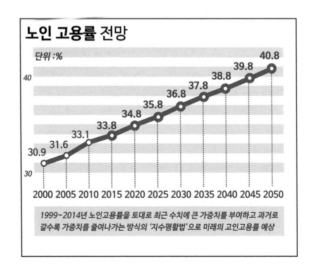

노인 고용률 전망

단위 : %

40.8 (2050)
39.8 (2045)
38.8 (2040)
37.8 (2035)
36.8 (2030)
35.8 (2025)
34.8 (2020)
33.8 (2015)
33.1 (2010)
31.6 (2005)
30.9 (2000)

2000 2005 2010 2015 2020 2025 2030 2035 2040 2045 2050

1999~2014년 노인고용률을 토대로 최근 수치에 큰 가중치를 부여하고 과거로 갈수록 가중치를 줄여나가는 방식의 '지수평활법'으로 미래의 고인고용률 예상

65세 이상 노인에게 기초연금을 지급하고 있습니다. 기초연금 기준연금액은 32만 3,180원인데, 여기에 국민연금 평균 수령액인 61만 8,863원을 더해봐야 90만 원 초반입니다. 따라서 퇴직 후 별도 소득이 없는 노인가구는 사실상 대부분 빈곤상태가 됩니다.

그렇기에 우리나라 노년층은 퇴직해도 쉴 수 없고 또 다른 일을 찾아야만 합니다. 2020년 기준 OECD 65세 이상 평균 고용률을 살펴보면, 우리나라는 34.8%로 1위, 다음으로는 일본(25.1%), 미국(18.0%), 호주(14.7%), 캐나다(14.7%), 영국(10.3%) 순으로 이어집니다. 이는 OECD회원국 38개국 평균(15.0%)을 두 배 이상 웃도는 수치입니다. 노인이 일을 많이 하는 국가 1위가 우리나라죠. 그럼에도 불구하고 빈곤율이 1위입니다. 퇴직 후 일을 제일 많이 하는데 세계에서 제일 가난하다는 모순이 나타나고 있습니다.

일하는 분들이 젊고 건강하게 사신다는 이야기가 있습니다. 이러한 관점에서 봤을 때 퇴직 후에도 일하는 것이 나쁘다고만 볼 수는 없죠. 하지만 자의적이냐 타의적이냐에 따라 많이 다릅니다. 자의적으로 몸을 움직이면 즐겁고 몸에 활력이 돌 수 있지만, 타의적으로 살아가기 위해 하는 일은 고달플 수밖에 없습니다. 2023년 3월 발표된 노인실태조사 결과에 따르면, 노인분들이 일을 하는 이유로 생계비 마련이 74%로 압도적 1위입니다.

이러한 상황에서 과연 10년 후, 우리나라에 미국과 같은 부의 이전이 발생할까요? OECD는 연금제도의 개선이 필요하다고 말했습니다. 물론 맞는 의견이긴 하지만, 우리나라 출산율이 크게 고꾸라졌죠. 국민연금은 시간이 지날수록 수령할 노인이 압도적으로 늘어나는 반면, 곳간을 채울 젊은이는 줄어듭니다. 국민연금이 어딘가의 투자로 크게 잭팟을 터뜨리지 않는 이상, 기존 구조로는 점점 쪼그라들다 고갈될 운명입니다.

분배 측면에서 살펴보면 소수의 부자 노인들이 엄청난 부를 쌓아놓고 이를 자신의 자녀에게 이전해주는 반면, 노후준비가 제대로 되지 않은 많은 평범한 노인들은 이전은커녕 연금에 기대서 생활해야 하는데, 생활비로는 턱없이 부족할뿐더러 고갈되면 더욱 갈등이 심화되어 경제 전반의 불평등도가 높아지게 됩니다.

한국은행은 현 사태에 대해 다음과 같은 해법을 제시했습니다.

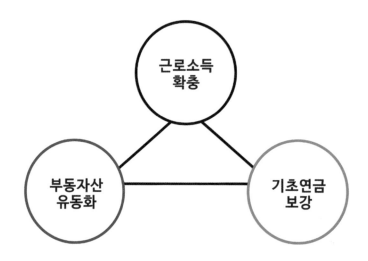

근로소득 확충이 가장 중요한 한 축을 차지합니다. 2023년 9월, 인크루트가 20~40대 직장인 1,200명을 대상으로 설문조사를 실시한 결과, '스스로 퇴직하고 싶은 나이'는 평균 60세로 법정 정년과 동일하게 나타난 반면, '실제 퇴직할 것으로 예상하는 나이'는 평균 53.1세로 드러났습니다. 제도와 현실의 괴리가 약 7년으로 존재하는 것이죠.

최근 청년들은 사회진출 시기도 늦어졌습니다. 한때 대학을 졸업하고 곧바로 취업한 후 평생직장을 다녔던 세대가 있었습니다. 당시의 평균 취업 연령은 25세 정도였죠. 하지만 지금은 30세를 훌쩍 넘긴 지 오래입니다. 일하는 기간은 줄었고, 살아가는 시간은 늘었는데, 퇴직 시기는 큰 변화가 없습니다. 늦은 진출에 짧은 인생을 일하고 그사이 결혼도 하고, 노후도 준비해야 하니 어려울 수밖에 없죠.

우리나라는 2016년 '법정 정년 60세'가 시행된 지 대략 8년이 지났습니다. 하지만 많은 분들이 60세는커녕 55세 이전에 나오게 됩니다. 의료를 넘어 디지털 헬스케어에 힘입어 '100세 시대'라는 표현이 나온 지 꽤 되었습니다. 실제 100세까지 살지는 않더라도 80~90세는 바라볼 수 있는 시대입니다. 여러분께서도 잘 아시다시피 퇴직과 은퇴는 다릅니다. 전자는 현직에서 물러나는 것을 의미하고, 은퇴는 사회 일선에서 물러나 한가히 지내는 것을 말하죠. 55세 이전에 퇴직하면 65세에 연금을 수령하고, 75세까지 무언가로 버텨야 하죠. 따라서 퇴직 후 20~25년을 어떻게 살아가야 할지 진지하게 고민해야 합니다.

2023년 1월, 고용노동부는 대통령 업무보고에서 사회적 정년을 60세에서 65세로 연장하는 사회적 논의를 시작하겠다고 밝혔습니다. 이에 많은 직장인들은 60세 보장도 체감하기 힘들지만 65세 연장 자체는 환영하는 분위기입니다. 그러나 5년 연장된다고 해도, 20년의 노후준비가 필요한 현실은 변하지 않습니다.

현재 우리나라 노인 고용률이 높게 나타나기 긴 하지만 일용직이 대부분으로, 월급이 낮고 안정적이지 않은 직장입니다. 양질의 일자리를 제공하여 충분한 소득을 보장할 수 있도록 개선해야 합니다. 즉, 파이 자체를 크게 키우는 것이죠. 하지만 노인분들은 육체적 문제로 할 수 있는 일이 한정되어 있습니다. 이에 관한 대안은 〈알아야 보인다〉에서 자세히 기술하였으니 여기서는 깊게 다루지 않겠습니다.

다음으로는 부동자산 유동화입니다. 우리나라 노인들은 자산에서 부동산이 큰 비중을 차지하는 경우가 많습니다. 이 경우 자산은 있지만, 자금이 묶여 쓸 돈이 없는 현상이 발생하고 말죠. 한은은 집과 땅 등을 담보로 맡기고 돌아가실 때까지 주택연금이나 농지연금으로 추가 연금을 지불하는 형태를 제안했습니다. 물론 자신의 자녀를 위해 부의 이전을 꾀하시는 분들도 계시지만 최근 노인은 스스로 노후준비를, 자녀 역시 그들의 뒷바라지를 하지 않는 경우가 늘어나고 있습니다. 국민

연금의 부족한 자리를 메꾸는 수단이 될 수도 있겠죠.

마지막은 기초연금 보강입니다. 윤석열 대통령은 대선 후보시절 기초연금을 40만 원으로 인상하겠다는 공약을 제시한 적이 있습니다. 그리고 현 정부는 2023년 12월 3차 사회보장 기본계획안을 심의 의결한 결과, 기초연금을 2028년까지 40만 원으로 단계적으로 올리겠다고 밝혔습니다. 하지만 이는 국가 재정위기를 초래한다며 지급 대상을 축소하라는 반대 의견도 나타났습니다. 순조롭게 진행될지는 추후 판단해야 하겠죠.

노인 빈곤율 문제는 빠르나 늦으나 우리 모두에게 분명히 찾아올 현실입니다. 여러분께서는 이를 해결하기 위한 어떤 해답을 내놓으시겠습니까?

우리나라 청년정책

● ● ● · ● ● ●

앞선 내용이 베이비부머 세대의 노후대비라면, 최근 젊은 세대는 노후대비는커녕 청년대비와 중년대비도 힘겹습니다. 그 결과 결혼과 출산은 박살이 났죠.

지금은 위 악순환 사이클이 완전히 자리 잡고 말았습니다. 그리고 노인 빈곤율이 증가함에 따라 부의 이전에 따른 일시적 반등 찬스도 크게 기대하기 어렵습니다. 우리나라 정부는 여러 가지 대책을 계속 내놓고 있습니다. 2023년 12

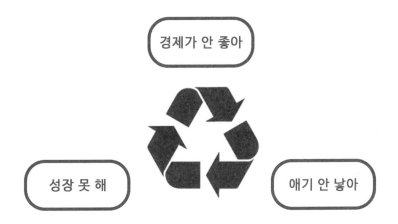

월, 한국은행이 발표한 '초저출산과 초고령사회 극단적 인구구조 원인·영향·대책' 보고서에서는 출산율이 1%로 회복되기 위한 6가지 시나리오를 제시했는데, 그중 주택가격 안정이 가장 큰 효과를 보는 것으로 분석했습니다. 이와 유사한 보고서는 이전에도 여럿 있었는데 대부분 매스컴에 소개되며 일시적 화제가 되었을 뿐, 정책에 반영되거나 후속 연구로 이어지는 일은 적었습니다. 다만 이번 보고서는 보건복지부가 긴급 전문가회의까지 소집하여 심도 있는 토론을 진행했으며, 도출된 사항을 정부와 협의해 정책으로 추진하기로 결정했다고 전해집니다.

끝없는 사교육비 증가도 커다란 요인 중 하나입니다. 한국경제인연합회는 2023년 6월, '사교육비가 저출산에 미치는 영향' 보고서를 통해 출산율 하락 요인의 26%가량은 사교육비가 원인이라고 꼬집었죠. 1인당 평균 사교육비는 2018년 40만 원에서 2022년에는 52만 4,000원까지 올랐으며, 서울만으로 한정하면 70만 7,000원으로 나타났습니다. 주거비나 식비에 맞먹거나 더 높은 가격입니다. 베이징 인구·공공정책 연구기관인 위와인구연구소의 연구 보고에 따르면, 한국의 부모는 지난해 자녀 1인당 국내총생산(GDP)의 7.79배에 달하는 비용을 자녀 양육비에 들이고 있으며, 18세까지 기르는 데 발생하는 비용은 대략 3억 6,500만 원이라고 분석했습니다.

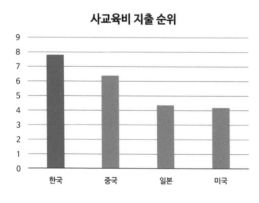

사교육비 지출 순위

양육비가 가장 비싼 나라 2위는 중국입니다. 최근 중국에서는 높은 양육비에 사회 곳곳에서 경종을 울리고 있는데, 그들은 자녀를 18세까지 키우는 비용을 약 1억 원으로 추산했습니다. 이는 1인당 GDP의 6.3배에 달합니다. 참고로 일본은 4.26배, 미국은 4.11배입니다. 우리나라의 사교육 열기에 다시 한 번 감탄하게 됩니다.

외신은 우리에게 우려 깊은 시선을 보내고 있습니다. 기생충이 전 세계적으로 큰 인기를 끌면서 'Chapaguri(짜파구리)'가 고유명사로 사람들 입에 오르내린 적이 있었는데, 이제는 'Hagwon(학원)'이 고유명사로 나타나는 안타까운 일이 벌어지고 있습니다. 이에 대한 대책을 세울 필요가 있습니다.

다음은 적극적인 이민자 수용입니다. 우리나라가 IT 강국이라고는 하지만 여전히 제조업 중심 국가입니다. 그러나 제조업의 큰 비중을 담당하는 중소기업은 심각한 인력난에 힘들어하고 있죠. 여기서 등장한 것이 이민정책입니다. 한동훈 전 법무부 장관은 2023년 7월 열린 대한상의 제주포럼에서 "현 정부의 이민정책이 1950년대 농지개혁만큼 대한민국을 바꿀 정부 정책이 될 것"이라는 발언과 함께 강력한 의지를 표명했습니다. 가장 좋은 해법은 자체 출산율을 끌어올리는 것이지만, 지금부터 끌어올린다고 해도 이미 20~30년은 정해진 미래가 기다리고 있습니다. 당장에의 정책이 필요한데, 그것이 외국으로부터의 인력 수용인 것이죠.

우리나라는 2004년 기준 국내 체류 외국인은 75만 명에 불과했지만, 2023년에는 235만 명으로 전체인구의 4.5% 수준을 기록했습니다. 그리고 2024년에는 외국인 비중이 전체인구의 5%를 넘어 OECD 기준 '다인종·다문화' 국가에 진입할 예정입니다. 참고로 유럽과 북미 외 지역에서 다문화·다인종 국가가 나오는 것은 한국이 사실상 세계 최초입니다. 추락하는 출산율에 빠르게 적응하고 있다고 볼 수 있겠죠.

이러한 의견은 해외 학자에게서도 제기된 바 있습니다. 노벨경제학상을 수상한 마이클 크레이머 시카고대 교수는 2023년 5월 송도에서 열린 '한국 세미나의 날' 행사에서 우리나라의 저출산·고령화 문제에 대해 이민정책을 통해 성장 잠재력을 높이고 경제활동인구를 확충해야 한다고 제언했습니다. 미하엘 라이펜슈툴 독일대사 역시 유사한 의견을 제시했습니다. 그는 국민의 27%가 이민자라는 독일의 사례를 언급하면서 다양성을 통한 발전이 있었고, 이는 한국에도 적용 가능하다고 말합니다.

OECD로 눈을 돌려보면, 2022년 기준 38개 회원국으로 유입된 이민자 수가 610만 명으로 사상 최대치를 기록합니다. 고령화 등 인구구조 변화로 인한 노동력 감소에 직면한 선진국들이 해외 노동력 수혈에 나선 데다, 인도주의적 위기를 피해 망명길에 오른 이민자 유입 등이 복합적으로 맞물린 결과죠. 특히 선진국들은 저출산과 고령화로 인한 노동력 감소로 어려움을 겪으면서 취업 이민 수용을 늘려가고 있습니다. OECD 분석에 따르면, 2023년 기준 향후 영주권 취득으로 이어질 수 있는 취업 이민은 15년 만에 최대를 기록합니다. 독일에서는 59% 증가했고, 미국과 프랑스에서는 각각 39%, 26% 늘었으며, 뉴질랜드는 외국인 노동자에게 임시 거처를 제공하는 일회성 정책을 추진하면서 해외에서 이주한 노동력이 세 배나 증가하였습니다. 이처럼 이민은 최근 글로벌 추세로도 보이며, 앞으로도 증가할 전망입니다.

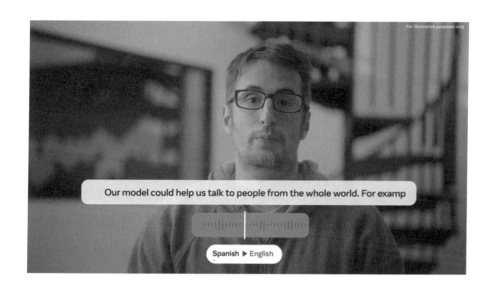

For illustrative purposes only

Our model could help us talk to people from the whole world. For examp

Spanish ▶ English

우리 곁에 외국인이 크게 늘어난다는 것에 부담을 느끼시는 분들이 많습니다. 문화적 차이도 있겠지만 가장 큰 부분은 언어 소통의 장벽입니다. 하지만 이것은 기술로 해결할 수 있습니다. 삼성전자가 2024년 1분기에 공개한 'AI폰' 갤럭시 S24에는 '실시간 통역' 기능이 내장되어 있습니다. 가령 내가 전화기에 한국말로 말하면, 나와 통화하는 사람에게는 영어·중국어·일본어 등 외국어로 재현됩니다. META는 2023년 12월 Seamless Communication이라는 새로운 AI 번역 기술을 발표했습니다. 위 영상 캡처 화면을 보시면 화면의 남자가 스페인어로 발화함과 동시에 약 2초 뒤 영어로 번역되어 음성이 재현됩니다. 발화가 끝나고 통역하는 '순차통역'이 아닌, 발화 중간부터 시작하는 '동시통역'입니다. 더구나 META 홈페이지를 방문해 보시면 단순 의미전달뿐만 아니라 발화자의 감정과 뉘앙스 등을 고려한 억양의 차이도 반영해 통역하는 것을 확인하실 수 있습니다. 하지만 외국인과의 전화나 문자가 아닌, 대면에서 폰을 들이밀고 대화하는 것은 매우 불편합니다. 위 AI 내장형 제품이 앞으로 고글이나 스마트글래스 형태로 출시되면 외국인과의 소통 문제는 거의 해결되겠죠.

다만 이민자 수용에 관한 법적 제도를 완화할 필요가 있습니다. 재외동포라면 5년짜리 비자로 한국에서 자유롭게 경제활동을 할 수 있지만, 비 재외동포면 아무리 오랫동안 체류해도 언어 요건과 현실적으로 대단히 높은 수준의 급여를 달성해야 합니다. 참고로 거주비자(F-2)에서 영주권(F-5)으로 변경하려면 2022년 기준 4,248만 원을 벌어야만 가능하죠. 즉, '한국말도 잘하고, 사업도 잘하고, 능력도 있는 외국 인재'만이 가능합니다. 출신 국가를 기준으로 차별적 제도라는 비판이 나오는 이유이기도 하며, 결혼이민을 제외하면 단기적 근로자만 받겠다는 말과 같습니다.

지금까지의 이민정책은 법무부, 노동부, 여성가족부 등으로 흩어져 있어 체계적인 관리가 어려웠습니다. 다만 이제는 새롭게 '이민청'을 신설하여 이민정책에 직접 책임을 지는 기관이 생기게 됩니다. 현재 E9 비자로 들어온 비숙련 외국인 노동자들은 10년 후에는 퇴출되기 때문에 우리나라에 불법체류로 머물려고 하여 각종 사회문제가 발생하고 있습니다. 하지만 이제는 우리나라에서 10년간 성실히 일하고 봉사한 노동자는 정주권이 있고, 가족을 초청할 수 있는 숙련 인력 비자 E74를 얻을 기회가 제공되며, E74비자 소지 외국인을 기존 1,000명에서 3만 5,000명으로 35배 늘려 우리나라에 순조롭게 정착할 수 있도록 할 계획이라고 합니다. 앞으로 더욱 다양한 사람들과 많이 교류하고 함께 발전하는 대한민국을 기대해 봅니다.

06

한국굴기는 어디에?

· · · · · · · · ·

      앞에서 **언급한** 여러 가지 정책은 결국 부차적인 수단이고, 우리 나라에서 발생하고 있는 악순환 사이클을 선순환으로 전환하기 위한 본질적 해답은 결국 혁신밖에 없습니다.

    혁신으로 무언가 크게 반등하면 지원자가 몰리고, 직원이 돈을 벌면 자산이 증가해 결혼과 출산을 꿈꾸게 됩니다. 마치 '닭이 먼저냐 달걀이 먼저냐' 이야기 같습니다. 획기적인 아이디어로 큰 성공을 거둔 업체에 본인이 들어가든가, 아니면 본인이 직접 큰 성공을 만드는 인물이 되든가겠죠. 다만 어느 쪽이든 모두 높은 지식이 요구되며, 그것을 위한 전제조건은 바로 R&D와 교육입니다.

2023년 6월, 우리나라 정부는 "정부는 혁신성이 낮은 사업들을 구조조정하고, 그동안 누적된 R&D 비효율과 낭비 요인을 걷어내기 위한 미래 대한민국의 절박함에서 R&D 예산을 삭감할 수밖에 없었다."는 명분과 함께 칼춤을 추었습니다. 그 결과 2024년도 R&D 예산은 2023보다 대략 15% 삭감된 26조 5,000억 원으로 대폭 줄어들었죠.

정부의 예산삭감 결정에 연구 현장은 동요했고, 반발했습니다. 심지어 4대 과학기술원과 국립대, 사립대 등의 이공계 대학생과 대학원생까지 나서 정부의 일방적인 R&D 예산삭감을 성토했죠. 이들 모두는 현장과 소통 없는 R&D 예산삭감은 미래 대한민국을 포기한 것과 다름없는 결정이라고 목소리를 높였고, R&D 예산 증액을 정부에 요구했습니다.

국제 저명 학술지인 Science와 Nature도 우려의 목소리를 표했습니다. 기사에서는 "한국 정부가 2024년 국가 연구개발 예산의 대폭 삭감을 예고한 후 한국 과학자들이 크게 반발하고 있다. 한국의 국내총생산(GDP) 대비 연구개발에 대한 정부 지출은 세계에서 가장 높은 수준이었으며, 이번 발표는 연구자들의 이례적인 항의를 불러일으켰다."라고 기술되어 있습니다.

우리나라를 찾은 역대 노벨상 수상자들도 이번 삭감에 우려의 목소리를 냈습니다. 2023년 9월, 강남구 코엑스에서 열린 '노벨프라이즈 다이얼로그 서울 2023'에는 왼쪽부터 콘스탄틴 노보셀로프 맨체스터대 교수(2010년 노벨물리학상), 조지 스무트 홍콩과기대 교수(2006년 노벨물리학상), 마이클 레빗 스탠퍼드대 교수(2013년 노벨화학상), 하르트무트 미헬 막스플랑크연구소 소장(1988년 노벨화학상), 요아힘 프랑크 컬럼비아대 교수(2017년 노벨화학상), 이렇게 5명의 노벨상 수상자가 참석했는데, "미래 대비에 가장 중요한 것은 교육과 과학기술 투자이며, 장기적 투자가 반드시 필요하다. 정부의 투자가 과학자들에게 압력으로 작용해선 안 되며, 특히 정부가 특정방향으로 연구가 진행되길 바라면 안 된다."라며 과학자들의 연구 자율성을 보장함과 동시에 단기적 성과에 매몰되지 말고 꾸준한 지원이 필요하다고 지적했습니다.

우리나라 R&D 예산은 1991년부터 지금까지 꾸준히 증가했으며, 심지어 IMF 금융위기가 찾아오고 모두가 자신의 집에 있는 금을 기부하는 때조차도 R&D 예산은 유지됐었습니다. 이번 예산삭감은 33년 만에 처음 일어난 일입니다.

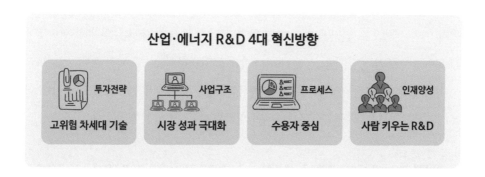

결국 대통령이 직접 진화에 나섰습니다. 윤석열 대통령은 2024년 1월, 한국과학기술연구원(KIST)에서 열린 '2024년 과학기술인·정보방송통신인 신년 인사회'에 참석하여 "세계 각국이 치열한 경쟁을 벌이고 있는 AI, 첨단바이오, 퀀텀, 이 3대 게임체인저 미래 전략기술에 대한 투자를 대폭 강화하고, R&D 예산과 세제를 패키

지로 묶어서 확실히 지원함으로써 양질의 고소득 일자리를 많이 만들어 민생을 살찌우고, 전 후방 산업을 적극 육성할 것"이라고 말했습니다. 그리고 2024년 1월, 산업통상자원부는 '산업·에너지 R&D 투자전략과 제도혁신 방안'을 발표하며 민간이 선뜻 투자하기 어려운 고위험·차세대 기술에 집중적으로 지원에 나설 것이라고 천명했죠.

이번 사태를 간단히 정리하자면 '선택과 집중'입니다. 예산이 늘어난 분야도 있고 줄어든 분야도 있지만, 결국 총규모를 살펴보면 삭감입니다. 국가 예산이 넉넉하지 않으니 핵심 산업에 투자하고 다른 곳은 줄이겠다는 의미죠.

이제는 식상하시겠지만, 우리나라는 국토·자원·인구·기술 중 오직 기술만으로 살아남은 국가입니다. 모든 능력의 원천이 오로지 기술 하나에 집중되어 있는데, 기술에 대한 예산이 줄었습니다. 그 어떤 어려움이 있더라도, 아니 오히려 어려울수록 R&D와 교육에는 더 많은 투자를 해야 그것으로 벌어들인 자본을 다른 곳에 순환시킬 수 있는 것 아닐까요? 국제적 연구는 단기간에 이루어지는 것이 아닌 장기 프로젝트입니다. 기초부터 충분히 다지고 하나하나 쌓아 올라가는 탑과 같습니다. 그런데 이번 정책으로 연구계가 크게 휘청거리고, 연구자를 꿈꾸는 차세대 새싹들에게조차 앞으로의 전망에 깊은 불신을 남기게 되었습니다.

이번 중국 편을 집필하는 주목적은 중국굴기에 대해 이해하고, 그들의 외압에 굴복하는 것이 아닌, 동등한 경쟁자로서의 위치를 자리 잡기 위함입니다.

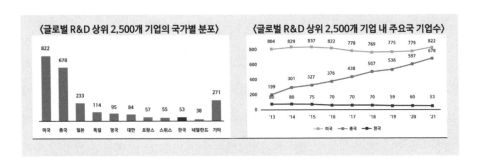

2023년 10월, 한국무역협회가 발표한 '제8차 무역산업포럼' 자료를 참조하면, 글로벌 R&D 투자액 상위 2,500개 기업 중 한국 기업 수는 2013년 80개에서 2021년 53개로 33.75% 줄어들었습니다. 반면 같은 기간 중국 기업 수는 199개에서 678개로 3배 가까이 늘었고, 미국 기업 수는 804개에서 822개로 2.23% 증가했습니다. 미국이 꾸준히 선두를 차지하고 있고, 중국이 미국을 바짝 따라잡고 있죠.

2023년 세계혁신지수 종합지수 상위 20개국 현황

국가	순위		지수	국가	순위		지수
	2022	2023	2023		2022	2023	2023
스위스	1	1(-)	67.6	프랑스	12	11(▲)	56
스웨덴	3	2(▲)	64.2	중국	11	12(▼)	55.3
미국	2	3(▼)	63.5	일본	13	13(-)	54.6
영국	4	4(-)	62.4	이스라엘	16	14(▲)	54.3
싱가포르	7	5(▲)	61.5	캐나다	15	15(-)	53.8
핀란드	9	6(▲)	61.2	에스토니아	18	16(▲)	53.4
네덜란드	5	7(▼)	60.4	홍콩	14	17(▼)	53.3
독일	8	8(-)	58.8	오스트리아	17	18(▼)	53.2
덴마크	10	9(▲)	58.7	노르웨이	22	19(▲)	50.7
한국	6	10(▼)	58.6	아이슬란드	20	20(-)	50.7

다른 지표를 살펴볼까요. 2023년 10월, 한국과학기술평가원(KISTEP) 혁신정보분석센터가 발표한 '2023년 세계혁신지수 분석'을 살펴보면, 우리나라는 2022년 6위에서 4단계나 하락한 10위를 기록합니다. 세계혁신지수는 혁신투입 및 혁신산출과 관련해 7개 부문, 21개 항목, 80개 개별지표를 통합해 평가하는데, 정치환경·규제환경·사업환경을 평가하는 제도 부문의 하락 폭이 가장 크게 나타난 것으로 분석됐습니다.

현재 주요 산업 국가는 주요 산업의 경쟁력 향상, 주요 산업의 전체 공급망에서 가능한 한 많은 자급자족 달성, 투자 및 핵심 분야의 혁신, 니어쇼어링 및 우호적인 쇼어링 산업 등을 해결할 과제를 안고 있습니다. 이것들은 R&D와 교육을 수행하고 제조 능력을 업그레이드할 의지가 있는 인력 없이는 불가능합니다.

2024년 2월, 과학기술정보통신부는 국가과학기술자문회의 운영위원회를 열어 한국을 비롯한 주요 5개국의 11대 분야 136개 핵심 기술을 비교·평가한 '2022년도 기술수준평가 결과'를 공개합니다. 과학기술기본법에 따라 정부는 2년마다 한·미·중·일·유럽연합 5개국의 핵심 과학기술을 비교·평가하고 정책에 참고합니다. 각국에서 등록한 논문 및 특허를 바탕으로 한 정량적 요소에 국내 전문가 1,360명을 설문조사한 정성 요소를 합쳐 평가하죠.

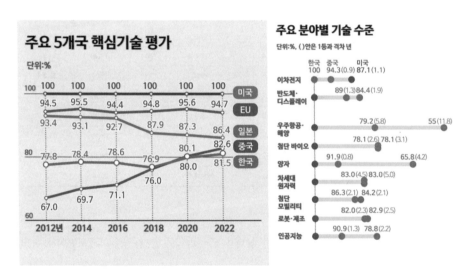

한국의 과학기술 수준은 세계 선두인 미국을 100%로 봤을 때 81.5%로 평가되어 주요 5개국 중 꼴찌입니다. 직전 평가인 2020년엔 한국은 80.1%로, 중국의 80%보다 근소한 우위를 차지했었는데, 2년 만에 역전을 허용했습니다. 많은 분들이 내심 '중국이 크게 성장하고 있지만, 그래도 한국이 기술력에서는 앞서지!'라고 생각하셨을 거라고 봅니다. 하지만 이제 그런 말도 하지 못하게 되었습니다. 주요 분야별 기술 수준을 살펴보면 '우주항공·해양', '양자', '인공지능'은 대단히 큰 격차를 보이고 있습니다. 정말 충격적인 결과입니다.

세계는 오래전부터 차세대 연구자 양성에 힘을 쏟고 있습니다. 알리바바 창업자 마윈은 2015년 '저장 호판 기업가 연구센터(Zhejiang Hupan Entrepreneurship Research Center, 구 호판대학교)'를 세웠고, 테슬라의 일론 머스크도 2023년 과학·기술·공학·수학(STEM)을 중심에 둔 초·중등 교육기관을 설립한다는 소식이 들려왔습니다. 머스크는 테슬라 주식을 기부해 자선단체 '더 파운데이션(The Foundation)'을 설립했고, 텍사스 오스틴 외곽의 땅을 사들여 테슬라 및 스페이스X 직원을 위한 소도시를 건설한다는 계획을 진행하고 있으며, 추후에는 대학 설립까지 고려하고 있다고 알려져 있습니다.

중국은 '굴기'라는 이름 하에 대대적인 투자를 이어가고 있습니다. 지난 5년간 국내 특허출원 연간 평균 증가율을 살펴보면, 중국이 가장 높게 나타납니다. 글로벌 기술패권 경쟁 속에서 중국이 가장 활발하게 국내 특허에 침투하고 있다는 우려가 제기되는 이유입니다.

그리고 중국은 '과학 대중화 정책'을 꾸준히 진행하고 있습니다. 이 정책은 과학과 기술의 발전을 촉진하고, 기술을 대중에게 널리 알리며, 경제 및 사회 발전에 과학 지식을 통합하는 데 중점을 두고 있습니다. 어린아이들을 대상으로 차세대 연구자를 양성하는 사업이죠. 2021년에는 189억 700만 위안(3조 4천억 원), 2022년에는 191억 위안(3조 5천억 원)으로 꾸준히 예산을 늘리고 있습니다.

2023년 11월, 중국 국가자연과학기금위원회(NSFC)는 5년간 400만 위안(약 7억 원)을 지원하는 기존 '우수 과학 청년 기금'을 대폭 확대하는 계획을 발표했습니다. '우수 과학 청년 기금'의 지원이 끝난 인재를 대상으로 2024년부터 재평가를 통해 상위 20%에게 추가 5년간 800만 위안(약 14억 원)을 지원하고, 그중 절반에게는 또 다시 추가 5년간 1,600만 위안(약 29억 원)을 지원합니다. 상위 10%에 속한 과학자는 결과적으로 총 15년간 2,800만 위안(약 50억 원)을 지원받게 됩니다. 우리나라 신진연구자 지원사업과 비슷한 성격인데, 지원 규모는 결을 달리하죠.

그림1: 가장 많은 수의 Highly Cited Researcher를 배출한 국가/지역

순위	국가/지역	HCR 연구자 수	점유율(%)	전년 대비 비율 증감 추이(%)
1	미국	2,669	37.5	-0.8
2	중국(본토)	1,275	17.9	1.7
3	영국	574	8.1	0.1
4	독일	336	4.7	-0.4
5	호주	321	4.5	-0.2
6	캐나다	218	3.1	0
7	네덜란드	195	2.7	-0.2
8	프랑스	139	2	0.1
9	홍콩	120	1.7	0.3
10	이탈리아	115	1.6	0.1

그림2: 가장 많은 수의 Highly Cited Researcher를 배출한 대학 및 연구기관

순위	대학/연구기관 및 국가	HCR 연구자 수
1	중국 과학원(Chinese Academy of Sciences)	270
2	미국 하버드 대학(Harvard University)	237
3	미국 스탠포드 대학(Stanford University)	126
4	미국 국립보건원(National Institutes of Health)	105
5	중국 청화 대학(Tsinghua University)	78
6	매사추세츠 공과대학교(Massachusetts Institute of Technology)	73
7	미국 캘리포니아 샌디에이고 대학(University of California San Diego)	71
8	미국 펜실베니아 대학(University of Pennsylvania)	63
9	영국 옥스포드 대학(University of Oxford)	62
10	독일 막스 프랑크 협회(Max Planck Society)	59

클래리베이트 조사기관이 발표한 '세계에서 가장 영향력 있는 연구자(2023 Highly Cited Researchers)'를 참조하면, 전체 명단 중 80% 이상의 연구자가 단 10개

국에 속했고, 53.4%가 미국과 중국 두 나라에 집중되어 있습니다. 중국은 2018년 고작 5%에 불과했지만, 2023년에는 1위인 미국(37.5%)에 이은 2위(17.9%)로 대폭 성장했죠. 10위 안에 우리나라는 속하지도 못했습니다.

2024년 3월 발표된 중국 화웨이 연례보고서를 살펴보면, 2023년 화웨이는 R&D에 역대 최대 규모인 약 1,647억 위안(약 30조 원)을 쏟아부었습니다. 참고로 우리나라 2023년 R&D 예산은 31조 1천억 원이고, 2024년은 26조 5천억 원입니다. 한 기업 지원예산이 우리나라 전체 지원 예산과 맞먹는 수준입니다. 화웨이 창업주인 런정페이는 창립 초기부터 회사 내규에 '매출의 10% 이상을 R&D에 투자할 것'을 못박은 것으로 유명합니다. 이에 호응하듯 화웨이는 2017년부터 세계 특허출원 건수 1위를 놓치지 않고 있습니다.

이런 흐름이 계속되면 우리나라는 결국 기술 종속국으로 전락하고 맙니다. 이에 대응하기 위해서는 효과적인 R&D와 교육에 대한 확실한 지원 정책과 기술거래 생태계 마련이 필수입니다.

중진국 함정(The Middle Income Trap)이라는 개념이 있습니다. 특정 소득을 달성한 국가가(GDP 1,000~13,000 수준의 중간 소득) 일정 수준에서 정체되는 현상을 말합

니다. 이러한 국가들은 고소득 국가가 되기 위한 발전 단계에서 갇히게 되는데, 이는 기술적 혁신 부족·산업 구조의 미숙·교육 및 제도적 한계 등 다양한 요인으로 인해 발생하게 됩니다. 중국이 이에 해당하죠.

과거 중국은 저렴한 인건비로 인해 세계의 공장이 되었습니다. 하지만 이제는 인건비가 많이 올랐고, 새로운 경쟁자(인도·베트남·인도네시아 등)의 등장으로 'Made in China' 제품은 메리트를 많이 잃었습니다. 반면 고부가가치 산업에서는 선진국을 따라가지 못합니다. 아래에서 치이고, 위로는 올라가지 못하게 되자, 노령화·일자리 부족·불평등 강화 등의 부작용이 나타나게 됩니다. 중진국 함정을 뛰어넘기 위해서는 저부가가치 산업을 고부가가치 산업으로 레벨업을 해야만 가능합니다.

우리나라는 2000년대 중반 많은 인구를 발판으로 제조업 중심의 기술 국가로 발돋움합니다. 조선·반도체·자동차·스마트폰 등의 급격한 발전 모두 이 시기에 이루어졌습니다. 여기에 중국과의 우호적인 관계로 인해 많은 수출을 하였고, 2만 달러 벽을 돌파하는 데 성공합니다. 두터운 중산층이 생겨나 부의 불균형이 완화되고, 내수 수요가 증가하여 산업의 허리를 튼튼하게 받쳐주었죠. 하지만 지금은 인구가 쪼그라들었고, 더 이상 중국특수를 기대하기 어려워지자, 우리나라 성장은 낙하하기 시작했습니다.

중국은 중진국 함정을 벗어나기 위해 안간힘을 쏟고 있습니다. 굴기를 통해 고부가가치 기술 발전에 주력하고 선진국으로 나아가고 있죠. 특히 2024년 3월 열린 양회에서는 과학기술 예산을 전년보다 10% 늘린 3,708억 위안(약 68조 6,610억 원)으로 책정했습니다. 중국 정부는 디지털의 산업화를 적극적으로 추진하고, 디지털 기술과 실물 경제의 심도 있는 융합을 촉진하고, 빅데이터 연구·응용을 심화하고, 지금의 AI 산업 육성책에서 한 단계 더 뛰어넘은 'AI+'라는 개념을 제시하며 반드시 이룩할 것을 천명했습니다.

2023년 12월, 중국 국가언어자원감시연구센터, 상업언론, 신화넷이 공동 주최한 '중국어 목록 2023(漢語盤点2023)' 행사가 베이징에서 열렸습니다.

2023 국내 글자	2023 국내 단어	2023 국제 글자	2023 국제 단어
振	高质量发展	危	ChatGPT

국내 글자로는 확장된 정신과 상승하는 태도를 의미하는 '떨칠 진(振)'이, 국내 단어로는 단순히 양과 성장률을 추구하는 것이 아니라 이제는 질과 효율성을 기본 목표로 하는 발전을 추구할 때가 도래하였으며, 이는 동시에 중국식 현대화의 전반적인 상황에 기초한 전략적 선택에 부합한다는 의미에서 '고품질개발(高質量發展)'이 뽑혔습니다.

국제 글자로는 여러 가지 도전과 위기, 진행 중인 전쟁, 극심화된 발전 격차, 날로 악화되는 기후 등을 고려한 '위태할 위(危)'가 선정되었고, 마지막 국제 단어는 단연코 가장 큰 화두였던 'ChatGPT'가 선정되었습니다. '중국어 목록 2023'은 중국 굴기와 현재 트렌드를 잘 반영했다고 생각합니다.

2023년 12월, 우리나라에서는 대한상의가 국내 경제·경영 전문가 90명을 대상으로 '2024년 경제 키워드'를 조사한 결과 '용문점액(龍門點額)'이 꼽혔습니다. 용문

점액은 중국 황하에 용문(龍門)으로 불리는 협곡이 있는데, 물고기가 급류를 타고 힘차게 뛰어올라 용문을 통과하면 용이 되지만, 그렇지 못하면 이마(額)에 상처(點)만 얻고 하류로 떠내려간다는 전설로, 도약에 성공하면 용이 되지만, 실패하면 보잘것없는 잉어가 된다는 의미입니다. 여러분께서는 2024년 청룡의 해에 우리나라가 새로운 도약에의 성공과 중장기 저성장의 늪으로의 추락 중 어느 쪽이라고 생각하시나요? 그리고 이 큰 갈림길에서 여러분은 어떤 역할을 수행하실 수 있으신가요?

부록 | 생성 이미지 프롬프트

본 저서에 삽입된 그림의 다수는 ChatGPT의 Dall-E로 제작한 것입니다. 생성 AI의 특징상 동일한 프롬프트를 입력해도 엇비슷한 그림만 등장합니다. 여기서 시드번호를 사용하면 이 문제를 해결할 수 있습니다.

시드번호란 이미지 생성 과정에서 무작위성을 제어하는 데 사용되는 숫자입니다. 이미지 생성 과정에서의 무작위 요소를 초기화하는 역할을 하며, 이것을 사용할 경우 그림의 일관성을 유지할 수 있습니다.

ChatGPT

여기에 프로 게이머가 '리그 오브 레전드'를 플레이하는 모습을 뒤쪽 측면시야에서 본 디지털 아트 그림이 있습니다. 그림은 게임에 집중하는 게이머와 모니터에 표시된 게임 플레이 화면을 생생하게 보여줍니다.

You
영어 프롬프트와 시드 번호 알려줘

ChatGPT
이 이미지의 생성에 사용된 영어 프롬프트와 시드 번호는 다음과 같습니다:

프롬프트: "A digital art depiction of a professional gamer from a rear side view, intensely focused on playing League of Legends on a large, high-tech computer monitor. The gamer, of Asian descent, is seen from a side angle, wearing a team jersey, and deeply engaged in the game. The scene includes the computer monitor displaying a League of Legends gameplay screen, showcasing the action and strategy of the game. The environment is lit by the glow from the screen, highlighting the gamer's concentration and the vibrant colors of the game."

시드 번호: 4078292948

You
시드 번호: 4078292948 그대로 유지한 채 입고 있는 옷은 아무 표기 없는 청 자켓으로 바꿔줘. 나머지는 그대로 유지

ChatGPT

이미지가 생성되었습니다. 이 이미지는 앞서 제공된 세부 사항을 유지하면서 게이머가 입고 있는 옷을 아무 표기 없는 청 자켓으로 변경한 것입니다.

위 왼쪽은 본 저서 5장에 들어간 그림의 초기 버전입니다. 그림의 전체적인 형태를 유지하면서 프로 게이머의 자켓만 변경하고 싶을 때 시드번호와 함께 오른쪽과 같이 명령하면 그림의 일관성이 유지된 채, 원하는 부위를 수정할 수 있습니다. 다만 수정부분을 제외한 나머지가 완벽히 동일하지는 않고 '어느 정도'의 일관성이 유지된다는 점을 말씀드립니다.

제장

11p 세계의 심금을 울린 사진 (출처: 우크라이나 내무장관 트위터)

14P 불곰

Film grain depiction of a resilient polar bear, scarred from many knife encounters, facing the harsh elements of a snowstorm.

시드번호: 1977289397

17p 바그너 용병그룹 동선과 무장반란 상황(출처: 미국 전쟁연구소)

19p 러시아 전역 사진모음 (출처: 트위터)

23p 러·중·북 국기

An image showing the flags of Russia, China, and North Korea divided into three equal vertical sections. The Russian flag on the left, the Chinese flag in the middle, and the North Korean flag on the right, with the correct colors and symbols of each flag clearly visible and seamlessly integrated. The Russian flag should have three horizontal stripes in white, blue, and red from top to bottom.

시드번호: 2814187449

27p 글러브

In a hyper-realistic style, two boxing gloves arranged horizontally: the glove on the left integrates the US and EU flags, and the glove on the right merges the flags of Russia, China, and North Korea, with both gloves facing each other.

시드번호: 4039160784

33p 핵가방(출처: 중국 일대일로 10주년 기념행사)

34p 중국 국방예산 추이 (출처: 중국 재정부)

35p 북한의 연도별 핵/미사일 활동 추이(출처: 통일연구원)

37p 세계 국방비 지출 규모(출처: 스톡홀름 국제평화연구소)

42p 탄피 트리(출처: 트위터)

26p 한국 교과서(출처: 우크라니아 교과서)

제2장
46p 초강대국이 된 미국

Photo of an origami figure representing the United States as the world's most powerful absolute ruler standing against a simplified origami-styled background. The background has less intricate geometric patterns and shapes, but still complements the figure. The figure stands tall, draped in colors of the American flag, with a crown symbolizing its might and dominance. A backlighting effect casts a silhouette of the figure with a glow surrounding it.
시드번호: 754765137

48p 투키디데스의 함정(출처: 투키디데스 함정 프로젝트)

53p 2023년 10월 28일 웨이보 검색 결과(출처: 웨이보)

54p 시중쉰 우상화(출처: 바이두)

58p 안면인식

Render of an adult man's face in hyper-realistic quality, displaying minute details and lifelike skin textures, resembling an output from Unreal Engine, with facial recognition lasers scanning the face.
seed 번호: 754765137

60p 스파이 행위로 간주될 수 있는 행위(출처: 모건 루이스)

65p 홍콩 우산시위(출처: 사우스 차이나 모닝 포스트)
https://www.joongang.co.kr/article/16336414

70p 대만의 통일에 대한 인식(출처: 글로벌 뷰스)

71p 워게임 시뮬레이션(출처: CSIS)

76p 일본 무인도 구매(출처: SNS)

81p 미국의 중국산 제품 수입 비중(출처: 한국무역협회)

85p 미국 중심의 세계
"A LEGO representation of the Statue of Liberty with a smiling face stands tall in the center. Surrounding the statue in a circular arrangement are flags of diverse countries, ensuring no United States flag is present, each with angry facial expressions imprinted on them. The scene captures the contrast between the cheerful statue and the animated flags, showcasing a wide variety of global flags."
시드번호: 84974342

89p 박근혜, 푸틴, 시진핑(출처: 바이두)

90p 미국의 도/감청 대상 국가들(출처: 파이낸셜타임즈)

91p gallup 그래프(출처: 갤럽)

92p 한국 대중 호감도(출처: 퓨리서치센터)

94p 투키디데스 역사(출처: 투키디데스 함정 프로젝트)

97p 2022년 올해의 한자(출처: 汉语盘点)

제3장
100p 일대일로 지도(출처: 홍콩 SCMP)

102p 일대일로 백서(출처: 일대일로 포럼)

104p 사말섬 대교 관련 기사(출처: 바이두)

107p 이탈리아 무역 적자(출처: IMF)

108p 윈일대일로의 긍정적 측면 (왼쪽)
A painting in the style of stable diffusion, showing a Chinese philanthropist on the left side, reaching out to help people in need. The image focuses on this philanthropist extending their hand towards a diverse group of people facing various challenges. The setting is a mix of urban and rural environments, symbolizing the broad impact of philanthropy. The color palette is rich and warm, highlighting themes of hope and support. The composition emphasizes the interaction between the Chinese philanthropist and the individuals they are aiding.
시드번호: 1312947432

108p 일대일로의 부정적 측면 (오른쪽)
A depiction of a malevolent Chinese moneylender resembling Scrooge, engaged in the act of lending money to a laborer from his group. In the scene, the moneylender is depicted as cunning and ruthless. In the background, a gaunt debtor looks on enviously from a corner, witnessing the transaction. The entire scene is rendered in a Stable Diffusion style, emphasizing the stark contrasts and dynamics of the situation.
시드번호: 3527912308

109p 중국 일대일로 차관(출처: 신용평가사 피치)

113p 아프리카 광물 지도 (출처: 아프리카 지역 핵심광물 부존 현황 및 시사점)

114p 중국과 아프리카
A split-screen illustration. On the left side, there are various African national flags, and on the right side, there is the Chinese national flag. In the center, there is a handshake between a black hand and a yellow hand, symbolizing cooperation. The style should be clear and symbolic, emphasizing unity and partnership between Africa and China.
시드번호: 242701693

116p 페트로 달러

A symbolic representation of the petrodollar concept. The image features an oil derrick and a United States dollar bill intertwined, symbolizing the close relationship between oil production and the US dollar in the global economy. The background is abstract, representing the complex and interconnected nature of global finance and energy markets. The oil derrick is black and metallic, while the dollar bill is in its traditional green and features intricate designs. The composition is balanced, with the oil derrick and the dollar bill equally prominent, symbolizing their mutual dependence and influence.

시드번호: 4054266213

118p 블룸버그 그래프(출처: 블룸버그)

119p 중앙은행 외환보유고 중 각 통화 비중(출처: IMF)

123p 달러 대 위안화

Prompt: "Create an illustration of a U.S. eagle and a Chinese dragon engaged in a mythical battle, with Earth as the backdrop. The scene should capture the eagle, symbolizing the United States, soaring with strength and pride, while the dragon, representing China, displays power and wisdom. The Earth should be prominently featured in the background, highlighting the global significance of this metaphorical confrontation. The overall image should evoke a sense of epic struggle and balance between these two powerful symbols."

시드번호: 3593722761

128p 인도의 영향력(출처: IMF)

131p 고래 사이의 새우

A creative and whimsical scene featuring two large whales, one on the left and the other on the right, with a super-powered shrimp hero standing triumphantly on their backs. The shrimp is in a heroic pose, resembling a classic superhero, complete with a flowing cape and a confident expression. The whales are massive and majestic, swimming in a deep blue ocean. The background is a vibrant underwater world, filled with colorful corals and marine life, showcasing the beauty and depth of the ocean environment.

시드번호: 1154129370

제4장
135p 우한 감염자 0명 자축 포스터(출처: 중국 우한시 홈페이지)

137p 상하이 코로나19 확진자 추이(출처: 중국위생건강위원회)

140p 백지 시위 거리(출처: 베이징 AP)

141p 중국 확진자 추이(출처: WHO)

143p 2023년 12월 중국 SNS 게시판

144P 제지받는 할머니와 청년(왼쪽)
"A more naturally posed animated style vertical scene in a Chinese market street setting. A store manager is stopping a young man and an elderly woman in front of a supermarket. The manager is holding a smartphone in a more relaxed and natural manner, using it to gesture or communicate rather than block their way. The style is lively and exaggerated, typical of animated cartoons, with dynamic lines, expressive characters, and a colorful background filled with other shoppers and traditional Chinese elements."
시드번호: 3680606644.

144p 벼를 수확하려는 청년과 제지하는 촌장(오른쪽)
"A vertical scene in a Chinese rural setting. A farmer is about to harvest rice in the field, and an elder is stopping him. The elder is holding up a speech bubble with a QR code on a smartphone. The background includes lush rice fields and traditional Chinese rural elements. The atmosphere is serene but with a hint of disagreement."
시드번호: 998663264

146p 중국 연간 경제성장률 추이(출처: 중국 국가통계국)

147p 상하이 항구 대기열(출처: 중국 SNS)

148p 중국 소비자 생산자 물가 상승률 추이(출처: 중국 국가통계국)

149p 시체 졸업사진 (출처: 중국 SNS)

152p 중국 부동산 판매 증감률 추이(출처: 중국 국가통계국)

157p 중국 FDI 추이(출처: 중국외환관리국)

159p GDP 규모로 본 세계 10대 경제 강국(출처: CEBR)

159p 중국 경제성장률 전망(출처: 블룸버그이코노믹스)

161p 억만장자가 가장 많은 도시 순위(출처: 중국후룬연구소)

165P 무역국 변화(출처: 무역협회)

167p 중국굴기

A revised image depicting the rise of China as a global power, featuring a dragon symbolizing China. The dragon is redesigned to be entirely black, with more pronounced and fierce facial features, embodying a threatening and formidable presence. It encircles the Earth, which is visible from space with continents clearly marked. The background is a deep space scene filled with stars and nebulae, emphasizing the dragon's powerful and dominant stance as it roars mightily into the sky.

시드번호: 3753301035

제5장

170p 반도체의 분류 (출처: 비즈니스 와치)

171p 디지털화와 연결성의 증가

"Hyper-realistic Unreal Engine style image depicting the concept of 'Digitalization and Connectivity': A futuristic cityscape with skyscrapers interconnected by glowing digital networks, illustrating the rapid growth of the internet, IoT, and digital technologies, all powered by semiconductor technology. The scene is filled with neon lights, holographic displays, and advanced technology, symbolizing a world deeply immersed in digital connections."

시드 번호: 756284716

171p AI와 머신러닝의 발전

"Hyper-realistic Unreal Engine style image depicting the advancement of AI and Machine Learning: A futuristic research lab with people working on advanced computers, analyzing and developing AI algorithms. The scene includes researchers and data scientists, both men and women of diverse ethnicities, focused on their monitors displaying complex code and data analysis. The environment is filled with holographic interfaces and glowing lights, highlighting the integration of human intellect with cutting-edge technology in AI and machine learning development."

시드 번호: 3872064828

171p 데이터 센터와 클라우드 컴퓨팅

"Hyper-realistic Unreal Engine style image emphasizing 'Cloud Computing' within a Data Center: A futuristic data center with transparent, holographic cloud structures floating above server racks, symbolizing cloud computing services. The scene features advanced networking and computing infrastructure, with digital clouds representing remote storage and processing capabilities. The environment is filled with dynamic lights and futuristic technology, illustrating the seamless integration of cloud computing into modern data infrastructures, and showcasing the role of semiconductors in enabling cloud services."

시드 번호: 76486218

171p 고도화된 제조 공정

"Hyper-realistic Unreal Engine style image depicting 'Sophisticated Manufacturing Processes': A futuristic smart factory with automated robotic arms, conveyor belts, and advanced machinery. The scene shows robots assembling products with precision, highlighting the integration of high-tech semiconductors in the manufacturing process. The factory is equipped with holographic displays and digital interfaces, representing the cutting-edge technology and efficiency of modern manufacturing, driven by semiconductor advancements."

시드 번호: 3117201902

171p 소비자 전자 및 모바일 기기의 성장

"Hyper-realistic Unreal Engine style image depicting the 'Growth of Consumer Electronics and Mobile Devices': A showcase of advanced consumer electronics including sleek smartphones, high-tech tablets, and stylish wearable devices, all interconnected in a digital network. The scene should display the electronics in use, highlighting their advanced features and capabilities. Emphasize the importance of semiconductors in these devices, with digital interfaces, holographic elements, and futuristic design elements to illustrate the rapid advancement and increasing ubiquity of modern consumer electronics."

시드 번호: 1489283640

172p 반도체 시장 추이(출처: WSTS)

174p 반도체의 태동

"A reimagined scene with a personified semiconductor chip as a baby, but without the figure of an actual baby. Instead, the baby chip should be placed gently in a crib, symbolizing a baby's cradle. The chip itself should have a cute, baby-like appearance with wires and circuits integrated into its design. The crib can be creatively designed with elements of technology, like circuit patterns or silicon components, blending the concepts of a nurturing environment and advanced technology. The overall setting should still convey warmth and care, with a softly colored, high-tech nursery backdrop."

시드 번호: 812733648

176p 1980~1990년대 반도체 시장 점유율(출처: 일본 반도체 역사 박물관)

177p 강자의 횡포와 반도체의 가치

"A scene representing the loss of semiconductor sovereignty by Japan to the United States. It features two characters: one, symbolizing Japan, in traditional attire, appearing resigned and subdued as they hand over a semiconductor chip to the other character, symbolizing the United States, who is depicted as a confident, dominant figure in a sharp business suit. The U.S. character is a typical Westerner with blond hair. On the semiconductor chip, the phrase

'Winner is USA' is prominently displayed. The background conveys a power imbalance, with subtle elements reflecting the economic and diplomatic dynamics of the situation."
시드번호: 2262320796

178p 세계 TOP10 반도체 기업 변천(출처: IC 인사이트)

180p 팹리스와 파운드리
"On the left, a diverse group of people in business attire are working on computers, deeply focused on coding and chip design. The scene depicts the creative and technical process of a fabless company, with digital diagrams and blueprints displayed on their screens. On the right, a mixed group of individuals in sterile cleanroom suits are meticulously manufacturing semiconductor chips in a foundry. They are operating sophisticated machinery and inspecting the chips, showcasing the precision and technical expertise required in chip production."
시드 번호: 2271713155

181p 중국제조 2025 (왼쪽_출처: 중국당국/오른쪽_출처: 미중경제위원회)

182p 가드레일 조항(출처: 미국 상무부)

185p 파운드리 3사 나노 미래 로드맵(출처: 각 사)

187p 지나 러몬도 가짜뉴스(출처: 중국 SNS)

188p 화웨이 반도체 관련 기사 (출처: 톰스 하드웨어)

189p 포크레인 (왼쪽)
"A digital art illustration of a large, powerful excavator digging into the earth. The scene shows the excavator with its massive arm extended, scooping up a large amount of soil with its bucket. The environment around the excavator is a construction or excavation site, with piles of dirt and a dynamic, action-filled atmosphere. The focus is on the power and capability of the excavator, emphasizing the scale and impact of its work in digging and

moving earth."
시드 번호: 220224571

189p 삽 (오른쪽)
"A digital art illustration similar in style to the previous image, depicting numerous laborers of diverse descent and gender, laboriously digging with shovels. The scene captures the intensity and strain of manual labor, with each individual intensely focused on their task. The environment is a construction or excavation site, bustling with activity. The workers are shown in various stages of digging, highlighting the physical effort and coordination required in such manual work. The overall atmosphere conveys the hard work and determination of the laborers."
시드 번호: 3821956480

190p 칭원 L540와 기린9006C (출처: 각사 홈페이지)

192P 화웨이 반도체에 놀란 미국
An American businessman in a suit is shocked by the technological advancements of Huawei. He is holding a Huawei microchip that glows with futuristic blue light. The background is filled with complex circuit boards and American flags subtly integrated into the design. The style is hyper-realistic with a strong emphasis on the man's expressive face and the glowing chip.
시드 번호: 734562938

193p 국내기술 해외 유출 건수 (출처: 산업통상자원부)

193p 산업기술 유출 굴가별 검거 현황 (출처: 경찰청)

195p 주요범죄 형량 변화 (출처: 대법원 양형위원)

197p 세계 희토류 매장량 순위 (출처: 미국지질조사국)

198p 프로게이머도 CS부터

"A digital art depiction of a professional gamer from a rear side view, intensely focused on playing League of Legends on a large, high-tech computer monitor. The gamer, of Asian descent, is seen from a side angle, wearing a plain blue jacket without any logos or markings, and deeply engaged in the game. The scene includes the computer monitor displaying a League of Legends gameplay screen, showcasing the action and strategy of the game. The environment is lit by the glow from the screen, highlighting the gamer's concentration and the vibrant colors of the game."
시드 번호: 4078292948

202p 미국 정책에 대한 불만 기사 (출처: 미국반도체산업협회)

203p 동맹의 힘을 밟고 대결하는 두 나라
"A wide-angle allegorical depiction of the United States and China in a left-right confrontation. On the left, a towering figure represents the United States, adorned with symbols of freedom and democracy. On the right, an equally imposing figure symbolizes China, with elements reflecting its culture and power. Beneath each figure, numerous smaller figures struggle to support them, symbolizing the nations' respective allies and influences. The background depicts a global stage with hints of economic, political, and military tensions, emphasizing the geopolitical dynamics and impacts on smaller nations caught in this rivalry."
시드 번호: 1399521805

205p 갈비집 (왼쪽)
"A scene in a Korean BBQ restaurant with several chubby men enjoying a delicious meal, drawn in a Disney style. The setting includes a table filled with galbi (Korean BBQ ribs), side dishes, and drinks. The men are depicted with joyful expressions, engaging in conversation and laughter, surrounded by the warm, inviting ambiance of the restaurant. The style should capture the colorful, expressive, and dynamic characteristics typical of Disney animation."
시드 번호: 4262635012

205p 빵집 (오른쪽)
"In front of a bakery, a very thin man is holding a moldy baguette with a sorrowful expression, shedding tears, in a Disney style. The baguette has the words '0%' written on it. The scene

captures the man's despair and the contrast between the fresh bakery environment and the spoiled bread he's holding. The style should be colorful, expressive, and dynamic, typical of Disney animations, emphasizing the emotional aspect of the scene."
시드 번호: 4119482225

206p 대중국 무역수지 추이, 15대 품목별 2월 수출증감률 (출처: 산업통상자원부)

207p CPU와 GPU 비교(출처: SK 텔레콤)

209p SK하이닉스 신규 HBM3 개요 (출처: SK 하이닉스)

210p AI 반도체 전망(출처: 인사이트 파트너스)

211p K클라우드 추진 방안 (출처: 과기정통부)

212p 각국 정책 (출처: 자체 조사)

214p AI 반도체 발명의 TOP 10 대학/기업 (출처: 2023 글로벌 AI반도체 혁신경쟁)

215p 한-네덜란드 첨단반도체 협력 협약식(출처: 대통령실)

216p 반도체 메가 클러스터 신규 투자 계획(출처: 산업통상자원부)

제6장
218p 매연 자동차
Two elegant ladies from the 1900s riding in an early internal combustion automobile. They are dressed in period-appropriate attire, including long dresses, wide-brimmed hats with feathers, and gloves. The car is an open-top model with large, spoked wheels and a brass radiator. The background features a cobblestone street lined with early 20th-century buildings and lampposts.
시드번호: 1465367564
222p 글로벌 자동차 OEM의 BEV 승용차 판매량(2022, 2023) (출처: CAM)

224p 중국 BYD 미국 테슬라 판매량(출처: 파이낸셜 타임즈)

228p CES 2024 트렌드 (출처: 삼정KPMG 보고서)

229p 최신 차량 내부 예상도1
"Illustrate a hyper-realistic image of a car's driver seat area without a steering wheel, showcasing an autonomous vehicle's interior. The focus should be on the absence of the steering wheel, replaced by advanced control panels and displays. The seat should be modern and comfortable, reflecting the luxury and technology of a self-driving car. Emphasize the futuristic and high-tech aspects of the vehicle's interior design."
시드 번호: 2454058208

229p 최신 차량 내부 예상도2
"A hyper-realistic scene depicting a driver in a car, instructing an LLM (Language Learning Model) integrated into the car's dashboard to navigate to a hospital. The driver is seated comfortably, focusing on the dashboard where a futuristic, interactive screen displays a map and LLM interface. The car's interior is detailed, with emphasis on the high-tech aspects of the dashboard, including the LLM's response on the screen. The outside view through the car windows shows a blur of city streets, emphasizing the car in motion. This scene should be highly detailed and realistic, capturing the interaction between human and AI technology in a modern setting."
시드 번호: 2923425329

231p 자동차 안 게임(출처: 엔비디아, BMW, 아우디, 테슬라 홍보자료)

233p 리튬 이온 배터리(출처: 현대자동차)

233p 온도별 급속 충전 시 완충까지 걸리는 시간(출처: Renault)

235p 충전 인프라
"A wide-format illustration showing a very long line of electric vehicles waiting at a charging station in front of a supermarket. The scene should depict the charging station located

in a busy supermarket parking lot, with a diverse range of electric cars, vans, and SUVs lined up for charging. In the foreground, focus on a driver in the queue who is sighing and showing a distressed expression due to the long wait. This driver should be visible through the car window, embodying the frustration of waiting. The supermarket should be visible in the background, prominently featuring a sign that reads 'Super Market', with shopping carts, shoppers, and other elements typical of a supermarket setting. The overall scene should capture the high demand for electric vehicle charging in everyday settings like a supermarket."

시드 번호: 309147562

236p 바이든 빵긋(출처: 미국 SNS)

238p 지역별 전기차 완속. 급속충전 표준규격 (출처: 한국자동차연구원의 산업동향 vol 113 보고서)

244p 테슬라와 비전프로(출처: X 플랫폼)

245p 애플카에 대한 기대어린 시선 (좌측)
"A scene depicting a young American man with wide, hopeful eyes, speaking and looking at a cutting-edge electric sedan with a large Apple logo on top. The car features a sleek, modern design with futuristic elements. The setting is modern and the man's expression is full of anticipation and excitement, in the style of Pixar animations."

시드 번호: 2636550107

245p 애플카에 대한 실망 (우측)
"A scene depicting a young American man with disappointed and disheartened eyes, looking at a cutting-edge electric sedan with a large Apple logo on top. The car features a sleek, modern design with futuristic elements. The setting is modern and the man's expression is full of disappointment and disillusionment, in the style of Pixar animations."

시드 번호: 2240350924

246p 중국 L4 차량 (출처: 바이두, 커지르바오)

248p 로봇택시 안에서의 애정행위

"Inside a sophisticated, futuristic car, a man in a sleek tuxedo and a woman in a glamorous dress are seated at a table set with an exquisite multi-course meal, toasting with wine glasses. The interior is state-of-the-art, featuring sleek, modern design elements. The setting is bathed in the warm, soothing glow of a sunset, creating a sweet, romantic atmosphere. The scene is rendered in a Pixar-like style, characterized by its realistic textures, intricate character design, and a harmonious color palette that captures the essence of the serene moment."

시드 번호 404491007

248p 로봇택시 안에서의 부정행위

"In a dimly lit, modern car interior, two men are engaging in a secretive exchange of valuables. Both men are wearing masks, concealing their identities. The visible parts of their faces, especially their eyes, depict a greedy and intense expression. The scene maintains the Pixar-like style, known for its realistic textures and detailed character design, with a focus on creating a mysterious and tense atmosphere."

시드 번호: 3681085363

252p 연간 누적 글로벌 전기차 인도량(출처: SNE 리서치)

253p 천천히 가기1

"Illustrate a hyper-realistic image of a person kneeling down, gathering energy to propel themselves forward. The person is positioned on one knee, with their other foot planted firmly on the ground, head bowed slightly as if focusing all their concentration. Their hands are clenched into fists at their sides, indicating a readiness and determination. The background should be blurred, emphasizing the figure in the foreground and creating a sense of motion and anticipation. The scene captures the moment right before an explosive burst of energy, with visual cues suggesting that the person is about to launch into action. The lighting should highlight the muscles and form of the person, adding depth and intensity to the depiction."

시드 번호: 3543660030

253p 버티며 나아가기2

"A hyper-realistic image of a man and a woman facing each other. The woman is smiling

while playfully pinching the man's cheek, and the man has a pouting expression, looking slightly distressed. The image should capture the intricate details of their facial expressions, the texture of their skin, and the subtle interplay of light and shadow to enhance the realism."
시드 번호: 2311090164

253p 먼저 가기3

"Depict a man sprinting ahead faster than anyone else, capturing the essence of speed and determination. The scene is rendered in a hyper-realistic style, showcasing intricate details such as the intense focus in the man's eyes, the dynamic movement of his muscles, and the swift motion blur effect around him to emphasize his unparalleled speed. The background should be a blur, indicating the fast pace at which he's moving, with perhaps a few spectators in the distance, their expressions a mix of awe and surprise. The man's attire is that of a professional runner, equipped with high-performance gear that complements his aerodynamic posture."

255p 글로벌 자율주행 업체 기술 순위 (출처: 가이드하우스인사이트)

257p 미국 IRA (위쪽)

"A Pixar-style image depicting a heartwarming scene where an American father, standing on the left, is joyfully offering a delicious steak to his son on the right. The father is bending slightly at the waist and smiling warmly. The son is looking excited and happy. On the steak, the letters 'IRA' are creatively seared to symbolize the Inflation Reduction Act. The scene should be colorful, vibrant, and convey a sense of family warmth and happiness."
시드 번호 2893178630

257p 중국굴기 (중간)

"A Pixar-style image, modified from the previous depiction of the heartwarming Chinese family scene. Keep the heartwarming interaction between the father admiring his son studying hard, but change the background to a plain white color to emphasize the figures in the foreground. The father, still on the right, exhibits a mix of pride and support, while the son, now on the left, is diligently studying. The study room's details are minimized with the white background, focusing attention on the family dynamics."

시드 번호: 903355269

27p 한국의 지원 (아래)
"An elderly Korean man is raising his hand and talking to his son, who is on the right. The son has a baby strapped to his back and is holding the hand of his young sibling with his right hand. The scene is depicted in Pixar style, with a focus on the interaction between the family members. The elderly man is on the left side of the image."
시드 번호: 1681871955

258p K-어벤져스
"In a wide, horizontal frame, create a futuristic image featuring the 'Korean Autonomous Avengers' as a group of characters, each representing different aspects of South Korea's autonomous vehicle technology, specifically highlighting Hyundai and Kia's designs. These characters are anthropomorphized versions of vehicles, showing sleek, innovative lines for Hyundai and dynamic, bold aesthetics for Kia. Include various autonomous vehicles in the background that reflect the current and futuristic designs of Hyundai and Kia, integrating them seamlessly into the advanced cityscape. Ensure the 'K-Avengers' title is boldly inscribed in large letters at the top center of the image, complementing the hyper-realistic and highly detailed depiction of this advanced urban environment. The overall scene should convey a sense of cutting-edge technology, innovation, and South Korea's leadership in the automotive industry, all in a hyper-realistic style."
시드 번호: 2036080579

제7장
265p 글로벌 우주산업 시장 전망(출처: 한화에어로스페이스)

266p 오디세우스 광고(출처: 인튜이티브 머신스)

267p 톈궁 (출처: 중국우주기술연구원)

269p AI 반도체1 (왼쪽)
"A hyper-realistic image depicting a semiconductor chip in the foreground with an artificial

intelligence theme background. The semiconductor is intricately detailed, showcasing its complex circuits and shiny, reflective surfaces. In the background, there is a visually rich AI concept, with digital neural networks, glowing nodes, and binary code streams, creating a contrast between the tangible technology of the chip and the abstract, conceptual nature of artificial intelligence."
시드 번호: 633115532

269p 우주 반도체2 (오른쪽)
"A hyper-realistic image depicting a semiconductor chip in the foreground with a space-themed background. The semiconductor is intricately detailed, showcasing its complex circuits and shiny, reflective surfaces. In the background, there is a visually rich depiction of space, featuring stars, nebulae, and distant galaxies, creating a contrast between the advanced technology of the chip and the vast, mysterious expanse of the universe."
시드 번호: 633115532

270p 진핑 지하실험실 (출처: CJPL)

272p 미국과 중국의 위성 발사 수 변화 추이(출처: 라우 차이나 연구소)

273p 아르테미스 참여국(출처: NASA)

274P 인도와 일본 프로젝트 성공 (출처: ISRO 왼쪽, JAXA 오른쪽)

276p 민간 달 거주지
"A hyper-realistic image of a bustling lunar city with civilian habitation, featuring futuristic buildings, domes, and structures, connected by walkways. The city is illuminated by artificial lighting, with people in spacesuits moving about, and vehicles traversing the lunar surface. The Earth is visible in the sky, providing a stunning backdrop to the vibrant lunar metropolis."
시드번호: 326512760

277p 데니스 호프(출처: SNS)

278p 달 땅따먹기

"Two children, one with blonde hair and Western features, the other with Chinese features, are sitting on a dirt ground in a playground. They are competitively playing a game of hopscotch, drawing on the dirt with a stick. Both have determined, almost growling expressions. The scene is drawn in a Pixar-style animation, capturing the intensity of their play and the detail of the playground environment."

시드번호: 1971732502

280p 우주항공청 (출처: 사천시)

282p '우주산업' 규모 (출처: 모건스텐리)

283p 우주항공청 연봉 (출처: 과기정통부)

283p 인구 카토그램 (출처: 월드 매퍼)

284p 톈궁 교실 (출처: 신화통신)

285p ISS의 제안 (왼쪽)

"Create an image in the style of Pixar animation depicting the International Space Station extending a hand symbolizing friendship and cooperation towards South Korea, represented by a stylized iconic landmark or a figure adorned with the South Korean flag. The scene is set in space with Earth in the background. South Korea is depicted as just missing the handshake, symbolizing a near connection but not quite there, showcasing a hopeful yet challenging partnership between the International Space Station and South Korea."

시드 번호: 1976029478

285p NASA의 제안2 (오른쪽)

"Create an image in the style of Pixar animation depicting NASA, prominently featuring the NASA logo, extending a hand symbolizing friendship and cooperation towards South Korea, represented by a stylized iconic landmark or a figure adorned with the South Korean flag. The scene is set in space with Earth in the background. South Korea is depicted as just missing the handshake, symbolizing a near connection but not quite there, showcasing a hopeful yet challenging partnership between NASA and South Korea."

시드 번호: 2704934340

287p 국제 달 과학연구기지 ILRS (출처: 중국 국가항천국)

289p 렉 걸린 철권 유저

"A gamer sits in front of a computer screen, visibly frustrated as they play Tekken 8. Their face is twisted in annoyance, hands thrown up in the air, and on the screen, the game is visibly lagging with a frozen frame of a fight scene between two characters. The room is dimly lit by the glow of the computer screen, with gaming paraphernalia scattered around - posters of popular video games on the walls, a high-end gaming keyboard and mouse, and a headset lying on the desk. The atmosphere is tense, capturing the gamer's exasperation with the interrupted gameplay."

시드 번호: 434885253

292p 6G 활용 예상 서비스(출처: ETRI)

294p 다이렉트 투 셀 (출처: 'X' 플랫폼)

"A futuristic illustration of SpaceX as a colossal, advanced satellite network hovering above the Earth, with various countries' telecommunication towers below. The SpaceX network is depicted as a dominant, interconnected web of satellites, glowing brightly and casting a shadow over the traditional telecom towers. These towers are shown scattered around the globe's surface, looking up towards the SpaceX network. The Earth is rendered in vibrant colors, highlighting continents and oceans, while the sky transitions into the dark expanse of space, where the SpaceX satellites shine like stars, symbolizing their superior technology and global reach. This image portrays the metaphorical 'reign' of SpaceX over traditional telecommunications, emphasizing the contrast between the future of connectivity and the existing infrastructure."

시드 번호: 2957613075

297p 위성통신 활성화 전략 (출처: 과기정통부)

298p 6G 표준 선점 (왼쪽)

"Enhance the previous concept of the space industry's 6G technology race by centering and straightening the '6G' letters. In this updated scene, the futuristic spacecraft are converging towards a central, digital gateway in space, where the '6G' letters are perfectly aligned and prominently displayed in bold, radiant font against the cosmic backdrop. This gateway serves as the gateway to 6G technology, with the letters '6G' glowing brightly to draw all attention. The spacecraft, representing a mix of nations and corporations, are depicted with sleek designs, highlighting their advanced technological capabilities. They navigate through a dense array of satellites and digital data streams, illustrating the intense competition and strategic maneuvers required to lead in the 6G telecommunications race. The overall scene is set against a visually rich outer space environment, filled with stars, galaxies, and nebulae, emphasizing the high stakes and futuristic vision of the 6G technology race."

시드 번호: 3315648932

298p 소부장의 중요성2 (가운데)

"An illustrative depiction of the critical importance of materials, components, and equipment in the space industry. This scene is set in a high-tech laboratory or manufacturing facility, where scientists and engineers are actively engaged in the development and testing of various space-related technologies. The foreground shows a detailed view of an array of materials, such as advanced alloys and composite materials, alongside critical components like microchips, sensors, and propulsion systems. In the background, large pieces of space equipment, including satellites, spacecraft, and tools, are being assembled or tested, showcasing the culmination of these efforts. The entire scene emphasizes the interconnectedness of materials, components, and equipment in achieving space exploration and satellite deployment goals, highlighting the innovation, precision, and collaboration required in the space industry. The atmosphere is filled with a sense of purpose and the cutting-edge nature of space technology development."

시드 번호: 2266200662

298p 인재양성3 (오른쪽)

"A detailed illustration depicting the cultivation of talent in the space industry. The scene unfolds in an advanced educational setting, where a diverse group of students and professionals are engaged in various forms of learning and hands-on training related to space exploration and technology. In one part of the image, students are seen interacting with a holographic model of the solar system, deepening their understanding of celestial mechanics. Another section showcases a group working on a miniature satellite, applying their knowledge in satellite technology and engineering. Elsewhere, individuals are involved in a simulation exercise, controlling a rover on a simulated Martian terrain, honing their skills in robotics and remote operations. The background includes posters and screens displaying inspirational quotes from famous astronauts and scientists, as well as charts and diagrams explaining complex space phenomena. This environment is designed to inspire, educate, and prepare the next generation of space industry leaders, emphasizing the importance of interdisciplinary knowledge, teamwork, and innovation."
시드 번호: 2268197207

제8장
306p 중국 출산율 변화(출처: populationpyramid.net)

306p 중국 출생인구와 사망인구 추이(출처: UN)

307p 중국 출생아 수 예상 추이(출처: 중국 위와연구소)

308p 세계 출생 성비(출처: UN)

309p 차이리 지도 (출처: 중국 SNS)

310p 성별 주민등록 인구 추이 (출처: 2022년 주민등록 인구통계)

311p 출산장려 포스터
"Illustrate a heartwarming scene in the style reminiscent of classic Disney animation, featuring a stork in mid-flight against a sunrise gradient background of soft yellows and oranges. The stork is happily carrying a cloth-wrapped newborn baby, evoking a sense of new beginnings

and hope. The scene is devoid of any text, focusing on the warm, inviting visuals, with fluffy clouds and a gentle sun adding to the magical, cheerful atmosphere. The image should be in a horizontal format."
시드번호: 607042185

313p 출산독려 전화
"A government official in an office depicted in a hyper-realistic style, now with a sorrowful expression as if he is about to cry while answering the telephone. The scene retains its professional office setting with a desk, chair, and computer. The official, a man, is shown in formal attire, but this time his facial expression conveys deep sadness and the brink of tears while holding the phone to his ear. The office background includes details like files, a clock, and a window showing a city skyline."
시드번호: 3848660662

315p 일본 합계출산율 추이 (출처: 일본 후생노동성)

316p 치매 카페(예상도)
"An interior view of a dementia-friendly cafe, where elderly individuals with dementia work. The cafe is designed to be warm and welcoming, with a homely atmosphere. It includes comfortable seating areas with soft chairs and couches, and the walls are adorned with soothing, pastel-colored decorations. Elderly staff, wearing simple, comfortable clothing, are seen serving customers and engaging in friendly conversations. The environment is safe and supportive, with clear signage and easy-to-navigate spaces to aid the elderly workers."
시드번호: 866208743

318p 멸종위기 1급 대한민국 (출처: 2023 대한민국 공익광고제)

319p 한국 출산율 변화 (출처: populationpyramid.net)

320p 소멸 위험지역 분석 (출처: 감사원)

320p 새로운 적과 청년 비율 기사(출처: 뉴욕 타임즈)

320p 점점 줄어드는 청년 인구 비중(출처: 통계청)

322p 생산연령 인구, 고령자 인구 (출처 통계청)

323p 1983, 1988 혼인 비중 (출처: 통계청)

324p 그냥 쉬었음 (출처: 통계청)

326p IMF 성별 격차 (출처: IMF)

328p 평균 초혼 연령 (출처: 통계청, 여성가족부)

331p 미국 가계자산 증가 (출처: Survey of Consumer Finances and Financial Accounts of the United State)

332p 면제구간 확대 이벤트
"A middle-aged Caucasian male public figure, resembling a politician, standing in a public square speaking into a megaphone. He is addressing a diverse crowd of people of various descents and genders. The politician is smartly dressed in a suit and tie, with an air of authority and confidence. The crowd listens attentively, reflecting a range of emotions from enthusiasm to curiosity. The scene captures the essence of a political rally or public address, with banners and flags in the background, adding to the atmosphere of the event."
시드번호: 3393359280.

333p 미국과 한국 인구 그래프(출처: www.populationpyramid.net)

335p OECD 노인층 빈곤율 (출처: 한눈에 보는 연금 2023)
336p 노인 고용률 전망 (출처: 한국보건사회연구원, 통계청)

342p 사교육비 지출 순위(출처: 한국경제인연합회)

342p Hagwon

"A cartoon image in a Disney-like style, featuring a Western person standing in front of a modern Korean building. This time, the person is expressing extreme astonishment, almost horror, at the sight of the building. They are still holding a sign with the word "Hagwon" written on it. The setting remains vibrant and colorful, reflecting the dynamic and modern architecture of Korean cities. The image should now emphasize the person's expression of sheer shock and awe, while maintaining the whimsical, lively Disney animation style."

시드 번호: 322842972

344p 마이클 크레이머

345p meta seamless (출처: META)

349p 산업에너지 R&D 4대 혁신방향 (출처: 과기정통부)

350p 35P 글로벌 R&D 상위 2,500개 기업 국가별 분포, 주요국 기업 수 (출처: EU industrial R&D Investment Scoreboard)

351p 2023년 세계혁신지수 종합지수 상위 20개국 현황 (출처: Global Innovation Index 2023)

352p 주요 5개국 핵심기술 평가, 주요 분야별 기술 수준 (출처: 과학기술정보통신부)

353p 과학 대중화

"An image representing China's generous support for young scientists. The foreground shows a young, enthusiastic scientist wearing a lab coat, surrounded by high-tech laboratory equipment, symbolizing innovation and research. The background features iconic Chinese elements like the Great Wall or traditional Chinese patterns, blending modern science with cultural heritage. The overall tone is optimistic and forward-looking, showcasing a harmonious blend of tradition and modernity."

시드번호: 4064852135

354p 세계에서 가장 영향력 있는 연구자를 배출한 국가/지역/연구기관 (출처: 클래리베이트)

355p 중진국 함정

"Create a wide landscape image that illustrates the concept of the economic divide between developing (middle-income) countries and developed (high-income) countries. On the left side, depict a developing country with modest infrastructure, traditional agriculture, and simple industries, where the citizens appear hopeful yet constrained by their economic conditions. On the right side, show a developed country characterized by advanced technology, high-rise buildings, and a thriving economy, with citizens enjoying a high standard of living. Between these two contrasting areas, insert a vast, insurmountable river representing the significant economic gap that is difficult to bridge. The scene should capture the stark differences in development, technology, and quality of life between the two sides, emphasizing the challenge of overcoming the economic divide."

시드 번호: 4084554020

넥서스 인사이트 2025 (중국편)

초판인쇄	2024년 10월 30일
초판발행	2024년 11월 05일
지은이	하두진
발행인	조현수, 조용재
펴낸곳	도서출판 더로드
기획	조영재
마케팅	최관호 최문섭
편집	강상희
디자인	오종국 (Design CREO)
주소	경기도 파주시 초롱꽃로 17 305동 205호
물류센터	경기도 파주시 산남동 693-1 1동
전화	031-925-5364, 031-942-5366
팩스	031-942-5368
이메일	provence70@naver.com
등록번호	제2015-000135호
등록	2015년 06월 18일

정가 28,000원

ISBN 979-11-6338-468-7 13340

파본은 구입처나 본사에서 교환해드립니다.

"

이 책을 읽어주셔서 감사합니다.
함께 더 나은 미래를 만들어 나가는 여정에
함께할 수 있어 기쁘게 생각합니다.
감사합니다.